ROSIE SWALE POPE

MEIN LÄNGSTER LAUF

5 Jahre
29 Heiratsanträge
53 Paar Schuhe –
einmal
um die Welt

Aus dem Englischen von Veronika Dünninger

Eden BOOKS

»Dinge währen ewig,
nicht in Jahren,
sondern in den Augenblicken,
in denen sie geschehen.«
- *Rosie Swale Pope*

Für Clive,
Eve und James, Pete,
Jayne und Nigel
und den Rest meiner Familie,
nah und fern.

Prolog

Sibirien, Januar 2005

In den tiefen Wäldern Sibiriens gibt es hundert verschiedene Arten von Stille. Die Atmosphäre wird ein Teil von dir. Gerade nachts lässt sich die Kraft der Stille daran messen, dass jedes noch so kleine Geräusch dein Herz sofort einen Schlag aussetzen lassen kann. Irgendetwas ist dort draußen.

Die Nachtvögel – vielleicht sind es Häher – beginnen auf einmal alarmiert zu kreischen. Vorbei ist ihre lautlose Nachtwache. Es sind scharfe Warnrufe. Dann höre ich das Heulen.

Wenige Augenblicke später steckt ein Wolf seinen Kopf durch die Öffnung meines Zeltes. Im ersten Moment empfinde ich weder Angst noch Gefahr, sondern absolute Bewunderung für die Schönheit des wilden Tieres.

Es ist ein großer, kräftiger Mackenzie-Wolf. Sein gelbbrauner Kopf und seine langen Vorderbeine mit den riesigen pelzigen Pfoten sind mit Tropfen von halb gefrorenem Schnee bedeckt, die auf seinem dichten Fell wie Diamanten funkeln. Er sieht sich gründlich um, denn schließlich ist das hier seine Welt.

Mein Herz hämmert in meiner Brust. Und doch sagt mir mein Instinkt, dass er mich nicht angreifen wird. Ich habe gelernt, meinem Instinkt zu vertrauen. Er ist alles, was ich habe. Ich verharre völlig bewegungslos, doch der Wolf spürt, dass ich aufgewühlt bin. Einem Tier kann man nichts vormachen. Dann zieht er sich zurück und ist wieder verschwunden.

Ich muss hinaus in die eisige Nacht und die zerrissene Zelttür mit Klebeband ausbessern. Der Mond ist aufgegangen und wirft sein Licht auf den Wald und das Rudel Wölfe, das zwischen den Bäumen verharrt.

Am nächsten Morgen sind sie verschwunden. Ich bin auf einer einsamen Straße unterwegs, die sich meilenweit durch den Wald erstreckt. In den letzten paar Tagen habe ich nicht mehr als ein oder zwei Fahrzeuge gesehen, die unterwegs zu den Bergwerken im fernen Osten Russlands waren. Hier gibt es auf Hunderten von Meilen keine Häuser und ich frage mich, ob diese Wölfe je zuvor einen Menschen gesehen haben.

Im Laufe der nächsten Tage taucht das Rudel immer wieder auf, wenn ich mein Nachtlager errichte, um bei Tagesanbruch erneut zu verschwinden. Durch die Anwesenheit der wilden Tiere fühle ich mich unbehaglich – und doch tröstet mich ihre Nähe zugleich auf eine Art, die ich nicht ganz verstehe. Es ist, als ob sie mit mir zusammen laufen. Nach ungefähr einer Woche verschwinden sie ganz. Ich glaube, sie tun es, weil ich ihr Revier verlassen habe; ich habe eine unsichtbare Grenze überschritten.

Diese wunderschönen Tiere mit ihren uralten Instinkten und seltsamen Gewohnheiten gaben mir Kraft, die schmerzlichen Erinnerungen wieder hervorzuholen, warum ich meinen Lauf überhaupt angetreten bin.

Am 12. Juni 2002 starb mein Ehemann Clive in meinen Armen. Wenn wir uns früher überlegt hätten, zum Arzt zu gehen, dann wäre er jetzt vielleicht noch bei mir, denn Clive hatte Prostatakrebs. Nach seinem Tod wusste ich, dass ich etwas tun musste. Die Menschen überzeugen, sie ermahnen und bitten, zu Vorsorgeuntersuchungen zu gehen. Ich musste eine Möglichkeit finden, andere aufzurütteln, egal, wie sehr sie es hassten, zum Arzt zu gehen oder über intime Dinge zu sprechen. Der Krebs kennt keine gesellschaftlichen Tabus.

Ich bin nur eine gewöhnliche Frau, aber wenn ich einfach zu Hause geblieben wäre und in meinem Garten Unkraut gejätet hätte, dann hätte sich nichts verändert – das ist der Grund, weshalb ich um die Welt laufe und in kalten Wäldern zusammen mit Wölfen schlafe.

Wenn meine Botschaft auch nur ein einziges Leben rettet – dann war es das alles wert.

KAPITEL 1

Clive

Tenby, Wales, 2002

Wir dachten, er könnte ihn besiegen, genau wie Clive immer alles bezwungen hatte. Vor Jahren war er auf der ganzen Welt umhergesegelt und hatte Jachten ausgeliefert. Er segelte Boote, mit denen niemand sonst zurechtkam. Er entkam auf hoher See Piraten und trotzte allen Stürmen. Er war immer fit gewesen und voller Leben und Lachen.

Clive hatte funkelnde blaue Augen in einem wissbegierigen und fröhlichen Gesicht. Ich lernte ihn 1982 kennen, als ich an einem Tiefpunkt angelangt war, verzweifelt bemüht, ein altes und baufälliges 17-Fuß-Segelboot flott zu machen, um damit allein über den Atlantik zu segeln. Obwohl er ein Geschäftsmann in Pembrokeshire war, konnte er sich vom Meer nie richtig fernhalten und er half bei Kelpie's Werft in Pembroke Dock aus, wo er mein kleines Boot auftakelte. Clive war, so wie ich, schon einmal verheiratet gewesen und hatte zwei bereits erwachsene Kinder, Jayne und Nigel, die er über alles liebte. Ich stehe meinen Kindern aus erster Ehe, Eve und James, ebenfalls sehr nahe.

Nach meiner Überquerung des Atlantiks feierten wir eine schlichte Hochzeit und hatten fast zwanzig extrem glückliche Jahre miteinander. Wir gingen oft zum Meer hinunter und sahen uns den Sonnenaufgang an, der vom Hafen und North Beach in Tenby, wo wir lebten, eine goldene Bahn aus Licht übers Wasser malte.

»Ich glaube, der Himmel kommt nicht später«, meinte er oft. »Der Himmel ist genau hier und jetzt.«

All diese sorglosen Zeiten endeten jäh. Unsere Welt veränderte sich auf eine Art, die traurigerweise Millionen von Menschen kennen, die aber niederschmetternd neu für uns war. Wir wussten nichts über

Krebs – nichts über den furchtbaren Verlust, Schmerz und Kummer. Wir wussten nur, dass er ganz leicht jeden treffen konnte.

Am 26. Juni 2000 ging Clive zu Dr. Griffiths, da er in letzter Zeit ein Unbehagen beim Wasserlassen verspürt hatte. Wir waren schockiert, am Boden zerstört, als die Untersuchungen ergaben, dass Clive Prostatakrebs hatte.

»Das ist nicht so schlimm«, versuchte uns Dr. Griffiths zu beruhigen. »Das ist oft eine der am leichtesten zu behandelnden Krebsarten. Man kann Prostatakrebs haben und neunzig werden – und dann von einem Bus überfahren werden.«

Weitere Untersuchungen ergaben, dass der Krebs bereits in Clives Knochen gestreut hatte. An jenem Abend betete ich um ein Wunder; ich hätte alles getan, um an seiner Stelle zu sein, aber Clive sagte nur: »Ich schaffe das schon.«

Im Laufe des nächsten Jahres ging das Leben fast wie gewohnt weiter. Clive sprach gut auf die Medikamente an und ich staunte über seinen starken Willen. Er begann, am Strand zu laufen, was er noch nie getan hatte – er war kein Läufer. Das Schwere dabei war, dass er lange Zeit nicht wollte, dass irgendjemand – außer mir und seinen Ärzten – von seiner Erkrankung erfuhr.

Eines Tages bemerkte ich, dass er eigentlich nicht mehr dazu in der Lage war, am Strand zu joggen, es aber zu verbergen versuchte. Er blieb stehen und legte den Arm um mich: »Weine nicht«, sagte er, »sonst muss ich mitmachen. Sei stark.«

Es ging ihm gut genug, um sich seinen Wunsch zu erfüllen, im Herbst noch einmal in Irland zelten zu gehen. Es war wunderschön. Die irische Seite meiner Familie sagte immer wieder, wie gut Clive aussehe, was mich mit Stolz erfüllte, aber auch innerlich zerriss, da ich nicht sagen konnte, was los war.

Ich erinnere mich an unser Zelt nahe den nebelverhangenen Dünen, Schilfgewächsen und Gräsern am frühen Morgen in der Nähe von Rosslare Harbour, bevor wir die Fähre zurück nach Hause nahmen. Wir hatten so viel Spaß. Die Zeit unterbrach gnädigerweise ihren grausamen Wettlauf und stand still, wenn auch nur für eine kleine Weile. Es war das Geschenk der Zeit, das alles für uns bedeutete. Dinge währen ewig, nicht in Jahren, sondern in den Augenblicken, in denen sie geschehen.

Clive war wie eh und je voller Träume und Ideen. Letztendlich erzählte er seiner Tochter und seinem Sohn und noch ein paar anderen Leuten von dem Krebs und wir lebten so weiter, wie er es wollte. Es war nicht so, dass er sich seinem Problem nicht stellen wollte; es ging nicht darum, letzte Träume zu verwirklichen. Clive und ich glaubten nicht an das Wort *letzte*. Träume gründen sich auf die Wirklichkeit und darauf, Schwierigkeiten ins Auge zu sehen. Wir gingen einfach immer weiter vorwärts, da es die einzig mögliche Richtung war.

Er schrieb ein Gedicht, »Ich will die Welt sehen«:

Ich will ein Segler sein, ich will über die Meere ziehen,
nah und fern,
ich will die Inseln sehen und die fernen, entlegenen Länder,
will der Musik der Trommel lauschen.
Ich will auf Kamelen reiten, und auch auf Elefanten,
und mich an Stränden in der Sonne aalen.
Ich will nach Indien reisen und den berühmten Tadsch sehen,
und dann den Everest und seine Gipfel besuchen …

Viel später, auf meinem Lauf um die Welt, wurde mir bewusst, dass es Clive war, der mir beigebracht hat, dass man sich nie beim Aufstieg eine Pause gönnt, sondern immer erst, wenn man über den Gipfel des Berges ist. Und dass die Berge zuerst in unseren Köpfen überwunden werden müssen.

Clive sehnte sich danach, nach Nepal zu fahren. Er war in Indien geboren und sein Vater war in der britischen Armee für die Gurkhas zuständig gewesen. Clive war nie wieder zurückgekehrt, da er nicht als Tourist dorthin fahren wollte. Vor seiner Erkrankung hatte er eine Einladung des Nepal Trust angenommen. Wir sollten dort trekken und dem Trust helfen, ein Krankenhaus in Humla zu bauen. Er sagte noch immer, er würde alles tun, um dorthin zu fahren. Und er wollte nach Kuba reisen, um einen Film über einen Lauf zu drehen.

Er schaffte es auch fast nach Kuba. Es ging ihm besser und er bestand darauf, dass ich vorausfliegen und dann, nach dem Lauf, zurückkommen und ihn holen sollte, um den Film in nur wenigen Tagen drehen zu können. Er nahm an, dass es ihm gut genug gehen würde, um für ein paar Tage zu verreisen.

Dazu sollte es nie kommen.

Auf einmal ging es ihm deutlich schlechter. Es war im Januar 2002, als wir zusammen im Bett lagen. Ich döste vor mich hin und Clive zog an der Decke – das war alles, was er tat, als sein Arm auf einmal laut knackte.

»Ich glaube, er ist gebrochen«, sagte er.

Der Rettungswagen kam. Im Krankenhaus sagte man uns, der Bruch oberhalb des Ellenbogens sei ein klassisches Anzeichen von Knochenkrebs, der außer Kontrolle geraten war und streute. Bis April kam Clive immer wieder ins Krankenhaus und ging tapfer zur Physiotherapie, um möglichst viel Kraft zurückzugewinnen. Er machte seine Übungen so wie von den Ärzten verschrieben, mit dem Arm in einer Schlinge. Ich sah das alles mit an. Ich begleitete ihn überallhin.

Die Physiotherapeuten wunderten sich, dass er Witze reißen konnte. Er sagte immer: »Oh, es ist ja nicht so, dass ich nichts zu verlieren habe. Ich verliere meine Zähne, ich verliere meine Haare, ich verliere meine Augen ...«

Am 10. April, seinem Geburtstag, aß er seinen Kuchen oder zumindest ein klein wenig davon. Ich schenkte ihm eine kleine Taschenlampe. Er gab sie mir wieder mit den Worten: »Bitte behalt sie für mich.«

Bald nach seinem Geburtstag kam er ins Krankenhaus, wo er bis kurz vor dem Ende blieb.

Peter Hutchinson von PHD Designs, die die beste Leichtgewicht-Daunenkleidung der Welt herstellen, schickte Clive eine Daunenweste, die nur 250 Gramm wog, für seine zerbrechlichen Knochen, die ihm so viel Behaglichkeit bereitete.

Nach dem Arm brach er sich die Hüfte. Als man eben hoffte, er würde bald wieder laufen können, führten die Tumore in seiner Wirbelsäule dazu, dass seine Beine gelähmt wurden.

Er ertrug das alles und versuchte immer noch, Späße zu machen. Als sein Freund Chester ihn besuchte und fragte, ob Clive irgendetwas bräuchte, erwiderte er: »Ja, ich brauche einen schnellen Wagen.«

Station 10, die Palliativ- und Krebsstation in unserem örtlichen Withybush Hospital in Haverfordwest, ist ein Ort, den ich nie vergessen werde, mit unendlicher Empathie und Fürsorge, von einer Leichtigkeit und Freundlichkeit, die sich nicht in Worte fassen lässt. Anne Barnes, eine begabte und begnadete Krebsspezialistin, trug zum Beispiel keinen Arztkittel, sondern bunte Kleidung, um ihre Patienten aufzumuntern.

Die fürsorglichsten Krankenschwestern, die ich je kennengelernt habe, ließen mich über lange Monate hinweg in meinem Schlafsack oder sogar auf Clives Bettkante schlafen, wo ich ihn einfach nur hielt. Eines Nachts wachte ich auf und bemerkte, dass Clive mich ansah. Er lächelte und sagte: »Du hast so schön geschlafen.« In seinen Augen lag ein Blick von Stolz und Liebe, den ich nicht beschreiben kann. Die Schwestern brachten mir geduldig bei, Clive zum Beispiel beim Waschen zu helfen. Es war mir ein Privileg, das zu tun: Ich hätte alles für ihn getan.

Der Grundsatz des Krankenhauses war, es den Patienten zu ermöglichen, für die letzten Tage nach Hause zu gehen, wenn sie es wünschten. Ich werde nie vergessen, wie rührend sie sich darum kümmerten. Sie ließen uns sogar ein spezielles Krankenhausbett nach Hause bringen und stellten uns eine Rund-um-die-Uhr-Pflege zur Verfügung.

Clive freute sich so, endlich das Geißblatt zu sehen, das er gepflanzt hatte, und er lächelte beim Anblick der Spatzen, die er immer seine »gefiederten Hooligans« nannte und die sich an den Meisenkugeln vor dem Schlafzimmerfenster gütlich taten. Tatsächlich hatte ich sie mit zusätzlichem Futter abgerichtet, bevor er nach Hause kam, damit sie eine Galavorstellung geben konnten. Einen Tag später, am 12. Juni 2002, war er bereits fort.

Nach all dem Schmerz und dem Leid wachte ich neben ihm auf und spürte, dass er noch einmal seine ganze Kraft zurückbekommen hatte, um nun weiterzuziehen.

Nachdem die freundliche Ärztin da gewesen war und die wundervolle junge Paul-Sartori-Schwester (wie unsere hiesigen Macmillan's-Schwestern) mich umarmt und sich dann nach nebenan zurückgezogen hatte, hielt ich Clive die ganze Nacht einfach nur fest an mich gedrückt. Ich wusste nicht, was ich sonst tun sollte.

Er war zu einer langen Reise aufgebrochen und ich befand mich ebenfalls auf einer Reise. Am Beginn der einen und am Ende einer anderen Reise. Ich war untröstlich und ich hielt und betrachtete ihn viele Stunden lang. Dann wusste ich, dass man Schönheit nur festhalten kann, indem man sie loslässt.

Er *hatte* seinen Kampf gewonnen. Man gewinnt einen Kampf nicht aufgrund eines bestimmten Ergebnisses, sondern durch die Art und Weise, wie man sich ihm stellt. Er war unter den Piraten. Er war glücklich.

Selbst während dieses verzweifelten Kampfes hatte Clive nie seinen Sinn für Humor verloren. Mein Denkmal für ihn sollte nicht schmerzerfüllt, traurig oder düster sein. Ich musste etwas für Clive tun, das verrückt und riesengroß sein würde. Ich könnte ein paar Marathons laufen, um das allgemeine Bewusstsein für den Krebs zu fördern.

Ich starrte auf die Weltkarte an meiner Wand und fragte mich, ob ich mir Marathons im Ausland leisten könnte, als plötzlich ein neuer Gedanke meine Trauer durchbrauch und jeden Teil meines Wesens erfüllte: Ich würde stattdessen um die ganze Welt laufen!

KAPITEL 2

Der Plan

Tenby, Wales, August 2002

Ich bin in Davos in der Schweiz geboren, wo meine Mutter, die an Tuberkulose litt, in einer Klinik war, während mein Vater in der britischen Armee diente. Als ich zwei Tage alt war, gaben die Ärzte eine Anzeige in der Lokalzeitung auf, um eine Pflegemutter zu finden, da meine Mutter sich nicht um mich kümmern konnte. Wie ich erst viele Jahre später erfuhr, gab es 45 Bewerber. Meine Mutter entschied sich für die Ehefrau des örtlichen Postboten, die gut zu mir war. Um meine Lungen zu kräftigen, unternahm meine Pflegemutter mit mir lange Spaziergänge, die immer auf dem Gelände der TB-Klinik endeten, damit meine Mutter mich von ihrem Fenster aus sehen konnte, denn aufgrund ihrer Infektion war es ihr unmöglich, physischen Kontakt zu mir zu haben. Ich habe schattenhafte Erinnerungen an die Gesichter meiner Mutter und meiner Pflegemutter und die schwarzen Eichhörnchen, die mir Nüsse aus der Hand fraßen. Meine Pflegemutter kleidete mich immer wunderschön und ließ Fotos von mir aufnehmen, die meine arme Mutter später um ihr Bett herum hängen konnte.

Ich habe meine Mutter nie kennengelernt, aber ich werde immer so viel Liebe und Dankbarkeit für sie empfinden; und dafür, dass sie den Mut aufbrachte, mich zur Welt zu bringen, als sie so krank war, und auch für ihren noch größeren Mut, als sie vor der Entscheidung stand, mich wegzugeben. Ich habe das Gefühl, mein Leben vielen außergewöhnlichen, fürsorglichen und liebevollen Menschen zu verdanken.

Als ich zwei war, starb meine Mutter bedauerlicherweise und meine anglo-irische Großmutter, die Carlie hieß, kam, um mich mit zu sich nach Irland, in die Grafschaft Limerick, zu nehmen. Sie schenkte mir ein Kaninchen namens Peter und brachte mich weg. Sie kappte die Verbindung.

Meine letzte Erinnerung an meine Pflegemutter war die einer Dame mit einem braunen Dutt, die weinend neben dem Zug herlief, der mich wegbrachte. Von da an kümmerte sich Carlie um mich, obwohl sie wenig später von Arthrose verkrüppelt wurde.

1951, als ich fünf war, heiratete mein Vater, ein hochgewachsener, charismatischer Armeeoffizier mit freundlichen Augen, eine wundervolle schweizerisch-französische Dame – Marianne. Carlie war inzwischen bettlägerig, aber mein Vater hatte das Gefühl, dass ich glücklich bei ihr war und es mich aus dem Gleichgewicht bringen würde, verpflanzt zu werden, daher kümmerten wir uns irgendwie umeinander. In diesen längst vergangenen Tagen in Irland wurde das Leben einfach so gedeichselt, wie es alle für das Beste hielten. Ich bedauere es nicht. Im Jahr 1957 starb mein Vater ebenfalls und hinterließ Marianne mit ihren vier Kindern, die sie allein großziehen musste. Er war erst 47.

Obwohl ich nie bei ihnen einzog, behielt Marianne, deren Cottage am Flussufer nur einen Steinwurf von dem meiner Großmutter Carlie entfernt lag, mich liebevoll im Auge. Marianne hatte schwer damit zu kämpfen, ihre vier Kinder allein durchzubringen. Sie war stolz und sehr fleißig. Sie gab Französischstunden, Nähstunden, Tanzstunden, alles, um über die Runden zu kommen. Als ich erwachsen war, wurden wir enge Vertraute.

Das Seltsame ist, dass wir uns charakterlich sehr ähnlich sind, obwohl Marianne nicht meine leibliche Mutter ist und mich nicht großgezogen hat. Marianne ist heute das Oberhaupt der Familie und die Grundlage des Glücks meiner eigenen Kinder und Enkelkinder. Ich liebe und bewundere Marianne und ihre Kinder bedingungslos – meine Halbschwester Maude und meine Halbbrüder Gerald, Nicolas und Ronnie.

Carlie brauchte mich und ich war die einzige Person, auf die sie wirklich ansprach und zu der sie freundlich war. Nachts im Bett klopfte sie oft mit ihrem Stock auf den Boden, damit ich kam und ihr beistand. Ich fühlte mich so hilflos, während ich zuhörte, wie sie stundenlang vor entsetzlichen Schmerzen schrie, die keine Pillen lindern konnten. Ich liebte sie, aber ich erinnere mich auch an meine Wut und die Sorgen. Selbst noch ein Kind, war ich bereits ihre Pflegerin geworden. Aufgrund ihrer schwierigen Art blieben ihre Krankenschwestern nie lange.

Carlie leitete mich in vielerlei Hinsicht. Sie war sehr religiös und unterrichtete mich jahrelang selbst. Ich ging nicht regelmäßig zur Schule, bis ich 13 war. Aber vor allem lehrte Charlie mich, dass Freiheit und Verantwortung Hand in Hand gehen, dass das Leben die beste Schule ist und dass jeder alles erreichen kann.

»Rosie«, sagte sie oft, »gutes Aussehen oder natürliche Gaben sind nicht das, worauf es ankommt – zum Glück für dich, mein Mädchen! –, es ist der Wille, Dinge zu tun, mit dem man sie erreicht.«

Ich war groß, dünn und schlaksig, mit langen Zöpfen.

Für einen Englischaufsatz schickte sie mich auf meinem Esel Jeanette los, um danach über meine Abenteuer zu schreiben und sie zu unterhalten. Es war Carlies Einfluss, der mich auf einen Lebensweg voller Abenteuer gebracht hat.

Wir waren alles andere als wohlhabend, da es in Irland keinen staatlichen Gesundheitsdienst gab und ihre Medikamente sehr teuer waren. Wenn ich zum Markt nach Limerick fuhr, um Blumen aus Carlies Garten zu verkaufen, nahm ich immer auch Blumensträuße von meinem eigenen kleinen Blumenbeet mit, da es mein Traum war, Geld für ein Pony zusammenzusparen. Ich verhökerte heimlich auch die meisten meiner Kleider in einem Secondhandladen, aber ich schaffte es eigentlich nie, mehr als ein oder zwei Pfund für das Pony zu sparen. Tiere waren mein Leben und meine Liebe. Ich war mit ihnen aufgewachsen, da Carlie überzeugt war, dass es die Tiere sind, die uns Respekt vor dem Leben einflößen. Hauptsächlich sammelten wir Waisen ein. Letztendlich besaß ich die schon etwas ältere Jeanette und vier kleine, mutterlose Eselfohlen, für etwa fünf Schillinge von Bauern gekauft, die sie nicht behalten wollten, einen kleinen Hund namens Bobby, sieben Ziegen, ein Huhn mit nur einem Bein und eine wunderschöne Milchkuh namens Cleopatra, die gute Milch gab, obwohl sie schon etwas älter war. Tiere waren meine Erziehung – und ich hätte keine bessere haben können.

Letztendlich bekam ich aber doch noch ein Pferd, auf eine Weise, die ich mir nie hätte träumen lassen. Als ich ungefähr neun war, wurden alle einheimischen Kinder zu einem Picknick und Sommerfest auf den Landsitz einer vornehmen Dame namens Mrs. de Vere eingeladen. Wir durften auf einer alten schwarzen Stute reiten, die vom Gärtner auf und ab geführt wurde. Die Stute war sehr unglücklich darüber und versuchte immer wieder, nach jedem zu schnappen und zu beißen, aber ich verliebte mich sofort in sie. Sie war groß – etwa 16 Handbreit hoch – und sehr dick, entschlossen und mit einem wilden Blick. Ich erinnere mich, wie ich mit den ganzen anderen Kindern zu einer alten Eiche ging und man uns sagte, wir könnten uns dort etwas wünschen, da es ein Glücksbaum sei. Ich wünschte mir von ganzem Herzen, Columbine, wie die Stute hieß, würde mir gehören.

Wie durch ein Wunder stand die alte Stute drei Monate später vor meiner Tür, mit Sattel und Zaumzeug, geführt von Mrs. de Veres Gärtner. Er erklärte, Mrs. de Vere würde sie nicht mehr von ihm reiten lassen, da er zu schwer und die Stute zu alt sei – weshalb sie entschieden hätte, mir Columbine zu schenken. Sie fand, ich hätte einen besonderen Umgang mit Tieren, da ich das einzige Kind war, das Columbine nicht zu beißen versucht hatte!

Die Stute war so groß, dass sie mich mehr oder weniger in ihre Obhut nahm und mich großzog – sie war über Jahre hinweg meine Freundin. Es machte Spaß, meiner Halbschwester Maude, die nur vier Jahre jünger war als ich, beizubringen, sie zu reiten.

Als ich jung war, träumte ich davon, eine Läuferin zu werden, glaubte aber, nicht gut genug zu sein. Ich hätte nie gedacht, dass ich einen Marathon laufen könnte, geschweige denn einmal um die Welt. Viel später, als ich ungefähr 47 war, fiel mir in einer Arztpraxis eine Ausgabe der *Runner's World* in die Hand, während ich auf eine Impfung wartete. Nachdem ich das zerfledderte Exemplar der Zeitschrift gelesen hatte, dachte ich: *Das kann ich auch*, und am selben Abend machte ich mich auf, um einmal um den Block zu laufen.

Ein Jahr später, 1995, beschloss ich, am London-Marathon teilzunehmen, und begann, dafür zu trainieren. Eines Tages, während ich mich mühsam einen steilen Hügel hochkämpfte und dachte, ich sei verrückt, einen Marathonlauf zu versuchen, holten mich zwei extrem durchtrainierte einheimische Läufer ein und sagten: »Hey, du machst das gar nicht schlecht.« Sie verlangsamten ihr Tempo und wir liefen die restliche Strecke zusammen. Sie brachten mir bei, an mich selbst zu glauben, genau wie Carlie früher, und das änderte alles.

Nach dem London-Marathon wurde ich auf den Schweizer-Alpen-Marathon in Davos aufmerksam. Ich fand, es wäre eine wundervolle Gelegenheit, um an meinen Geburtsort zurückzukehren. Als ich den Organisatoren des Laufs gegenüber erwähnte, ich hätte meine frühe Kindheit in Davos verbracht, veröffentlichten sie einen Artikel, um meine Pflegemutter zu finden. Ich hatte nie wieder Kontakt zu ihr gehabt, da meine Großmutter nicht über die Vergangenheit zu sprechen wünschte und mir nie ihren vollständigen Namen gesagt hatte. Keine der Frauen in meiner Familie redete über die Vergangenheit. Marianne, die so gutmütig war, hätte es vielleicht tun können, aber ich konnte die Aura des Schmerzes und des Mitleids nicht ertragen. Ich brauchte Jahre, um alles zu erfahren.

Doch sie fanden sie – Frieda Fridli, die jetzt, mit 98, die älteste Einwohnerin von Davos war. Das hielt sie nicht davon ab, zur Ziellinie zu kommen. Sie lud mich zu sich nach Hause ein – und sie hatte Fotos von mir als Baby auf ihrem Kaminsims stehen. Es war, als hätte sie nur darauf gewartet, mich wiederzusehen. Ich war so stolz darauf, sie mit Clive bekannt zu machen, der mich als Fotograf begleitet hatte, und wir blieben mit ihr in Verbindung, bis sie im Alter von einhundert Jahren starb.

Das führte mir vor Augen, dass Laufen weitaus mehr ist als ein Sport; es ist eine Art der Kommunikation. Das Laufen hatte mich vor all den Jahren zu meiner Vergangenheit zurückgeführt und auf einmal war ich mir sicher, dass es mir helfen würde, nach vorn zu blicken und auch Clives letztem Kampf Ehre zu erweisen.

Ich verbrachte nun Stunden damit, Landkarten zu studieren. Ich sah, dass ich tatsächlich einmal um die ganze Welt laufen könnte, ohne irgendwelche Ozeane überqueren zu müssen. Ich würde durch eisige nördliche Breiten laufen müssen, die härtesten Breiten der Erde, aber der Gedanke setzte sich in meinem Kopf fest und wirbelte aufgeregt darin umher.

Ich stürzte mich in die Planung. Die Vorbereitungen sollten über ein Jahr dauern. Im Nachhinein betrachtet, hätte ich vielleicht mehr Zeit darauf verwenden sollen, aber es erschien mir einfach sehr wichtig, so bald wie möglich aufzubrechen; ich hatte Clive im Kopf und auch all diese Gesichter auf Station 10; Menschen, die Träume hatten, Menschen, die ein achtsames Leben geführt und Zukunftspläne geschmiedet hatten, die sie jetzt nicht mehr verwirklichen konnten.

Ich nahm an, ich könnte von meiner eigenen Haustür nach London und Harwich laufen, die Fähre nach Hoek van Holland nehmen und dann durch Europa nach Moskau und weiter durch ganz Sibirien laufen. Das nächste Meer nach dem Ärmelkanal würde auf dieser Route das kurze Stück über die Beringsee sein. Dann würde ich die riesige Wildnis des hohen Nordens von Alaska erreichen, durch den nordamerikanischen Kontinent nach Nova Scotia, dann Grönland und durch den Norden Islands und schließlich der Länge nach durch Großbritannien wieder zurück zu meiner Haustür laufen. Es war wie eine Seereise auf zwei Beinen. Ich *musste* es tun.

Mir brach das Herz, als ich erkannte, dass das Schicksal mich jahrelang auf das hier vorbereitet hatte, mich aber nicht rechtzeitig vor dem Krebs gewarnt hatte. Und doch hatten mir meine früheren Expeditionen, wie das Einhandsegeln über den Atlantik, die nötige Kraft und das Wissen mitgegeben. Ich fühle mich gesegnet, allein auf dem Ozean gewesen zu sein, wo ich versuchte, über den Horizont hinauszublicken und nach den Sternen zu navigieren. Die Seereise hatte siebzig Tage gedauert, da das Boot so klein und alt war. Während dieser Zeit hatte ich kein menschliches Gesicht, keinen Baum und kein Land gesehen; ich hoffte, dass ich dadurch gelernt hatte, mit der Einsamkeit umzugehen, die ich auch auf dieser Reise spüren würde.

Harte Lektionen der Vergangenheit können sehr wertvoll sein. Außerdem hatte ich zwischen 1995, als ich mit dem Laufen anfing, und Clives Tod im Jahr 2002 an verschiedenen Marathons teilgenommen, das Laufen aber oft als Möglichkeit benutzt, um für mein Schreiben Länder zu bereisen und zu recherchieren. Die Reisen waren mit etwa sechs Wochen und ungefähr tausend Meilen pro Reise kurz und führten mich in Länder wie Albanien, Rumänien, Island und den vom Krieg zerrissenen Kosovo.

Da ich diese Reisen selbst oder nur mit einem kleinen Auftrag von *Runner's World* finanzierte, musste ich genügsam sein, einen Rucksack tragen und in einem Zelt schlafen – und so alles mit einem kleinen Budget bewältigen. Ich hatte gelernt, mich am Straßenrand wie ein Tier zusammenzurollen und zu schlafen, und ich hoffte, auf dieser Expedition dasselbe tun zu können. Der Lauf um die Welt würde einfach eine etwas längere Version meiner früheren Läufe sein.

Mein örtlicher Laufclub, TROT St Clears (TROT steht für »Taf Running and Orienteering Team«), war mir eine enorme Stütze und ermutigte mich unentwegt. Ich begann zu trainieren, indem ich an Läufen in den walisischen Hügeln teilnahm. Ich nahm mein Biwakzelt mit und kampierte in der Nacht davor im Freien. Ich fand Trost darin, unter den Sternen zu schlafen, und ich begann zu verstehen: Ich musste nicht gegen meine Trauer ankämpfen und ich musste mich für meinen Schmerz nicht schämen – er ist keine Schwäche. All diese Dinge wurden mir klarer, während ich draußen in der offenen Weite der Landschaft war, zwischen der Schönheit von Sternen, Mond und Morgendämmerung und sogar im Regen.

Als Nächstes lief ich im August 2002 den Cardiff-Marathon und einen Monat später noch den Loch-Ness-Marathon. Etwa auf halber Strecke stolperte ich über ein Schlagloch und knallte mit voller Wucht auf den Asphalt – in dem Moment eindeutig *keine* sehr aussichtsreiche Kandidatin für einen Lauf durch die Wildnis! Doch obwohl ich mir das Gesicht aufgerissen hatte und Blut auf die Straße zu tropfen begann, fühlten sich meine Beine gut an. Es tat nicht weh und ich konnte weiterlaufen.

Ich habe es bis zur Ziellinie geschafft. Es war umwerfend. Mein Name wurde aufgerufen und ich gewann den ersten Preis des Cardiff-Marathons in der Kategorie Ü-50. Ich hatte ein blaues Auge und eine geschwollene Wange und als der Fotograf der Lokalzeitung kam, um ein Foto von mir zu schießen, fragte ich ihn: »Wollen Sie mein bestes Foto?«, während ich mir Eis aufs Gesicht drückte und gleichzeitig versuchte, eine Banane zu essen.

Wir sahen uns an und begannen zu lachen. Das war der Moment, als mir bewusst wurde, dass ich seit Monaten nicht mehr richtig gelacht hatte.

Ich wusste, dass Clive gewollt hätte, dass ich laufe. Er hatte sein letztes Jahr damit verbracht, Dinge zu regeln, damit ich nach seinem Tod nach vorn blicken konnte. Er wäre stolz, mich so dazu inspiriert zu haben, aber er würde es hassen, wenn sich dabei alles um ihn drehte oder sentimental anfühlte. Unsere Gefühle waren und sind sehr persönlich. Daher würde es bei meinem Lauf darum gehen, nach vorn zu blicken – ein Lauf auf das Leben zu, so wie es sich Clive gewünscht hätte.

Obwohl wir nie über meinen Lauf gesprochen haben, wusste er, dass ich irgendetwas tun würde. Er hatte mir mehrfach gesagt, er wolle, dass ich mein Leben mit Mut lebte. Ich würde nicht innerlich sterben und ich würde nicht Clives Andenken beschmutzen, indem ich meine Reise wie einen Zwanzigtausend-Meilen-Trauerzug um die Welt behandelte. Ich würde das Leben für ihn doppelt beim Schopf packen, mehr Liebe spüren, mehr *sein*. Wenn jemand, den du liebst, für dich die Fahne hochhält, dann kann der Tod besiegt werden.

All das gab mir in jenem ersten Sommer Kraft. Ich wusste, dass das, was ich tun wollte, passieren würde.

»Du schaffst das, Mum«, meinte meine Tochter Eve, »weil es Menschen gibt, denen du viel bedeutest.«

Meine verehrte Stiefmutter Marianne rief an, sobald sie hörte, dass ich einmal um die Welt laufen würde. »Ich werde in Tenby an der Ziellinie auf dich warten«, erklärte sie. Marianne ist jetzt Anfang achtzig. Sie lebt noch immer in Irland, fährt einen Wagen wie ein Rennfahrer und unterrichtet in der Grafschaft Limerick Französisch bis zum Hochschulniveau.

Mein Sohn James hatte bereits begonnen, über die Rosiearoundtheworld-Website nachzudenken. Der Plan sah vor, Hilfsorganisationen mit der Website zu verlinken, sodass die Menschen Geld dorthin schicken konnten; und wenn mir Geld gegeben wurde, würde ich es weiterleiten, aber ich würde nicht darum bitten, da ich vollauf damit beschäftigt sein würde, einfach nur zu überleben; außerdem würde ich in der Wildnis und in einigen der ärmsten Länder der Welt unterwegs sein. Trotzdem hoffte ich, dass ich in einer einzigartigen Position sein würde, um das allgemeine Bewusstsein für den Krebs zu fördern.

Ich hatte nicht viel Geld, aber ich hatte fabelhafte Ausrüstungs-Sponsoren und die Unterstützung und Freundschaft von *Runner's World*. Ich versuchte gar nicht erst, ein großes finanzielles Sponsoring an Land zu ziehen, da ich das Gefühl hatte, dass es mir ohnehin nicht gelingen würde und meine ganzen Ersparnisse womöglich nur bei dem Versuch, es zu bekommen, draufgehen würden. Aber vor allem war ich noch immer viel zu traurig, um irgendjemanden, den ich nicht schon kannte, um Hilfe zu bitten. Die Vorstellung, mit fremden Leuten Clives Tod und Details für ein Sponsoring zu erörtern, war etwas, das mich entsetzte, und ich würde es nicht tun.

Aber ich hatte ein fabelhaftes »A-Team«. Eve, James und meine wundervolle Freundin Catherine in London machten sich prompt an die Recherchearbeit.

Steven Seaton, der Herausgeber von *Runner's World UK*, hatte mich in der Vergangenheit immer wieder zum Schreiben ermuntert, indem er mich mit Artikeln über meine Laufabenteuer beauftragte. Ich musste nicht einmal fragen, bevor er sagte, dass *Runner's World* mich sponsern würde.

Ann Rowell, eine meiner besten Lauffreundinnen, bot an, sich um meine Buchhaltung zu kümmern und die Dinge im Auge zu behalten, während ich fort war, da meine Familie weit entfernt lebte. Außerdem würde sie die Gerichtsvollzieher abwehren, indem sie Rechnungen von meinem Konto bezahlte. Sie und eine andere wundervolle Freundin, mit der ich früher laufen ging, Kath Garner, hatten eine Gesamtvollmacht, aufgesetzt von meinem Anwalt. Ann meinte optimistisch, das sei sinnvoll, da sie kommen und mich retten könnten, »falls ich ohne Bewusstsein und Besinnung irgendwo in Sibirien liegen sollte«.

Ann schlug auch vor, dass Matt Evans, ein fantastischer Läufer, der in zehn Tagen zehn Marathons gelaufen war, die Vermietung meines Hauses durch seine Firma, das Pembrokeshire Coastal Cottages Holiday Letting Business, übernehmen sollte. Es war ein kluger Rat. Ich würde alle Einkünfte brauchen, die ich kriegen konnte.

Hinsichtlich meiner Ausrüstung fragte ich diejenigen, deren Produkte ich seit Jahren benutzte und denen ich vertraute, und sie halfen mir, ohne Fragen zu stellen. Saucony UK sponserte meine Schuhe; Peter Hutchinson und sein Team bei PHD Designs in Staybridge entwickelten das Schlafsacksystem, das auf meinem Lauf für eine Temperaturspanne von hundert Grad geeignet war, von dem kleinen Minimus-Daunenschlafsack für den Sommer, der nur 450 Gramm wog, bis hin zu den Schlafsäcken für extrem kaltes Wetter, die mir bei Temperaturen unter sechzig Grad minus das Leben retten würden.

Terra Nova, deren Produkte ich ebenfalls seit Jahren benutzte, sponserten die Zelte für die Reise, darunter ihr unschätzbares Saturn-Biwakzelt, mein Zuhause während des gesamten ersten Winters, das nur zwei Pfund und zwei Unzen wog. Ich hatte eine Thirstpoint-Filterflasche, sodass ich jedes beliebige Wasser trinken konnte, und vieles mehr. Solch einfache Dinge würden einen Riesenunterschied machen.

Ich musste sehr genau planen, was ich mitnehmen würde. Selbst kleine, schlichte Gegenstände waren wichtig, wie zum Beispiel Gesichtspflege. Das Einzige, was ich mitnahm, war Sonnencreme und Vaseline – um es später durch die einheimische Entsprechung des jeweiligen Landes zu ersetzen, in dem ich zufällig war. Meine wundervolle Freundin Eva Fraser, die die Facial Fitness Clinic in London leitet, brachte mir Gesichtsübungen bei, um die Durchblutung, das Aussehen und die mentale Einstellung zu fördern, und zeigte mir, wie ich mein Gesicht pflegen konnte, ohne Tiegel und Töpfchen mit mir herumzuschleppen. Jeder Teil des Körpers ist wichtig.

Ein russisches Visum zu bekommen, war ein Problem. Wegen der Länge meines Laufs war die einzige Art Visum, die infrage kam, ein einjähriges russisches »Geschäftsvisum«, aber wie der Leiter einer der Agenturen hervorhob, gibt es in den Tiefen der sibirischen Wälder nicht allzu viele Geschäftstreffen und die Leute, die die Dinge für ihn in Russland arrangierten, würden in Schwierigkeiten kommen. Die Polizei würde sie und mich ohne Frage hochnehmen. Ich würde im Gefängnis landen. Die Auftragsbestätigungen und Empfehlungsschreiben, ausgestellt von *Runner's World*, meiner Buchagentur Watson, Little Ltd und den Machern der *Daily Telegraph Adventure Show*, die ich stolz präsentiert hatte, schienen die Agenturen nur noch mehr abzuschrecken, da sie klarstellten, dass es mir mit dem Lauf ernst war. Jemand schlug vor, ich sollte einfach sagen, ich würde »nach Russland fahren, um über das Laufen zu recherchieren«, aber ich entschied, dass ich offen und ehrlich sagen musste, warum ich das Visum wollte, denn es war von entscheidender Bedeutung, dass alles ordnungsgemäß arrangiert wurde.

Ich hatte das Glück, für ein paar Vorträge gebucht zu werden, um bei der Spendenbeschaffung zu helfen und zu beginnen, über das notwendige allgemeine Bewusstsein für Krebserkrankungen zu sprechen.

Ein besonders denkwürdiger Anlass war ein Lunch-Empfang bei der Handelskammer von Bolton und Bury. Ich trainierte inzwischen hart und war am Abend zuvor in den Hügeln gelaufen. Dort hatte ich auch gezeltet, sodass meine einzige gute Bluse völlig zerknittert war, da ich versehentlich darauf geschlafen hatte. Kein Problem. Ich lief früh am Morgen hinunter in die Stadt Bury und ging zu einem McDonald's, da es in dem Café dort schön harte Sitze gab, sodass ich mich auf die Bluse setzen konnte, um sie zu »bügeln«. Ich war so zufrieden mit dem Ergebnis, dass ich ein bisschen übermütig wurde und beschloss, mir auf der Damentoilette auch noch die Haare zu waschen, wenn ich schon einmal hier war. Dummerweise blieb ich irgendwo mit dem Kopf hängen, doch zu meiner Erleichterung kamen zwei Mädchen herein und retteten mich und alles ging gut. Die Gefahren des modernen Lebens! Aber es erteilte mir eine wertvolle Lektion in der sanften »Kunst des Zurechtkommens« oder der Improvisation, die sich auf meinem Lauf noch als sehr nützlich erweisen würde.

Die Vorträge bestärkten mich in meinem Plan. Der Vorsitzende der Handelskammer posierte sogar mit den Saucony-Schuhen um den Hals, um seine Solidarität mit meinen Zielen zu bekunden, und dann hängten sie mir die Schuhe für ein Foto in ihrer Zeitschrift um den Hals und standen da und applaudierten mir, während ein Bischof, der zufällig anwesend war, die Schuhe segnete und Gott bat, mich auf meinem Weg zu begleiten – was er tatsächlich tat.

Inzwischen hatte ich jedes Gefühl von Aufregung oder Ängstlichkeit hinter mir gelassen; ich hatte keine Zeit für eine Nabelschau. Jede einzelne Sekunde wurde darauf verwendet, mich vorzubereiten, darüber nachzudenken, zu versuchen, alles richtig zu machen.

An Weihnachten blieb ich zu Hause, telefonierte mehrere Stunden mit meiner Familie und schwang mich dann auf mein schönes neues Fahrrad, das meine Freunde Chester und Jean in Pembroke Dock mir gekauft hatten. Ich verbrachte den Großteil des Tages damit, mit dem Fahrrad herumzugondeln und Freunde zu besuchen, wobei ich immer nur kurze Zeit blieb und dann weiter zu den nächsten fuhr – ich musste aufpassen, nicht zu viel Wein zu trinken! Ein ganzes Weihnachten mit der Familie konnte ich noch immer nicht ertragen – es tat weh –, aber dann auf einmal, im neuen Jahr, wusste ich, dass Clive glücklich war, dass er oben im Himmel einen Riesenspaß hatte und dass ich mir keine Sorgen machen musste. Er war bei seinen Freunden.

Ich entschied, im Oktober 2003 aufzubrechen. Ich würde durch den europäischen Winter nach Moskau laufen müssen, aber dadurch würde ich den ganzen ersten Sommer haben, um im gefährlichen Sibirien möglichst weit voranzukommen, bevor der nächste Winter hereinbrach.

Sibirien leitet seinen Namen von »Siber« – Land ohne Ende – ab und genau das ist es auch. Ich konnte dem sibirischen Winter nicht entkommen, da das Land so riesig ist und die Entfernungen zu groß sind, aber ich wollte möglichst viel davon durchlaufen, bevor die extreme Kälte einsetzte. Vermutlich würden es um die vierzig oder fünfzig Grad minus sein, aber in Ostsibirien konnten die Temperaturen auch auf bis zu siebzig Grad minus fallen.

Ich plante meine Route durch Holland, Deutschland, Polen, Litauen und Lettland nach Riga, dann von Riga nach Moskau und von dort weiter nach Sibirien – und darüber hinaus. Das große russische Visum hatte ich noch immer nicht, aber ich arbeitete daran. Für Litauen und Lettland benötigen britische Staatsangehörige kein Visum. Falls das russische Visumproblem gelöst wurde, bestand eine geringe Möglichkeit, von Polen durch das russische Kaliningrad nach Riga zu laufen, da diese Strecke kürzer war als durch Litauen und Lettland, aber das würde ich dann sehen müssen.

Die Planungen und Vorbereitungen für meinen Lauf um die Welt nahmen mich völlig in Beschlag und es galt Versprechen zu halten, noch bevor ich überhaupt aufgebrochen war. Clive und ich hatten vor seinem Tod das Trekking in Nepal geplant, um den Nepal Trust und die Arbeit des Rotary Club in den entlegenen Himalayas zu unterstützen. Als Clive sehr krank war, bat er mich, zu der großen Rotary-Konferenz nach Glasgow hochzufahren – und ich versprach einem Publikum von zweitausend Zuhörern, dass wir nach Nepal fahren würden, wenn es ihm besser ging. Da er es nicht mehr tun konnte, musste ich nun allein reisen.

Und so brach ich im April für sechs Wochen zu diesem seltsamen Abstecher auf. Es war ein wertvolles Höhentraining, aber es war weitaus mehr als das. Liz und Jim Donovan, die den Nepal Trust leiten, luden mich zu einem Lauf und Trekking ein, um Clives innigsten Wunsch zu erfüllen. Diese kleine Hilfsorganisation hat, mit großer Unterstützung von Rotary International, in den vergessenen hohen Himalayas in Humla und anderen besonders entlegenen Gegenden, in denen die Not am größten ist, den Menschen zu Gesundheit, Bildung und Einkommen verholfen. Sie haben diese Arbeit selbst während des Bürgerkriegs in Nepal, bei dem in den acht Jahren zuvor über zehntausend Menschen ums Leben gekommen waren, entschlossen aufrechterhalten.

Begleitet von zwanzig jungen nepalesischen Männern und Frauen, so zäh und schnell wie Gurkhas, unternahm ich ein »Speed-Trekking« über 32 Gebirgspässe zum Everest-Basislager. Obwohl wir immer wieder von Maoisten aufgehalten wurden, schafften wir 1750 Kilometer in 68 Tagen, in denen wir Geld für das Krankenhaus und die Kliniken sammelten.

Über den Nepal Trust lernte ich Liza Hollingshead kennen, die die Ecologia Travel Company leitet, gegründet zur Unterstützung der Kitezh Community for Children in Russland, die sich um Waisen kümmert, die aus herzzerreißenden Situationen gerettet wurden. Ich war so beseelt davon, diese beiden Hilfsorganisationen zu unterstützen, dass ich sie, zusammen mit dem allgemeinen Bewusstsein für den Krebs, den anderen Anliegen hinzufügte, die ich auf meinem Lauf fördern würde. Mit Entschlossenheit und Engagement gelang es Liza, mir das russische Langzeitvisum zu besorgen, an dem alle anderen gescheitert waren.

Meine Sorgen, dass ich in Sibirien keinerlei Kontakte haben würde, waren ebenfalls geklärt, als ich in einer Laufzeitschrift eine Anzeige für den Sibirien-Marathon entdeckte, der am 3. August stattfand. *Woman's Weekly* beauftragte mich, einen Artikel zu schreiben, daher würde ich genügend Geld haben, um an dem Marathon teilzunehmen. In Omsk wohnte ich bei Elena in ihrem hübschen Zuhause in einer baufälligen Wohnung und lernte in meinen wenigen Tagen dort ziemlich viel über das Leben in Westsibirien.

Omsk ist eine schöne Stadt, aber das Leben dort ist hart. Die Menschen reinigen ihr Wasser, indem sie es filtern und drei Tage lang immer wieder abseihen und kochen, bevor sie es bedenkenlos trinken oder sich eine Tasse Tee machen können. Sie sind zu arm, um die alten sowjetischen Fabriken flussaufwärts auszutauschen, die gefährliche Chemikalien ins Wasser ablassen. Für das Auge sieht es sauber aus, aber es ist oft giftig und die Krebsrate hier ist hoch. Die Ärzte führen diesen Kampf, obwohl ihre Gehälter so niedrig sind, dass ein Arzt mehrere Jobs ausüben muss, um sich über Wasser zu halten – und das Krankenhaus ist nur unzureichend ausgestattet. Ich freute mich so, den Sibirien-Marathon zur Unterstützung des Sibirischen Eisenbahnkrankenhauses zu laufen, nachdem ich es besichtigt hatte.

Die Menschen stellten für den Sibirien-Marathon wirklich alles auf die Beine. Bunte Buden, die alle möglichen Dinge zum Verkauf anboten, wurden aufgebaut und Flaggen gehisst. Alle säumten die Straßen und jubelten uns von der ersten Meile an lautstark zu, genau wie beim London-Marathon.

Ich würde sechstausend Meilen laufen müssen, bevor ich Omsk das nächste Mal sah, aber ich hatte dort bereits ein Zuhause und gute Freunde. Und ich hatte das große Glück, Geoff Hall kennenzulernen, den einzigen anderen britischen Läufer, der es mir sogar gestattete, ihn für *Woman's Weekly* zu fotografieren. Geoff wurde zu einem einzigartigen Unterstützer meines Laufs; er koordinierte meine Ausrüstung von England aus, schickte mir Schuhe und andere Gegenstände in entlegene Winkel der Welt und machte einfach den entscheidenden Unterschied. Es war erstaunlich, dass ich bis nach Sibirien fahren musste, um einen der britischen Dreh- und Angelpunkte meines ganzen Laufs zu finden.

Als mein Flugzeug nach dem Lauf in einen herrlichen sibirischen Sonnenaufgang startete, der den Horizont purpurrot färbte, war mein Herz ganz erfüllt und ich hatte so vieles, worüber ich nachdenken musste. Ich wusste, dass ich mehr herausfinden musste; und dass zwischen Nepal und Kitezh und dem Sibirischen Eisenbahnkrankenhaus die Welt riesig ist – so absolut, absolut riesig.

Schließlich, am 2. Oktober 2003, nach all dem Träumen und Überlegen und Planen und Vorbereiten, war der Tag gekommen. Ich stand vor meinem Haus in Tenby, unter Freunden, startbereit. Ich hatte entschieden, an diesem Tag aufzubrechen, da es mein Geburtstag war, mein 57., um genau zu sein.

Es gab kein großes Aufheben – der Weltumsegler Sir Francis Chichester pflegte zu sagen: »Die Feierlichkeiten kommen *nach* der Fahrt« –, aber mein Sohn James war da, mein Bruder Nicolas, der extra aus Irland angereist war, ein paar enge hiesige Freunde, Laufkumpel und noch ein paar andere Leute wie zum Beispiel Chas und Carol, die Besitzer von Tenby Autoparts. Während Clive immer wieder irgendwelche Teile für Cassidy, unser betagtes Campmobil, besorgte, hatten er und Chas etliche Witze und Flunkergeschichten ausgetauscht.

Mein Bruder Nicolas malte den Umriss meines Fußes auf die Steinplatte in meinem Hauseingang – *der erste Schritt.* Der Plan sah vor, dass ich den *letzten* Schritt meines Laufs auf genau derselben Steinplatte in Tenby tun würde, nachdem ich die Welt umrundet hatte.

Alles ging so schnell. Das Lokalfernsehen filmte mich, alle küssten mich und schon lief ich los. Ich lief die Straße hinunter, um die nächste Ecke und dann war ich verschwunden.

KAPITEL 3

Der Tenby-Bär

Wales, 2. Oktober 2003

Erst nachdem ich zwei Meilen gelaufen bin, fällt mir wieder ein, dass heute mein Geburtstag ist. Ich habe den Kuchen nie gegessen, den ich gestern Abend hinten im Kühlschrank versteckt gefunden habe, oder auf den Champagner gewartet.

Es ist so seltsam, den Hügel hoch nach New Hedges und Pentlepoir zu laufen, das erhabene und wunderschöne Meer zu sehen und die Klippen und den Küstenpfad, auf dem meine Freunde und ich so oft gelaufen sind, bei stürmischem Wetter an verregneten Tagen oder an magischen voller Sonnenschein, so wie heute Morgen. Wehmütig betrachte ich alles um mich herum, da ich weiß, dass es vielleicht für viele Jahre das letzte Mal sein wird. Alles sieht plötzlich viel intensiver aus, wenn man es zum Abschied betrachtet.

Ich denke zurück an mein Haus, wo mein Sohn James und mein Bruder Nicolas sich zum Aufbruch bereit machen, da sie selbst bald nach Hause zurückkehren müssen. Ich will noch einmal Abschied nehmen. Und doch ist das hier zum Teil genau der Zweck dieses Laufs; vorwärts zu gehen und nicht auf einem einfachen Weg zurück, wenn man sich einsam fühlt.

Ein schüchternes kleines Mädchen stürzt mit ihrer Mutter aus dem Haus, um mir ein Bild, das sie für mich gemalt hat, und ein paar Süßigkeiten zu geben. Eine lebhafte Dame mit funkelnden Augen und einem Sonnenbrand auf den Wangen macht mir frische Sandwiches und ruft: »Oh, ich bin ja so stolz auf Sie! Laufen Sie weiter, immer weiter!«

Die Gefühle von Tag eins sind ummantelt von dem ungeheuren Ausmaß dessen, was vor mir liegt. Eingefangen in Gedanken an brennende Füße, Schmerzen und Momente der Freude und des Glücks und liebenswerte Menschen. Wie Darwin einst in einem seiner Tagebücher schrieb: »Ein Reisender zu sein heißt, überall das Gute zu sehen.«

Am ersten Tag schaffe ich 25 Meilen, bis knapp hinter Carmarthen, aber ich muss mich oft an den Straßenrand setzen, um meine Füße zu reiben, die von dem Druck, mit sehr schwerem Gepäck auf Asphalt zu laufen, brennen. Ich brauche einen Feuerlöscher.

Mir schwirrt der Kopf vor Emotionen über das, was ich zurückgelassen habe, und vor Aufregung über das, was vor mir liegt. Es ist das erste Mal, dass ich zu erschöpft bin, um in die Stadt zu gehen und Menschen aufzusuchen, die so freundlich waren, mir einen Schlafplatz anzubieten. Daher schlage ich das Biwakzelt zwischen hohem Gras und Gebüsch inmitten eines Stücks Brachland auf und schlafe sofort ein. Mitten in der Nacht wache ich auf; mein Kopf ragt aus dem Biwakzelt und ich sehe zu den Sternen hoch und frage mich, wo in aller Welt ich bin. Dann wird es mir bewusst – ich bin unterwegs. Ich bin überwältigt von Freude und Traurigkeit zugleich …

Ich bete, dass ich erreichen kann, was ich tun muss. Ich fühle mich nicht besonders stark, aber sehr entschlossen, mit einer Mischung aus physischer und mentaler Entschlossenheit, wie zu Beginn meiner Atlantiküberquerung, die jetzt meine »Seereise auf zwei Beinen« geworden ist. Die Flut läuft mit mir und es gibt kein Zurück. Der erste Schritt, ich habe den ersten Schritt getan und das ist der längste Schritt von allen.

Ich kann nicht mehr zurück; ich muss Verletzungen vermeiden. All das sorgt dafür, dass sich die ersten paar Meilen nervenaufreibend anfühlen, überwältigend. Ich denke an die ungeheure Weite dessen, was vor mir liegt, und sage mir: *Du musst nur eine Stunde laufen … und danach noch eine Stunde … Sieh es nicht als eine einzige riesige Aufgabe, die auf einmal erledigt werden muss …* Ich sehe sie in Schritten ... ich kann einen Schritt tun ... und dann den nächsten ... und den nächsten ...

Wie immer auf Abenteuern – ob auf See oder an Land – ist auch diese Reise eine Mischung von Träumen: etwas, das mir einen Schauder über den Rücken jagt, etwas, das ich tun muss, und praktische Realität. Es ist nichts Versponnenes, sondern es sind Fakten, die Träume wahr werden lassen. In den letzten paar Monaten habe ich bereits dafür trainiert, nachts unter freiem Himmel zu schlafen; der Unterschied jetzt ist, dass ich tatsächlich unterwegs bin. Ich muss selbst auf mich aufpassen und ich werde es sehr, sehr lange tun müssen.

Schwere Bleigewichte scheinen irgendwie in meinen Rucksack gelangt zu sein. Vergessen sind die ganzen Trainingsläufe, die ich mit Fünf- oder Zehn-Kilo-Säcken mit Kartoffeln unternommen habe, um zu lernen, mit Gewicht zu laufen. Vergessen sind mit Ausrüstung beladene Übungseinheiten; man nimmt nie wirklich die *ganze* Ausrüstung mit, wenn man weiß, dass zu Hause ein schönes warmes Bett auf einen wartet. Ich trage Zeug für den Winter bei mir, das ich nicht vorausschicken wollte, da ich Angst habe, es zu verlieren – und außerdem habe ich einen Bären.

Es ist der Tenby-Bär, der mitkommt, um mich zu beschützen. Er trägt sogar ein kleines grünes Strickjäckchen, auf dem »Tenby-Bär« steht. Die Kinder einer unserer hiesigen Schulen wollen, dass er auf mich aufpasst, und er ist mein Talisman. Am nächsten Tag, während ich nach Cross Hands laufe, fühle ich mich besser; ich habe es geschafft, ein paar Sachen meiner Ausrüstung, die ich nicht unbedingt brauche, zurückzuschicken. Aber der Tenby-Bär bleibt. Er ist nicht schwer, er ist mein Bruder.

Ich habe sieben Tage in Wales: wunderschöne Hügel, wildes Meer in der Carmarthen Bay, herrliche Herbstfarben in den Wäldern von Wentworth. Ich laufe durch Cross Hands und werde von ein paar freundlich aussehenden Damen eingeladen, einem Mord beizuwohnen. Ich frage mich, was für eine niederträchtige Gemeinheit hier geplant wird, aber es ist nur eine Theateraufführung im Gemeindesaal mit dem Titel *Der Mord.*

Mit einem schweren Rucksack zu laufen, ist besser als ein Wiegenlied. Ich verbringe einen wundervollen Tag mit Freunden in Newport und treffe mich mit Mike Rowland, einem Marathoncoach und einem der besten Künstler in Wales. Ich bin so müde, dass ich mich in einem anderen Klassenzimmer schlafen lege, während er unterrichtet. Ich wache nicht einmal auf, als sie den Feueralarm proben. Er findet mich tief schlafend, zusammengerollt, im Begriff, versehentlich über Nacht eingeschlossen zu werden.

Am 8. Oktober laufe ich über die Severn Bridge, nachdem ich ein paar walisische Eichenblätter eingesammelt habe, um sie für immer bei mir zu behalten.

Das war's. Ich habe Wales hinter mir. Und jetzt auf zum Rest der Welt.

KAPITEL 4

Augen an den Füßen

England–Holland–Deutschland, Oktober 2003

Kabbelige Wellen in der frischen Brise. Dunkelheit senkt sich herab, während ich auf England zurückstarre.

Es ist 225 Meilen her, seit ich die Severn Bridge überquert habe. Möwen kreischen, während die Fähre ablegt. Ich stehe an Deck und sehe zu, wie in der Dämmerung die Lichter Harwichs angehen.

»Oktober-Brombeeren sind die Früchte des Teufels«, pflegte meine Großmutter Carlie zu sagen, aber ich finde, sie sind die verlockendsten Früchte von allen. Sie sind praktische Auftankstationen für einen Läufer und ich tue mich an ihnen gütlich. Über der sanft geschwungenen englischen Herbstlandschaft steht ein Vollmond und die Tage sind strahlend und sonnig, wenn auch manchmal kühl. Es ist ein schöner Lauf.

Zu den eindrucksvollsten Bildern auf diesem Teil der Strecke gehören die ehrwürdigen Gebäude und Gelände großer, stattlich aussehender Orte wie der Marlborough Public School, schrullige Häuser und winzige Cottages in stillen Dörfern und kleinen Marktflecken wie Castle Combe, Chipping Sodbury und anderen. Selbst Slough, durch das ich immer nur durchgefahren bin, sehe ich jetzt mit anderen Augen.

Überall werde ich angefeuert und mit guter Laune und Freundlichkeit unterstützt; vor allem vor den Pubs längs des Kanalwegs von Slough nach London, wo Leute vor ihren Pints sitzen, die sich in dem klaren Wasser zu doppelten Pints spiegeln. Unterwegs sehe ich Füchse und Dachse und der Morgengesang der Amsel folgt mir überallhin.

Ich habe dieselben Gefühle, die ich hatte, als ich Wales verließ: England, die Gesamtheit der Britischen Inseln, ist so kostbar und schön. Meine Ohren schmerzen vom Zuhören und von dem Versuch, mir die Melodie der Amseln einzuprägen, und meine Augen und mein Verstand sind gequält davon, die Eindrücke um mich herum abzuspeichern, die ich jahrelang nicht wiedersehen werde.

In der Nähe von Marlborough in Wiltshire hält ein Tierarzt mit seinem Wagen an. Sein Name ist Martin und er erzählt mir, dass er ebenfalls ein Läufer ist. Als er von Land's End nach John O'Groats lief, benutzte er einen Babyjogger.

»Viel einfacher, als einen Rucksack zu tragen. Du schleppst zu viel Gewicht mit dir herum, damit wirst du dir langfristig den Rücken ruinieren. Du brauchst einen Anhänger, den du ziehen kannst.«

Im Nachhinein betrachtet wusste ich seinen Rat wirklich sehr zu schätzen und ich wünschte, ich hätte ihn früher befolgt. Aber damals dachte ich, es könnte schwierig sein, mit einem Anhänger nachts zu zelten und tagsüber auf Waldwegen voranzukommen.

Es bedeutet mir so viel, dass Mark, Clives Lieblingsneffe, seine Frau Mandy und ihr Sohn Andrew herausfahren, um mich zu treffen. Sie sind ein solch großer Teil von alledem, genau wie Geoff, den ich davor erst ein einziges Mal beim Omsk-Marathon getroffen habe, es bereits jetzt ist. Geoff läuft zwanzig Meilen mit mir und zum Abschluss trinken wir kalte Limonade. Die schönsten Momente erlebe ich an den beiden Abenden mit Eve, Pete und meinem Enkel Michael, nachdem ich den Kanalweg von Slough nach London hinuntergelaufen bin. Ich wache im Gästezimmer auf und denke: *Ich habe alle Zeit der Welt.*

Bitte lass die Zeit stillstehen – aber bitte lass die Zeit auch verstreichen, damit ich sie durchstehen kann. So viele Menschen machen dasselbe durch, wenn sie auf irgendeiner Mission sind – oder in den Krieg ziehen. Dieser Lauf macht mir Freude, aber er ist auch mein kleiner persönlicher und entschlossener Kampf, mein bescheidener

Beitrag zum Leben. Nicht viel verglichen mit dem, was viele andere leisten. Wenn ich Ärztin oder Krankenschwester wäre, würde ich nicht um die Welt laufen, denn dann könnte ich hier mehr leisten.

Ich liebe meine Familie über alles. Eve ist so wie ich, nur weitaus schlauer und schöner; Michael ist eine verwandte Seele, auch wenn er erst eineinhalb ist; Pete ist Liverpooler, Designer von Beruf – einer der besten Menschen, die ich je kennengelernt habe. Sie wollen, dass ich meinen Lauf antrete; ich tue es für Clive, aber ich tue es auch für sie.

Ich bin auch sehr traurig, als ich mich von Catherine in London verabschiede und von Nedd, dem lieben schwarzen Kater, der sie besitzt, nicht andersherum. Ich bin zuversichtlich, dass ich sie alle wiedersehen werde; ich bin zuversichtlich, dass alles klappen wird; aber mein Herz hämmert angesichts des ungeheuren Ausmaßes der Reise, die vor mir liegt.

Ich verbringe mehrere Tage damit, von London nach Colchester und weiter zur Ostküste zu laufen. Immer wieder denke ich: Das hier ist nur ein kleiner Schritt, ein kleiner Atemzug bei meinem Ziel, den Globus zu umrunden. Ich habe es geplant, mich darauf vorbereitet, wurde dazu inspiriert; und doch ist es noch immer etwas, von dem ich nie gedacht hätte, dass ich es in meinem Leben je erreichen könnte. Es ist voller praktischer, prosaischer Pläne und Strategien und Lösungen, aber immer noch etwas weit jenseits aller Horizonte, die ich kenne.

Am 19. Oktober gehe ich an Bord der Fähre nach Holland.

Die Fähre legt um vier Uhr morgens in der dunklen Stille vor dem Morgengrauen in Hoek an. Ich packe das Biwakzelt aus und ruhe mich eine Weile darin aus, erwache unter einem Himmel, an dem ein orangerot aufflammender Sonnenaufgang erstrahlt. Die riesigen Wolken am Himmel sind golden verfärbt. Ich verstehe, warum Wolken in Holland »die holländischen Berge« genannt werden. Sie sind die spektakulärsten Gipfel, die es hier gibt. Bald spiegelt sich das frühe Licht auf den Spitzen vieler Glashochhäuser in der Stadt, die wie Diamanten funkeln. Tausende von Menschen erscheinen auf

Fahrrädern auf ihrem Weg zur Arbeit. Alle sind warmherzig und gut gelaunt, wünschen mir auf Englisch einen guten Morgen. In den Konditoreien und Bäckereien liegt der Geruch von heißem Kaffee, frischen Croissants und Kuchen in der Luft.

Ich beginne mit dem Fünfzig-Kilometer-Lauf nach Haarlem. Die Strecke führt durch einen Wald, dann an Deichen und Kanälen entlang. Nebel senkt sich. Boote tauchen aus dem Dunst auf, scheinbar zum Greifen nah. Ich sehe nebelverhangene Windmühlen, endlose Deiche. Ich war schon ein paarmal in Holland, aber es hat sich nie so angefühlt wie jetzt. Während meines zweiwöchigen Laufs durch Holland wird mir bewusst, dass es die Art des Reisens ist, auf die es ankommt. Ich preise den schweren Rucksack, der mich bremst, da ich damit so schön langsam bin. Langsamkeit verleiht deinen Füßen Augen und kann ein Katalysator für die Sinne sein.

Klaas Hoeve verlegt zwei meiner Segelbücher in niederländischer Sprache. Er und seine Assistentin Madelon laden mich in Haarlem zum Mittagessen ein. Sie bringen mir Schokolade mit, auf der mit riesigen Schokoladenbuchstaben *Rosie* steht. Er trifft mich später noch einmal im Norden Hollands, in Leeuwarden. Ich esse jeden Tag einen Buchstaben meines Namens als zusätzlichen Energieschub, während ich mich auf kleinen Straßen und Wegen weiter fortbewege. Ich schlängele mich durch Marschland, Deiche und mehr leere Gegend, als ich in Holland je für möglich gehalten hätte, in einer nebelverhangenen Landschaft mit plötzlichen Lichtstrahlen, Regenschauern, Windmühlen und Farmen, oft nur schwach sichtbar, wie auf dem zarten, verwaschenen Leinwandgemälde eines Künstlers.

Ich verbrauche viel Energie und muss oft etwas essen. Ich kaufe mir Essen in kleinen Läden in abgelegenen Dörfern. Die Händler haben Verständnis, wenn ich nur ein paar Kartoffeln, drei Karotten, eine Zwiebel kaufe. Gemüse ist köstlich, aber schwer zu tragen. Meine Einkaufsgewohnheiten ändern sich vollkommen, da ich alles auf dem Rücken tragen muss. Und ich entdecke Spaghetti neu – köstlich mit holländischem Käse. In jeder Packung sind fünfhundert Gramm und hundert Gramm enthalten dreihundert Kalorien. Wenn man noch ein paar verschiedene Kleinigkeiten dazugibt, ist es eine gute, preiswerte Mahlzeit. Mein kleiner Kocher wird zu meinem Lebensmittelpunkt. Auf dem Land gibt es nicht viele Cafés, nicht einmal in Holland. Und selbst wenn ich ein Restaurant finde, halte ich nicht oft an. Ich muss sparsam wirtschaften, da mein Budget für den gesamten Lauf sehr klein ist. Ein paar Tausend Pfund pro Jahr.

Der erste Frost kommt am 23. Oktober: ein paar Schneeflocken, gefolgt von stürmischen Graupelschauern und Regen. Ich bin froh, dass ich ein Paket mit etwas strapazierfähigerer Kleidung und Ausrüstung abgeholt habe, das an meinen Verleger vorausgeschickt wurde. Das Wetter ist immer gut, wenn man in einer sturmfesten PHD-Khumbu-Gortexjacke steckt.

Am 25. Oktober laufe ich über die ersten 15 Kilometer des Afsluit-Deichs, der sich über 35 Kilometer auf eine wunderschöne, dramatische Weise zwischen dem offenen Wasser der Waddenzee und dem Binnengewässer des IJsselmeers erstreckt, ein gewaltiges Meisterwerk der Ingenieurskunst, das die einzige Verbindung zwischen dem Westen Hollands und Friesland ist.

Ich erreiche Leeuwarden und obwohl ich mich schläfrig und wie ein nasser Hund fühle mit meinem dampfigen Atem und Haaren wie ein durchnässtes Fell, bin ich einfach zufrieden. Leeuwardener Collegestudenten bereiten mir einen herzlichen Empfang. Bald fühle ich mich dank ihnen wieder rundum wohl; ich lasse die wichtigsten Sachen trocknen, dusche heiß und ruhe mich aus. Dann beginnen die eigentlichen Ereignisse des Tages. Die Straßen füllen sich mit Läufern, die alle Rosie's-Run-T-Shirts tragen. Wir laufen 25 Kilometer durch wunderschöne, bewaldete friesische Landschaft, vorbei an traditionellen Häusern mit geschnitzten Veranden und einem ganz eigenen Gepräge.

Die Unterstützung ist derart, dass ich mich überhaupt nicht erschöpft fühle; und das Event endet mit einem Konzert des örtlichen

Shantykoors, der tolle Seemanns-Shantys und andere Lieder singt. Die Strophen von *Molly Malone* und *Irish Eyes Are Smiling* hallen noch immer in meinem Kopf nach, während ich weiter in Richtung Deutschland laufe.

Ich überquere die Grenze am 2. November, einen Monat nachdem ich losgelaufen bin. Jetzt habe ich fünfhundert Meilen geschafft, aber die nächsten zehntausend Meilen werde ich in Kilometern zählen, was besonders aufmunternd ist. Kilometer sind vielleicht nicht so liebenswert wie Meilen (nie im Leben erreicht man einen »Kilometerstein«), aber sie geben einem das Gefühl, voranzukommen, indem sie sich schneller addieren.

Ich überquere die Grenze ein Stück hinter der letzten niederländischen Stadt, Groningen. Keine Passstempel, keine Beamten. Man würde kaum wissen, dass man in einem anderen Land ist. Aber hinter Bunde stoße ich auf einen wunderschönen Weg, auf dem ich die ganzen stark befahrenen Straßen meiden kann.

Der Regen hat eingesetzt und alles wird immer wieder nass. Außerdem kann ich die Augen kaum noch offen halten, während die Aufregung der letzten Woche mich einholt. Ich bin so müde, dass ich umfalle, wo ich anhalte, was zufällig in einem wunderschönen spätherbstlichen Wald ist. Ich werde nie verstehen, wieso ich mir Deutschland immer als Industrienation vorgestellt habe, denn hier gibt es auch die herrlichsten Laubwälder, die ich je gesehen habe. Ich schlage das Biwakzelt auf, krieche in meinen großen Doppelschlafsack und bin im nächsten Moment eingeschlafen, völlig weggetreten.

Eines Nachts fahre ich mit einem fürchterlichen Schrecken aus dem Schlaf hoch. Irgendetwas ist gegen das Biwakzelt gekracht. Von draußen höre ich ein lautes Quieksen und schweres Keuchen. Ich spreche viele Gebete, alle auf einmal. Ich zittere am ganzen Körper und versuche, meine fünf Sinne zusammenzunehmen, während ich mir meine Taschenlampe schnappe.

KAPITEL 5

Eric der Eber

Deutschland, November 2003

Irgendetwas sehr Lebendiges, Großes und verzweifelt um sich Schlagendes fällt auf mich.

Es ist verrückt, auch nur zu versuchen, den Reißverschluss aufzuziehen, da alles wild herumgeschleudert wird. Das Biwakzelt knallt gegen einen Baum und ich bekomme einen Schlag auf den Kopf. Ich lasse die Taschenlampe fallen und werde im Dunkeln zusammengequetscht. Zum Glück ist die Taschenlampe in Reichweite geblieben.

Schließlich gelingt es mir, den straff gespannten Reißverschluss zu öffnen, und ich falle vor Verblüffung fast tot um. Ich bin noch immer verängstigt, aber ich muss auch unwillkürlich lachen. Vor mir, fast ebenso stark zitternd wie ich, während er mich aus kleinen, schwarzen, kurzsichtigen Augen ansieht, mit einer fein behaarten, zuckenden Schnauze und einem Paar kleiner Hauer, steht ein Eber. Er scheint noch jung zu sein, auch wenn er groß ist und offenbar aus Versehen mit meinem Zuhause zusammengeprallt ist. Vermutlich auf der Suche nach Trüffeln oder Ähnlichem. Er sieht so süß aus, aber ich habe gehört, dass Wildschweine gefährlich sind. Er hat sich mit den Hufen in den Zeltleinen verheddert, die bei dem Biwakzelt sehr niedrig sind, und er dreht sich im Kreis, bis er das Biwakzelt fast wie einen Umhang trägt. Wir sind beide zu eingezwängt, um uns zu bewegen. Ich habe gehört, dass man, wenn man es mit Bären zu tun hat, was mir noch nie passiert ist, mit ihnen reden soll, daher sage ich: »Es ist alles gut, Eric ...« – der erste Name, der mir in den Sinn kommt – »... ich will keinen Speck zum Frühstück. Obelix isst vielleicht drei Wildschweine zum Frühstück, aber ich nicht!«

Ich bin tief besorgt, dass das Biwakzelt verwüstet wird, aber jetzt steht er stocksteif da. Ich selbst kann mich auch kaum bewegen. Es kommt mir vor, als ob Stunden vergangen sind, obwohl es erst ein paar Augenblicke her ist, seit Eric mit meinem Zelt zusammengestoßen ist. Ich hätte nie gedacht, dass ich einmal mit einem Wildschwein unzertrennlich verbunden sein würde. Schließlich opfere ich eine der Zeltleinen und durchtrenne sie mit meinem kleinen Messer. Eric schüttelt sich, als wollte er sehen, ob er wirklich befreit ist, dann zuckt er einmal kurz mit seinem kleinen Schwanz und stürmt mit einem letzten Schnauben davon.

Es ist lang nach der Morgendämmerung. Sonnenschein fällt durch die goldenen Blätter der Eichen. Alles ist vom Regen durchnässt, der aufgehört hat, ohne dass ich es bemerkt habe.

Ich werde Eric den Eber und die Lektion, die er mir erteilt hat, nie vergessen. Das hier ist eine facettenreiche Reise, nicht nur ein Lauf. In Zukunft binde ich kleine weiße Schleifen an die Zeltleinen, um alle kurzsichtigen Geschöpfe zu warnen, dass ich hier bin. Wilde Tiere greifen einen nicht oft an, aber es lohnt sich nicht, sie zu erschrecken. Ich bin dabei, zu lernen, dass sie nicht scharf auf einen Kampf sind, da sie selbst nicht verletzt werden wollen. Es ist nicht lustig, ein verwundetes Raubtier zu sein, denn auf die Weise kriegt man nichts zu fressen. Aber ich muss eine erneute Konfrontation vermeiden, selbst eine wie die mit dem Beeren und Trüffel fressenden Eric, egal, wie gut wir letztendlich miteinander auskamen, denn die Ausrüstung würde das nicht noch einmal überleben.

Ich schaffe es, mein Zeug einzusammeln; es ist ziemlich schlammig und muss geflickt werden. Ich habe keine Lust, darin zu schlafen, bevor ich es sauber gemacht habe, aber ich könnte es tun – es ist nicht allzu schlimm. Ich packe alles zusammen und laufe gut 35 Kilometer bis Leer, die erste deutsche Stadt. Ein absolut entzückender Anblick bietet sich mir: ein Hotel mit hübschen Blumenkästen, der Wärme und dem Geruch von heißem Kaffee und Schildern für selbst gemachten Apfelstrudel und köstliche deutsche Würstchen mit Sauerkraut.

Ich greife nach meinem Notvorrat an Euros, den mein Bruder Nicolas mir mitgegeben hat, bevor ich aufgebrochen bin. Der Geschäftsführer, in einem schwarzen Jackett und einer Nadelstreifenhose, schnappt sich meinen durchnässten, schlammverkrusteten Rucksack, als wäre er ein Gucci-Gepäckstück – nur vierzig Euro mit Frühstück, sagt er. Er tänzelt mit mir die mit Teppich ausgelegte Treppe hoch, führt mich in ein Zimmer mit einem Himmelbett und zeigt auf das geräumige Bad. Ich bin so froh, dass er nicht eine halbe Stunde später wieder auftaucht. Er hätte das Zimmer nicht wiedererkannt: Meine Schlafsäcke hängen über Plastiktüten, die die Tropfen auffangen sollen, und schlammverschmierte Leggings liegen überall verstreut. Das Tolle an Hotelzimmern ist, dass sie der Ausrüstung ebenso guttun wie dir selbst. Ich leere eine kleine Flasche Sekt, die er aufmerksamerweise neben das Bett gestellt hat, und sinke rasch in den Schlaf.

KAPITEL 6

Not lässt die nackte Dame tanzen

Deutschland, November 2003

Das hier sind die ersten Ausläufer der gewaltigen Abenteuer, die vor mir liegen. Ich bin in einem verborgenen Deutschland, von dem ich nie wusste, dass es existiert: Hirsche mit weißen Schwänzen, die so hoch hüpfen und springen, dass man glauben könnte, sie hätten Flügel, Hexenhäuschen, noch mehr Wildschweine (auch wenn sich keines so benimmt wie Eric), Füchse und Eulen, die nachts jagen, Turm- und andere Falken und Hunderte von Singvögeln tagsüber. Während ich an Schwarzbrot und Käse knabbere, hüpfen die kleineren Vögel oft mit mir mit und stürzen sich auf die Krümel.

Ich erreiche die alte Stadt Oldenburg zwischen hübschen Gebäuden und Kirchen mit hohen Türmen. In Oldenburg würde ich gern einmal mit jemandem, den ich liebe, eine Weile bleiben. Ich stecke die Idee in eine kleine Tüte in meinem Kopf mit der Aufschrift »Später«. Ich hoffe, die Tüte ist stark, da sie viel enthält.

Ich denke, wie glücklich ich mich schätzen kann, nachts in Wäldern unter den wunderschönen Sternen zu schlafen, den Wind zu hören, der sich nach einer ruhigen Waldnacht regt, und fast schon die Gerüche und den Geschmack des neuen Tages wahrzunehmen, die wilden Kräuter und Beeren und die frische wilde Luft – und unterwegs zu sein. Die Morgen sind frostig und klar und alles fühlt sich einfach fantastisch an.

Ich liebe diese Wälder und Städte, die mir das Gefühl geben, durch ein Märchenbuch zu laufen. »Ich komme wieder«, sage ich mir immer wieder. Zu Fuß bin ich langsam genug, um mich von dem

Zauber meiner Umgebung in seinen Bann ziehen zu lassen. Sie wird zu einem Teil von mir. Und doch wird das hier von meinen Emotionen überschattet, von der Dringlichkeit, weiterzulaufen, so gut ich kann. Russland liegt vor mir, aber es ist mindestens zweitausend Meilen weit entfernt.

Ich bin bereits bei meinem dritten Paar Schuhe und sie haben mir wirklich gute Dienste geleistet. Meine Beine fühlen sich gut an. Top-Marathonläufer laufen manchmal 150 Meilen in der Woche, nur zum Training für einen Wettlauf, daher ist die Entfernung, selbst mit dem schweren Rucksack, gar nicht so extrem, da mein Pensum bei ungefähr dreißig bis 35 Kilometern am Tag liegt. Wenn ich so denke, fällt mir das Laufen leichter.

In den nächsten paar Tagen überquere ich Fußgängerbrücken über die riesigen Autobahnen oder laufe durch kleine, dunkle Tunnel, die unter ihnen hindurchführen, und folge hauptsächlich Feld- und Radwegen. Ich bin so langsam, dass Menschen mich oft anhalten, um herauszufinden, was ich tue, und mir wertvolle örtliche Wegbeschreibungen geben. Mithilfe eines Sprachführers kann ich mich auf Deutsch halbwegs gut verständigen und das langsame Tempo gibt mir das Gefühl, ein Teil der Gemeinden zu sein, die ich durchlaufe; dadurch fühle ich mich weniger einsam und jeder ist gut zu mir. Ein paar der Nebenwege sind auf keiner der Karten verzeichnet, die ich mir gekauft habe. Ich laufe in den Norden von Bremen, nachdem ich am Stadtrand die Brücke über den Fluss überquert habe, erreiche ich schließlich Buxtehude und bin irgendwann zwanzig Kilometer vor Hamburg, wo ich ein Paket abholen muss.

Ich bekomme die Schlüssel zu einem geschlossenen Campingplatz, damit ich in dem Toilettenblock duschen kann. Die Duschen funktionieren, aber die Beleuchtung ist trübe und während ich dusche, kann ich ein Knirschen unter meinen Füßen hören und mir wird bewusst, dass der Boden voller Glasscherben ist, da eines der Fenster von den Winterstürmen eingedrückt wurde. Ich verbringe viel Zeit damit, sie aus meinen Füßen herauszuziehen, aber ich denke nicht weiter darüber nach.

Schließlich, am 11. November, erreiche ich Hamburg. Als ich nach einem stundenlangen Lauf durch die Vororte das Stadtzentrum erreiche, treffe ich auf einen Polizisten, der an seinem Motorrad lehnt. Er trägt sich mit einer schwungvollen Unterschrift in mein Logbuch ein und beschreibt mir dann den Weg zum Gebäude der Allianz Cornhill. Mit das Schwierigste auf diesem Lauf ist, eine Adresse zu bekommen, an die ich meine Ausrüstung vorausschicken lassen kann. Geoff Hall, der für Allianz Cornhill in London arbeitet, hat arrangiert, dass ihr Büro in Hamburg so freundlich war, ein Paket mit Ausrüstung für mich entgegenzunehmen, das inzwischen angekommen ist. Myrto Reiger und ihre Kollegen begrüßen mich fröhlich und schleppen das, wie sie es nennen, »Rosie-Paket« an.

Ich sehe mir meine Website an, die so gut läuft. Ich bin jedes Mal beseelt davon, wie die Leute mir nonstop helfen; vor allem von der herzerwärmenden und einzigartigen Unterstützung meines »A-Teams« zu Hause, das von Tag eins an mit dabei ist. Diese nachhaltige Unterstützung ist so wertvoll. Ann hat sogar ein »Rot-Kreuz-Paket« geschickt, das sie für mich gepackt hat, mit Früchtebrot und einem selbst gemachten Apfelkuchen, der wie durch ein Wunder überlebt hat. Die Sachen müssen in meinem Rucksack verstaut werden. Alle helfen mit, während der arme Rucksack immer größer und größer wird. Kaffee und Kuchen werden serviert und sie überreichen mir ein Geschenk, eine große Schachtel Pralinen, und teilen meine Freude, während ich Briefe von Angehörigen öffne und Fotos herumzeige. Ich packe all die Leckereien und Briefe von meiner Familie, die unerlässliche Winterausrüstung von PHD und die neuen Schuhe aus. Es ist wie eine Geburtstagsparty! Ein paar Stunden später mache ich mich wieder auf den Weg, überschwänglich und glücklich.

Der erste Ort, den ich erreiche, der freie Zimmer hat, ist ein sehr gut florierendes Bordell, eines der besten in der Stadt, sagt die Wirtin, während sie mich die Treppe hochführt. Sie haben auch jede

Menge Zimmer für Budgetreisende. Das ganze Etablissement sieht aus, als ob es als Bühnenbild für eine Feydeau-Farce entworfen wurde – mit getrennten Treppen, damit diejenigen, die hinaufgehen, um ein bisschen Spaß zu haben, nicht mit denen zusammenstoßen, die hinunterkommen, und peinlich berührt sind, erklärt sie mir schelmisch, während sie mich hoch zu meinem winzigen Zimmer führt.

Erst als ich innehalte und die Euphorie der Ankunft abflaut, spüre ich den extremen Schmerz in meinem linken Fuß. Ich lasse mich aufs Bett sinken, ziehe die Ginghamvorhänge zu und untersuche meinen Fuß. An dem Fuß ist ein riesiger Klumpen entstanden, wie ein Hühnerauge, mit einem glitzernden Glassplitter in der Mitte, der noch immer darin steckt. Ich nehme mein kleines Messer und kratze das Glas ein bisschen zu grob heraus, aber es klappt nicht und bald tut der Fuß höllisch weh. Das kleine Zimmer ist tadellos sauber, aber schwarze Mäuse huschen hier und da immer wieder umher. Wenn ich das Licht einschalte, sehe ich sie sogar auf dem Regal sitzen. Hier gibt es also auch wild lebende Tiere. Sie unterhalten mich die ganze Nacht, da ich nicht schlafen kann.

Am nächsten Tag nennt mir eine Apotheke in der Nähe den Namen eines Arztes. Ich rufe Ann in Tenby an, die nach wie vor meine Finanzen im Auge behält, und gehe es an. Die Schwester legt eine schwarze Manschette mit einem Blutdruckmesser um meinen linken Knöchel und injiziert mir eine Spritze in den Fuß. Dann schneidet der Arzt das meiste von meiner dritten Zehe ab, aber vermutlich ist es nur die Haut. Die Schwester umwickelt alles mit einem dicken Verband, sodass es wie ein Yeti-Fuß aussieht, und sagt, dass ich einen großen blauen OP-Pantoffel kaufen muss, den sie hervorgeholt hat.

Kein Laufen in den nächsten zwei Wochen, sagt der Arzt.

Ich ziehe mich in mein Bordell zurück, entschlossen, es in drei Tagen zu schaffen. Der Fuß wird schnell heilen, da ich gut in Form bin. Ich bin besorgt wegen meines Visums für das kleine Stück Russland namens Kaliningrad, das ganz allein in Europa liegt; ein zusätzliches Visum, um dieses Gebiet zu durchqueren, wurde ebenfalls von Liza arrangiert, wird aber auslaufen, wenn ich nicht rechtzeitig genug dorthin komme.

Ich treffe meine Vorbereitungen. Es ist der 12. November; wenn ich am 14. aufbrechen kann, wäre das fantastisch. Hinter meinem Hotel, zwischen den vielen wild aussehenden Nepplokalen und Nacktshows, gibt es kleine, preiswerte Läden, die Essen aus der ganzen Welt verkaufen, von afrikanischen Süßkartoffeln bis hin zu köstlichen karibischen Babybananen und Roggenbrot.

Die Trennwände in den vielen kleinen Läden, die billige Telefonate anbieten, sind hauchdünn. Während ich mit anderen Leuten in der Schlange stehe, hauptsächlich aus einer großen, hart arbeitenden Einwanderergemeinde, die still neben dem pulsierenden Nachtleben existiert, höre ich die Freude in den Stimmen heraus, sobald irgendjemand durchkommt.

Es ist das erste Mal auf meinem Lauf, dass ich unter anderen Leuten bin, die weit weg von ihrem Zuhause sind, die Familien in Armut und Krieg zurückgelassen haben, unter schlimmeren Bedingungen, als ich mir je vorstellen könnte. Es sind entzückende Menschen und sie sind sehr höflich zu mir. Wir kommunizieren mit Worten und Gesten. Wie ein isländischer Freund später zu mir sagt: »Not lässt die nackte Dame tanzen.«

Ich rufe Eve und James an und die Verbindung ist so klar, dass es sich anfühlt, als ob ich die Arme ausstrecken und sie an mich drücken könnte. Sie sind ein Teil von mir – der beste Teil – und ich fühle mich ihnen so nahe. Ich bin glücklich und beschwingt, als ich höre, dass zu Hause alles in Ordnung ist. Wie so viele Eltern mit erwachsenen Kindern habe ich das Gefühl, dass Eve und James und Pete für mich mehr sind als Tochter und Sohn und Schwiegersohn; sie sind Freunde, die ich ebenso sehr bewundere wie liebe. Sie sind in den Dreißigern und führen ihr eigenes Leben, aber sie sind so gut zu mir. Sie leben weit entfernt von Tenby und in der Vergangenheit waren wir oft getrennt und so wie jetzt am anderen Ende eines Telefons. Der Unterschied diesmal ist, dass ich so lange fort sein werde, aber auch, dass wir uns im Geiste vielleicht noch näher kommen als je zuvor.

Es ist ein wundervoller Ansporn für mich, als Geoff nach Hamburg fliegt, um ein paar Kilometer mit mir zu gehen, bevor er am selben Tag zurückfliegt. Außerdem macht er ein paar gute Fotos für die Sponsoren, was ich allein bislang nur schwer bewerkstelligen konnte.

Während wir losgehen, stelle ich fest, dass mir der schlimme Fuß nicht allzu sehr zu schaffen macht. Ich trage an einem Fuß einen Laufschuh und an dem anderen einen OP-Pantoffel. Mit einer Plastiktüte über dem Verband klappt es ganz gut. Jedes Mal, wenn ich müde werde, gehen wir in irgendeinen Laden; die Leute ziehen mir einen Stuhl heran, damit ich mich ein paar Minuten ausruhen kann, aber ich komme bald wieder zu Kräften.

Bis zum 15. November habe ich 14 Kilometer geschafft. Ich bin wieder draußen in den Wäldern, es sind fast acht Grad minus und die Bäume sehen aus wie Spinnfäden, mit Sternen, die zwischen den frostigen Zweigen hängen. Dabei werde ich jedes Mal von Emotionen überwältigt, die ich nicht beschreiben kann, wegen der schieren Schönheit und des Gefühls, ganz allein darin zu sein.

Es ist kalt, aber es regnet nicht, was ein Glück für meinen Fuß ist, da er auf diese Weise trocken bleibt und sich nicht infiziert. Allmählich kann ich an meinem schlimmen Fuß wieder einen Schuh tragen, wenn auch ohne Einlegesohle.

Am 17. November erreiche ich Ratzeburg. Zwischen hier und Gadebusch überquere ich die ehemalige Grenze zu Ostdeutschland. Zwischen dem alten Ostdeutschland und Westdeutschland gibt es mehr Unterschiede, als mir bewusst war. Die Bushaltestellen in den Dörfern haben keine Wartehäuschen und es gibt weniger Fahrradwege. Die Häuser sind älter, im Allgemeinen mit kleineren Fenstern; Kramläden und Stände verkaufen alles, was man braucht. Es scheinen stille, zurückhaltende Menschen zu sein, die leise lächeln, wenn sie meine Versuche mit der deutschen Sprache hören. Ich musste mir Grundkenntnisse von fünf verschiedenen Sprachen aneignen, bevor ich von zu Hause aufbrach, denn in vielen Ländern spricht außerhalb von Städten niemand Englisch. Außerdem scheint es eine Frage der Höflichkeit, nicht nur der Notwendigkeit zu sein, zumindest ein paar Worte in jeder Sprache zu lernen.

Verschneite Flecken hier und da schmücken den süß riechenden Kiefernwald nach dem ersten Schneefall. Zwischen mächtigen Bäumen warten kleine Fichten und Tannen, jetzt mit zarten Schneehäubchen besetzt, darauf, abgeholt zu werden, um über Weihnachten Freude zu bereiten. *So einen will ich nächstes Weihnachten haben,* denke ich. Ich stelle mir vor, wie meine Familie um ihn herum sitzt; Pakete darunter. Ich denke: *Es ist das, was ich immer als selbstverständlich betrachtet habe, was mir jetzt am meisten bedeutet.* Das ist die bislang größte Lektion auf meinem Lauf.

Die Menschen zeigen mir Wege von einem Bauernhof zum nächsten und durch mächtige Kiefernwälder, bevor ich wieder auf eine große Straße komme, die nach Schwerin mit seinem Märchenschloss führt. Die letzte große Stadt war Hamburg. Ich stelle fest, dass es zu einem Teil des Abenteuers wird, eine Stadt zu erreichen.

Meinem Fuß geht es schon viel besser. Die Schonung und die geringere Kilometerleistung in der letzten Zeit haben geholfen – heute bin ich 46 Kilometer gelaufen, um nach Schwerin zu kommen, aber ich bin ziemlich müde; es ist eindeutig Zeit für eine Belohnung.

Das erste Hotel, das ich ansteuere, ist teuer und die ältere blonde Frau dort recht unfreundlich. Aber ein gut aussehender junger Mann mit wallenden Haaren leitet das nächste. Er hat einen kleinen Hund mit einer Schleife im Haar, der nie von seiner Seite weicht. Er begrüßt mich und verlangt nur den halben Preis. Ich esse in einem Hotelcafé mit großen Aquarien ringsum zu Abend, sodass ich tatsächlich mit den Fischen speise, da es keine anderen menschlichen Gäste gibt. Ich ziehe mich in ein gemütliches Zimmer zurück, wo ich alles in Ordnung bringen, ein Bad nehmen und den wunden Fuß einweichen lassen kann – ich strecke mich in dem herrlich warmen Wasser aus und aale mich in diesem Wohlgefühl.

Am nächsten Morgen laufe ich im strömenden Regen durch das Ramper Moor, vorbei an Mangroven und Sümpfen nahe der Straße. Angeblich ist es als ein schönes Fleckchen Erde bekannt, aber es ist gruselig und voller rastloser Geister, während ich es in einem Beinahe-Sturm durchquere.

Ein Wolkenbruch hat dafür gesorgt, dass immer wieder Regenwasser von den Bäumen rieselt. Jedes Mal, wenn sich die Zweige bewegen, ist es, als würde man unter einem Wasserfall leben, sodass ich mit dem Biwakzelt mitten in der Nacht immer wieder umziehen muss. Inzwischen ist an Schlaf nicht mehr zu denken, daher beschließe ich, ein bisschen zu schreiben. Da meine Handschrift eine Art Meisterkurs im Dechiffrieren für angehende Geheimdienstmitarbeiter ist, vor allem im flackernden Licht der Taschenlampe, muss ich neue Batterien finden. Das Biwakzelt erscheint größer, sobald alles hell erleuchtet ist, und jetzt, wo ich lesen kann, was ich geschrieben habe, frage ich mich, warum ich mir überhaupt die Mühe gemacht habe.

Mir geht oft der Gedanke durch den Kopf, dass das Laufen als Art des Reisens eine Mischung aus praktischen Dingen, Mythen und unausgesprochenen Gesetzen ist:

- Sag Danke zu dem Boden, auf dem du geschlafen hast.
- Hebe jeden Abfall so auf, als ob er ein Fünfzig-Euro-Schein wäre.
- Verpasse nie eine Gelegenheit, glücklich zu sein.

Ich werde nie das Gefühl vergessen, einen Hügel zu erklimmen und das rote Dach des ersten Hauses im nächsten Dorf zu sehen. In diesem Fall ist es Groß Raden, wo es eine alte Slawenburg gibt. Es gibt zwei Sprachen, genau wie in Wales, und die Geschichte reicht Jahrtausende zurück.

Ich laufe die nächsten 150 Kilometer bis Usedom, einem historischen Ort mit einem schmalen Landstreifen, der das Achterwasser an der Straße, die nach Polen führt, einfasst. Ich bin in Versuchung, länger in Usedom zu bleiben. Hier gibt es atemberaubende alte Eichen und Buchen zwischen frostigen, federartigen Kiefern. Neben einem Fußweg bemerke ich ein Schild, auf dem steht, dass es hier Wölfe gibt, aber ich sehe keine. Keiner der Campingplätze ist geöffnet, daher schlafe ich im Wald, still und ordentlich.

Während ich wach liege, wenn die meisten Menschen schlafen, und auf die Geräusche der Nacht lausche, denke ich, dass niemand auf der Welt weiß, wo ich heute Nacht schlafe, bis auf die Eulen und die lautlosen Geschöpfe, die mir vielleicht zusehen, und die kleinen schwarzen Käfer, die Regenbogenfarben annehmen, wenn man sie mit der Taschenlampe anstrahlt. Ich werde Usedom immer wegen seiner Stille und seiner Tierwelt in Erinnerung behalten.

Von hier aus überquere ich am 1. Dezember die Grenze nach Polen.

KAPITEL 7

Rip Van Winkle in einem Schneeloch

Polen, Dezember 2003

Alles ist schwarz. Ein erdrückendes Gewicht liegt auf mir. Ich bin mit der Taschenlampe in der Hand eingeschlafen und als ich sie einschalte, sehe ich, dass das Innere des Biwakzelts mit einem riesigen Wirrwarr aus ausgefranstem Seil gefüllt ist.

Es ist gar kein Seil. Tatsächlich ist es mein halb gefrorener Atem, der recycelt, geschmolzen und wieder gefroren ist, da es hier so wenig Luft gibt. Ich packe den Reißverschluss und muss ihn mit Gewalt aufziehen. Ein Haufen Schnee weht herein und vermischt sich mit meinem gefrorenen Atem. Ich schaufele und grabe mich nach oben.

Der Vollmond scheint auf eine strahlend weiße Landschaft hinunter und ich stecke in einer Schneewehe, eineinhalb Meter tief. Schon wieder! Die Sterne funkeln in mein Schneeloch. Im Biwakzelt sind die Schlafsäcke und Kochtöpfe mit Eis überzogen und mein schwarzer Sack mit kostbaren Dingen hat sich in einen weißen Sack verwandelt. Ich kann nicht glauben, dass ich gestern Nacht einfach hier gezeltet habe. Es ist, als ob ich mich seit tausend Jahren hier befinde, als ob ich Rip Van Winkle aus der Erzählung Washington Irvings bin, der sich für tausend Jahre in einer Höhle schlafen gelegt hat.

Ich vergrößere das Loch zu einer Art Höhle, dann hole ich den Kocher hervor. Ich hatte ihn im Schlafsack, um ihn warm zu halten, da ich in letzter Zeit Probleme damit hatte, ihn anzuwerfen. Ich stecke den Anzünder vorn in meine Kleidung, um ihn ebenfalls ein bisschen aufzuwärmen – und für immer zu verlieren. Zum Glück habe ich wasserfeste Streichhölzer in einer Blechdose dabei. Ich hacke Eis aus dem Kochtopf, mache mir triumphierend Schneeporridge zum Frühstück.

Als der Kocher nicht angehen will, löffele ich Kaffeepulver in den Becher, fülle ihn mit kaltem Wasser auf und stelle mir vor, er wäre von Starbucks. Er schmeckt gar nicht schlecht – ein tolles Training für die Fantasie.

Die meisten Dinge müssen anders gehandhabt werden – vor allem der Nachttopf. Im England des 18. Jahrhunderts hatten selbst die stattlichsten Herrenhäuser Töpfchen unter den Betten stehen. Niemand hatte das Bedürfnis, mitten in der Nacht durch eisige Flure zu laufen, auf der Suche nach der Toilette. Mein Nachttopf ist eher eine Art Bergsteiger-Pinkelbüchse für Notfälle, aber er hat einen guten Deckel, was das Wichtigste ist. Ich *kann* mich nicht bei 15 Grad minus in die Dunkelheit und den Schnee hinauskämpfen, mir den Allerwertesten abfrieren und den ganzen Schnee mit mir hier hereintragen.

Lebhafte menschliche Begegnungen und tiefe Einsamkeit wechseln sich ab wie Sätze in einer Symphonie. Ich liebe Polen. Nach der Einsamkeit finde ich die Leute hier so warmherzig und witzig, mit dem Gelächter und dem Geist von Menschen, die im Laufe ihrer Geschichte harte Zeiten erlebt haben, aber nie innerlich besiegt wurden.

Kurz vor dem Schneesturm gab es zwei goldene Herbsttage. Diese letzten Momente schienen besonders strahlend und kräftig zu sein, als wollten sie mir eine Erinnerung für den Winter mitgeben, die in den kommenden Monaten nicht verblassen würde.

Übermütige kleine Wirbelwinde drehen ein Karussell aus goldenen Blättern. Die letzten Farben, bevor der Schnee kommt, sind ein leuchtendes Scharlachrot, Purpur und Orange in den Wäldern. Der letzte Tanz der Blätter.

Die erste Stadt, die ich erreiche, Świnoujście (Swinemünde), ist eine Fundgrube von Märkten, ein Spektakel von Leben und Farbe. Wärmflaschen baumeln zu Dutzenden über Verkaufsständen, beste Qualität für das kälter werdende Wetter, neben dicken Socken, Batterien in allen Größen, pikant riechenden Würsten, Gemüse und wunderschön gravierten Glaswaren. Die Leute umarmen sich, lachen viel, tragen große Pelzmützen. Meine Stimmung hebt sich beim Anblick Hunderter entzückender kleiner Pferde, die in einem leichten Galopp Taxikutschen ziehen, mit fröhlich bimmelnden Glöckchen, oder die ihre Köpfe tief in dicke Futtersäcke gesteckt haben. Ich verliebe mich prompt in ein glänzend kastanienbraunes Pony mit einer wilden schwarzen Mähne und vier weißen Socken.

Ich tätschele das Tier, als sein Besitzer auf mich zukommt, ein weißhaariger, energiegeladener alter Mann. Er holt sein Akkordeon hervor und singt mir ein Lied. Ich verstehe den Text nicht, aber es klingt toll. Ich habe nicht erwartet, nach Polen zu kommen und mit einem Ständchen begrüßt zu werden. Ich sehe riesig aus in meinen feuchten Jacken und nehme an, dass mein Gesicht schlammverschmiert von den Lastwagen ist, die durch den Zoll gekommen sind. Als Nächstes zückt er ein großes, sauberes weißes Taschentuch, streckt eine Hand aus und wischt mir zärtlich das Gesicht ab. Dann erklärt er, dass ich ihn heiraten muss, denn er braucht eine Frau und offenbar bin ich genau die Richtige. Ich glaube, er fragt mich nur, um mich zum Lächeln zu bringen, da ich friere und einsam bin, aber es muntert mich tatsächlich auf. Ich nehme an, es ist typisch polnische Galanterie. Er spricht Englisch, aber er versteht kein Wort von dem, was ich zu ihm sage. Ich werde mich immer an meine ersten polnischen Worte erinnern, die ich mithilfe meines Sprachführers zusammenstöpsele: »Vielen, vielen Dank, aber ich bin *vergeben.*«

Er küsst mir die Hand und verschwindet. Er hatte erwähnt, er sei fast neunzig – schwer zu glauben – und froh, noch immer zu arbeiten. Seinen Namen habe ich nie erfahren, aber er ist ein wundervoller Mensch und nach unserer Begegnung fühle ich mich wie runderneuert.

Ich laufe los über Wolin, im Grunde eine Insel, die mit einem winzigen Landstreifen und einer Brücke an einem Ort namens Dziwnów mit dem Westen der Nordküste verbunden ist. Hier gibt es ein spektakuläres Naturschutzgebiet mit majestätischen Wäldern. Das Schneetreiben wird heftiger. Der tiefe Winter bricht über Nacht herein. Die Campingplätze und Häuser der Feriendörfer an der Küste sehen gespenstisch aus. Gebäude tosen und schwanken in den Schneestürmen. Die Türen zu Touristencafés mit verlockenden Schildern von Eiscreme und heißem Kaffee sind verschlossen und verriegelt, aber die einheimischen Bauern sitzen hier und da in Cafés beisammen. Ich kann meine nasse Ausrüstung unauffällig ablegen und meine Socken und Westen auswringen. Niemand bittet mich zu gehen, obwohl ich Pfützen auf den Böden hinterlasse. Natürlich, die Besitzer und Gäste sind so wundervoll zu mir, da sie selbst draußen sein und sich um die Farmen kümmern müssen. Ich kaufe Essiggurken, Schwarzbrot, wundervolle Würste voller Kalorien und ich bekomme heißes Bier zu trinken – die Einheimischen sagen, dass es das beste Heilmittel gegen Erkältung und auch alles andere ist.

Ich kann mich auf Polnisch verständigen und sie geben sich alle Mühe, mich zu ermuntern, da nur wenige Menschen auf dem Land Englisch sprechen. Es berührt mich zutiefst, dass die Menschen in den kleinen, schwer kämpfenden Gemeinden in Cafés und auf Märkten offenbar auch ohne viele Worte verstehen, was ich tue, »diesen verrückten Marathon«, und warum ich diese äußere und innere Reise absolvieren muss.

Krebs ist auch hier ein Problem. Ich erfahre, dass er an der polnischen Küste häufig vorkommt. In Koszalin ruft jemand die Lokalzeitung an und ich gebe ein gestammeltes Interview auf Polnisch, um das allgemeine Bewusstsein für den Krebs und Vorsorgeuntersuchungen zu fördern. Ich freue mich so, dass meine Botschaft vielleicht auch hier bei irgendjemandem ankommt und hilft. Ich denke an Clive. Ich frage mich noch immer, wie alles gekommen wäre, wenn wir früher zum Arzt gegangen wären. Die Gründe für meinen Lauf sind nicht zu Hause zurückgeblieben. Wenn man etwas aus einem bestimmten Grund tut, stelle ich fest, dann gibt der Grund selbst die Hilfe zehntausendfach zurück, da er dich so viel entschlossener macht.

KAPITEL 8

Die Sterne berühren

Polen, Dezember 2003

Am 9. Dezember sind es zwanzig Grad minus, aber es ist ein schöner Morgen. Ich bin zu ehrgeizig, als ich in der Kälte des Waldes meine Wäsche wasche. Meine Socken fühlen sich an, als ob sie anfangen, allein um die Welt zu laufen, daher nutze ich die Gelegenheit, sie in Wasser zu waschen, das ich aus geschmolzenem Schnee gewonnen habe. Um kein Wasser zu verschwenden und da ich stolz auf meine Genügsamkeit bin, versuche ich, mir die Haare zu waschen, die feucht, halb gefroren und klebrig von gefrorenem Schweiß sind. Die Haarspitzen, die unter meiner schlammverschmierten Schlupfmütze hervorschauen, sind verkrustet von dem Schmutz vorbeifahrender Lastwagen, die auf matschigen, vereisten Straßen schmuddeligen Schnee an mir hochgespritzt haben. Was für ein Fehler. Meine Haare sind gefroren, noch bevor ich das Shampoo herausbekommen kann, und stehen vom Kopf ab, sodass ich wie ein Punkrocker mit Eiszapfen als Ohrringen aussehe. Als ich zurück zu meinen Socken komme, sind sie hart gefroren. Ich hatte sie außen an meinen Rucksack gebunden und vergessen, dass ich Sachen nie auf diese Weise trocknen kann, wenn es eiskalt ist. Sie sind so hart, dass ich sie auseinanderbrechen muss.

Sicherheit kann nur daraus entstehen, dass man dort draußen in den Wäldern verletzlich ist und lernt, damit umzugehen. In den meisten Nächten muss ich aus Budgetgründen und wegen der großen Entfernungen zwischen den Orten draußen schlafen und ich habe mir angewöhnt, mein Biwakzelt nicht als ein McDonald's, sondern als ein winziges Hotel Sheraton anzusehen. Es *muss* alles enthalten, was ich brauche, denn Cafés und andere Sicherheitsnetze werden von jetzt an immer dünner gesät sein. Während die Tage kürzer und die Bedingungen härter werden, kann man die Kilometer im Grunde nur in einer Art 24-Stunden-Rhythmus bewältigen. Ein paar Stunden laufen, dann anhalten, ausruhen und wieder weiterlaufen, wie bei einer Nachtwache auf See oder Schichtarbeit. Daher ist das Biwakzelt sehr praktisch. Zusammenrollen, schlafen und los.

Einfache Dinge und Hightech-Gegenstände arbeiten Hand in Hand zusammen. Ein Bleistift ist unerlässlich für Notizen, denn er schreibt noch lange, nachdem die Tinte in Füllern und Kugelschreibern gefroren ist. Vaseline eignet sich gut, um die Haut zu schützen, vor allem an den Füßen. Ich habe einen kleinen violetten Fleck von einer leichten Erfrierung an einer Zehe. Das ist an dem einen Morgen passiert, an dem ich vergessen habe, die Vaseline aufzutragen. Meine Füße wurden auch richtig kalt, als ich versucht habe, in Stiefeln zu laufen, und der gefrorene Schweiß darin nicht trocknen konnte. In meinen Saucony-Laufschuhen fühle ich mich weitaus wohler, vor allem, wenn ich sie an die eisigen Bedingungen anpasse. Ich lege sie mit Kaninchenfell aus und mache sie mit einem Spray wetterfest. Sie sind leicht genug, um in ihnen zu laufen, verursachen mir keine Blasen und können nachts im Schlafsack getrocknet werden.

Ich gewöhne mir an, Wasser zu erwärmen und in eine Trinkflasche abzufüllen und nachts Socken um diese Wärmflasche zu wickeln oder sie darüber zu ziehen. Anders als Gummiwärmflaschen hat sie genau die richtige Form für Socken und kann auch in meine Schuhe gesteckt werden, um diese zu wärmen, bevor ich sie anziehe, was sich wirklich herrlich anfühlt.

Auch wenn ich mittlerweile mehr Federn habe als ein Falke, liebe ich meine brillante Kleidung mit Daunenfeder-Gortex-Prinzip. Die äußeren Schichten sind kalt und eisig oder feucht, aber die inneren Schichten aus Daunenfedern, wie die von Vögeln, sind immer trocken und meine Haut ist warm. Meine Körperkerntemperatur ist stabil und gut.

Mein Training sinkt zu purer Dekadenz ab, als ich am 13. Dezember 2003 Gdansk (Danzig) erreiche. Ein Rosie-Paket wurde an Allianz Polska geschickt. Die Mitarbeiter öffnen ihr Büro sogar an einem stürmischen Sonntag, um mich zu begrüßen und mir das Paket zu überreichen. Obwohl er seit Jahren Chief Investment Officer bei Allianz Cornhill ist, ist Geoffs Geisteshaltung noch immer dieselbe wie damals, als er Student war und lernen musste, sechs verschiedene Bustypen zu fahren, um sich für einen Job bei den australischen Verkehrsbetrieben zu qualifizieren. Wenn Geoff sagt, dass er helfen wird, dann meint er es ernst: Er ist ein Läufer und kümmert sich darum, dass ich mein Ziel erreiche.

Irgendwie gelingt es mir, die unerlässliche neue Ausrüstung in den Rucksack zu stopfen, darunter den großen zusätzlichen Schlafsack für die nächste harte Etappe, Schuhe, ein paar Vorräte und wetterfeste Leggings. Der Rucksack ist fast zum Bersten gefüllt und wiegt jetzt 23 Kilo.

An jenem Abend laden mich die Assistentin des Geschäftsführers, Isabella, und ihr Freund Darek in ein fabelhaftes russisches Restaurant in der Stadt ein, zu Kaviar und frischem Fisch aus der Bucht, hinuntergespült mit polnischem Wodka und schwarzem Johannisbeersaft. Darek sagt, es ist nur »Wodka-Sparring«, da der polnische Wodka nicht so stark ist wie der russische. »Nur ein Training«, ergänzt er. Er ist sehr energiespendend, aber ich habe noch nie so tief und fest geschlafen. Ich rolle mich auf dem Sofa ihrer gemütlichen Wohnung zusammen, gehätschelt und behütet von ihrem schönen schwarzen Hund Myrto. Am Glück ihrer Tiere lässt sich ablesen, wie Menschen sind.

Ich bin fast die ganzen zwei Wochen vor Weihnachten in der Wildnis unterwegs, auf dem Weg zur litauischen Grenze. Diese Etappe meiner Reise wird seltsam und metaphysisch. Ich spüre, dass meine Familie mit mir geht, so stark, dass ich glaube, wenn ich mich im dunklen Wald umdrehe, werde ich sie sehen. Und ich tue es, deutlicher als zu der Zeit, als wir tatsächlich zusammen waren.

Am 19. Dezember ist der zweite Geburtstag meines Enkels Michael. Ich freue mich für Michael, aber gleichzeitig bin ich traurig, dass ich nicht bei ihm sein kann. Er ist so wundervoll und ich will nichts mehr, als ihn zu umarmen. Ich lade das Satellitentelefon eigens auf, damit ich *Happy Birthday* für ihn singen kann.

Zwei Tage vor Weihnachten, nahe der litauischen Grenze, liege ich da, den Kopf aus dem Biwakzelt gesteckt, in meine dickste Jacke gepackt und die Kapuze fest zugezogen. Es ist eine solch wunderschöne, klare, mondbeschienene Nacht. Ich kann Tausende von Weihnachtsbäumen sehen.

Sternenlicht fällt wie glänzende Kristalle über die dunklen, majestätischen Tannen und Silberbirken. Ich starre zu dem Himmel über der Waldlichtung hoch. Der Sirius strahlt hell und ich kann den Oriongürtel und eine Million anderer Sterne sehen. Ich benenne die Sterne nach meiner Familie - Eve, Peter, James, Michael, Marianne - und all den Menschen, die ich liebe. Ich denke an all die Welten dort draußen, die mit all ihrer Kraft auf die Erde hinunterscheinen. Sie alle sind so weit entfernt, dass die Zeit kaum noch eine Rolle zu spielen scheint. Alles, was je passiert ist, ist hier, ein Teil des Jetzt, und verleiht mir Kraft. Bald werde ich zu Hause sein, sage ich mir. Die Zeit ist eine Freundin.

KAPITEL 9

Ein Fremder ist Familie

Polen, Dezember 2003

In Polen ist es ein Brauch, an Weihnachten einen zusätzlichen Platz für den »unbekannten Gast« zu decken. Es ist am frühen Morgen von Heiligabend, als ich herausfinde, wie wahr das ist. Ich bin durch ein Schneetreiben und einen Sturm gelaufen, die eben nachgelassen haben, als ich eine winzige Gestalt sehe, die mir hinterherstürzt, wobei sie einen Wirbelwind aus Schnee aufpeitscht. Hinter ihr her laufen ein kleines Mädchen mit Schneeflocken in den Locken, die unter ihrer Wollmütze hervorschauen, und ein kleiner Hund mit wedelndem Schwanz, der sich wie ein Miniatur-Schneepflug durch den Schnee kämpft, die Beine zu kurz, um über die Schneewehen zu springen.

»*Nesoey Sisiat!*«, ruft sie, »Frohe Weihnachten!« Anders als die meisten Leute in dieser Gegend spricht sie perfekt Englisch. Dorota, ihre Tochter Kasia, acht, und ihr süßer kleiner Hund Eny bringen mich zu ihrem Zuhause in Budry, ein kurzes Stück entfernt. Ich folge ihnen sehr gern. Offenbar haben sie das Gefühl, mich verwöhnen zu müssen. Sie wussten nicht einmal, dass ich komme, haben mich aber in der Ferne entdeckt.

»Niemand sollte an Weihnachten allein sein«, erklärt Dorota.

Das Gebäude ist ein hohes ex-kommunistisches Labyrinth von kleinen Wohnungen. Das Äußere ist grau, brutal funktional, wie die kommunistischen Gebäude, die in Deutschland, Albanien und Rumänien überlebt haben und die ich auf einer früheren Reise gesehen habe. Aber drinnen ist es völlig anders: Polnische Kerzen der Hoffnung und für den Geist von Weihnachten stehen auf den Regalen und Tischen. Es duftet nach frisch Gebackenem. Süßlich riechende Tannenzweige, Glöckchen und Lametta schmücken das

Wohnzimmer für die Weihnachtszeit; kleine Tannenzweige hängen über Regalen mit Büchern in polnischer und englischer Sprache. Sie haben sogar *The Pickwick Papers* und *Oliver Twist.*

Sie wollen, dass ich bis zum ersten Weihnachtsfeiertag bleibe. Weihnachten wird traditionellerweise in einem engen Kreis gefeiert und doch wird einer Fremden wie mir so viel Zuneigung und Gastfreundschaft entgegengebracht. »Ein Fremder ist nie ein Fremder«, erklärt Dorota. »Ein Fremder ist Familie.« Ich bin so gerührt und doch muss ich wieder zurück auf die Straße.

Und so verwöhnen sie mich mit einem Heiligen Abend, den ich nie vergessen werde. Sie legen Musik auf und servieren mir Karpfen, den ihre Freunde gefangen haben. Er ist köstlich gebacken und, wie ich erfahre, das traditionelle Weihnachtsessen in diesem Teil Polens. Und wir essen Moczka, einen süßen Pudding, der nach Mohn, Nüssen und Trockenfrüchten schmeckt. Dorota hat einen Computer und schickt die erste Nachricht an die Website. Ich schreibe auch eine E-Mail an James und Eve. Ich hätte mir kein schöneres Weihnachtsgeschenk wünschen können. Bevor ich aufbreche, bindet Kasia etwas Lametta an meinen Rucksack. »Als Glücksbringer«, erklärt sie. Sie überhäufen mich mit Köstlichkeiten, bevor sie mich umarmen und verabschieden.

Schließlich gibt es doch noch eine Party, denn die Elstern und Stare sind fasziniert von Kasias Lametta und tauchen immer wieder auf und suchen nach einer Gelegenheit, es zu stibitzen. Die Kuchenkrümel sorgen dafür, dass die Spatzen und Finken meiner Spur noch eifriger folgen als sonst, da die Kost so erlesen ist. Sie sind noch immer Clives kleine »gefiederte Hooligans«.

Es sind dreißig Kilometer bis zur nächsten Stadt, Gołdap, dem einzigen größeren Ort in dieser Gegend. Ich habe eine gute Strecke zurückgelegt und jetzt laufe ich zwischen dem geschäftigen Treiben und Last-Minute-Einkäufern hindurch. Ich bin, wie immer, besorgt wegen meines Budgets und mir ist ohnehin nicht danach, Weihnachten in einem Hotel zu verbringen. Ich laufe weiter, bis ich einen schönen Wald erreiche, und zelte auf einer weiten Lichtung.

Ich schlafe tief und fest und wache früh am Morgen des ersten Weihnachtsfeiertags auf. Es ist ein kalter Morgen, 21 Grad minus, aber die Luft ist frisch und klar. Ich bin warm angezogen und ein blasses Band aus Gold um den Rand des Himmels treibt mich an. Ich stehe auf und laufe los. Aus irgendeinem Grund habe ich das Gefühl, dass ich weiterkommen muss, weiterlaufen an diesem besonderen Tag, auch wenn ich nicht weiß, warum ...

Ich bin noch nicht weit gekommen, als ein Wagen neben mir hält und ein Paar in mittleren Jahren aussteigt. Sie halten eigens an, um mit mir zu reden, mit bedrückten Mienen. Sie sprechen Französisch, was ich verstehe, und sagen irgendetwas davon, dass sie schon so lange nach einem Zeichen suchen. Sie umarmen mich, scheinen überwältigt, mich zu sehen. Sie wollen mir ihre E-Mail-Adresse geben. Nachdem sie weitergefahren sind, sehe ich, was sie in mein Buch geschrieben haben: »Unser Sohn Guillamine hat sich am 30. Oktober 2003 das Leben genommen, um bei seinem großen Vater im Himmel zu sein. Sie sind uns als ein wundervoller Stern und eine Botschaft der Liebe erschienen. Sie haben uns Hoffnung gegeben.«

Es ist schwer, darüber zu schreiben. Ich weine und weine, was ich sonst nie tue. Ich weiß eigentlich nicht, warum sie gesagt haben, dass ich ihnen Hoffnung gegeben habe. Wenn ja, dann freut es mich. Meine Stimmung hebt sich bei dem Gedanken an Action und ich beschließe, über Weihnachten für Guillamine zu laufen, an diesen Mann zu denken, den ich nie kennengelernt habe und nie kennenlernen kann, und an seine Eltern, Christian und Elizbieta. Ich glaube tatsächlich, dass es helfen kann, an jemanden zu denken. Gedanken und Gebete sind mächtige Botschafter. Diese beiden haben mein Leben berührt und mir mehr Mut gegeben. Das Hin und Her zwischen dem Gefühl, dass meine Familie hier bei mir ist, und der Einsamkeit, die mich wie ein Messer schneidet, ist verflogen. Vielleicht weil es mir vor Augen geführt hat, dass ich so vieles habe.

Am nächsten Tag erreiche ich Dubeninki und lerne eine wundervolle Dame namens Bozenna kennen. »Sie müssen zum Essen zu mir nach Hause kommen«, begrüßt sie mich, »aber zuerst gehen wir in die Kirche.« Die riesige Kirche ist zum Bersten gefüllt, die Leute stehen Schulter an Schulter. Der Gesang ist mächtig und aufwühlend, jede Stimme aus dem dichten Gedränge fällt mit ein. Es gibt Gitarrenmusik und Kinder, die singen, und ganz zum Schluss die Taufe eines drei Wochen alten Babys.

Es war immer mein Grundsatz, nie spätabends eine Grenze zu überqueren, da ich in einem neuen Land und mir nicht sicher sein würde, wie ich alles handhaben musste. Ich schlafe auf dieser Seite der litauischen Grenze unter Bäumen, die unter dem Gewicht des Schnees ganz gebogen und geknickt sind. Ein Baum ächzt, aber ich kann nicht sagen, welcher, und ich bin so müde, dass ich nicht umziehe. Ich hoffe, dass er nicht auf mich stürzen wird und dass alles gut geht.

KAPITEL 10

Die Welt besonderer sogenannter gewöhnlicher Leute

Litauen, Januar 2004

Mädchen mit hohen Wangenknochen und leuchtend scharlachrot oder grün gefärbten Haaren. Häuser, die sich zur Seite neigen, nachdem sie jahrelang von Stürmen gepeitscht wurden. Tannen, vom Eis gebeugt, Winde wie Monsunstürme und Menschen so voller Leben, dass sie, ob jung oder alt, zu tänzeln scheinen, während sie sich über die gefährlich vereisten Gehsteige in den kleinen Städten vorwärtsbewegen. Das sind meine ersten Eindrücke von Litauen.

Unter dem ganzen Trubel scheint das Leben hart zu sein. Wie in Polen kommt es mir auch hier so vor, als besitze jeder eine leidenschaftliche Entschlossenheit, sich nicht verbiegen zu lassen wie die Bäume in den Stürmen. Ich bin an einer Landstraße parallel zur Fernstraße unterwegs, um die erste Stadt, Marijampolė, 19 Kilometer nördlich der polnischen Grenze, zu erreichen. Ich laufe auf vielen kleinen Straßen, die nach Norden führen, weiter, wenn auch jeden Tag eingeschneiter. An Silvester werde ich von einer entzückenden Familie eingeladen, die ich in einem kleinen Dorfladen in der Nähe von Kazlų Rūda kennenlerne. Es sind Lena, die Russin ist, Artur, ein Litauer, Elzbieta und Iwan, ihre Kinder, und Babai, die Katze. Die Wohnung hat keine Türen. Ich glaube, sie sind zu beschäftigt, um welche einzubauen, da beide drei Jobs haben. Ein Lehrer verdient umgerechnet nur dreißig US-Dollar im Monat. Lena sieht aus wie eine Balletttänzerin. Sie ist hochgewachsen, schlank und sehr schön, mit langen Haaren, und sie scheint sich eher tanzend fortzubewegen und herumzuwirbeln, anstatt einfach nur zu gehen. Der kostbarste Gegenstand in ihrer Wohnung ist die Waschmaschine, die ihr Mann gekauft hat, nachdem er von einem Auswärtsjob zurück war. Es gibt Geschenke und eine zusätzliche Feier, erklärt Lena, weil Artur soeben zum ersten Mal seit einem Jahr bezahlt wurde, da sein Arbeitgeber die Löhne seiner Arbeiter einbehalten musste, um im Geschäft zu bleiben.

Lena wird imitiert von ihrer dreijährigen Tochter, die Rollerblades geschenkt bekommen hat und das Tänzeln auf ihren Skates versucht. Sie fällt immer wieder hin, aber sie lacht und steht wieder auf, hält sich jedes Mal ein bisschen länger. Es ist ein fröhliches Chaos und viel Spaß. Die Katze springt aus dem Weg, als wünschte sie, sie hätte auch Rollerskates, und übt schnelle Fluchten in dem kleinen Wohnzimmer, das zugleich als Schlafzimmer dient. Lena leert meinen Rucksack aus und steckt Kleidungsstücke, an denen noch immer Teile aus den Wäldern mehrerer verschiedener Länder zu hängen scheinen, in die Waschmaschine.

Danach essen wir ohne Ende. Ich bin so froh, dass ich in dem kleinen Dorfladen Würste, Kuchen und Schokolade gekauft habe, aber es ist nicht viel verglichen mit dem, was sie für mich auffahren. Wir sehen uns die Neujahrsfeierlichkeiten im litauischen Fernsehen an. Artur sagt, dass es, trotz des aufgesetzten Optimismus im Fernsehen, heutzutage schwer ist, Arbeit zu finden. Ein Reisevisum ist für fast alle Länder Europas nicht leicht zu bekommen und jetzt brauchen sie auch noch ein Visum für Russland, was früher nicht erforderlich war. Sie sind stolz, dass Litauen 1991 das erste Land der ehemaligen Sowjetrepubliken war, das unabhängig wurde, nach jahrelangem Blutvergießen, aber sie fühlen sich auch auf eine neue Art und Weise eingeengt.

Als es auf Mitternacht zugeht, gehen wir fröhlich mit all den anderen Menschen hinaus, die aus den Wohnblocks strömen, um das neue Jahr zu begrüßen. Es wird viel gesungen und Feuerwerkskörper ziehen ihre leuchtenden Bahnen unter dem Halbmond.

Jenseits von hier gibt es einen gefährlichen Fluss. Ich bin einem Mann aus dem Nachbardorf dankbar, der mir sagt, dass der Fluss Nemunas im Winter keinen Fährbetrieb hat, das Eis aber noch nicht fest genug ist, um darüber laufen zu können. Er erspart mir eine Menge Rückwärtsschritte. Stattdessen nehme ich den Weg über einen kleinen Ort namens Geariliavi. Es ist kalt, aber ich lenke mich ab, indem ich Lenas Pasteten esse, die sie mir im Überfluss eingepackt hat, um mich bei Kräften zu halten.

Ich versinke bis zur Taille im Schnee. Hier wird er nicht geräumt. Der Wind heult und bis zum Abend ist das Biwakzelt, im Rucksack zusammengerollt, so hart gefroren, dass alles aneinanderklebt. Ich habe Angst, dass ich die Öffnung nicht weit genug aufstemmen kann, um hineinzuklettern und Schutz zu finden. Es ist mühsam und langwierig, es aufzubrechen, aber es gelingt mir, hineinzukriechen. Es wird zu einem seltsam geformten gefrorenen Iglu, kleiner als je zuvor, da es zusammengeschrumpft und vereist ist. Ich muss alles mit ins Bett nehmen, vor allem die Schuhe. Es genügt jedoch nicht, sie ins Biwakzelt zu bringen. Sie gefrieren so hart, dass ich die Schnürsenkel nicht öffnen kann, um meine Füße hineinzustecken.

Ich versuche, Kaunas zu umgehen, da die Hauptstraße durch die Stadt voller Lastwagen ist, die mich mit Schnee und Matsch bespritzen, aber ich verlaufe mich, finde mich schließlich nach Mitternacht im Stadtzentrum wieder und laufe weiter in die Seitenstraßen. Alles ist dunkel und scheint zu schlafen. Ein Hotel, an dem ich vorbeikomme, sieht teuer aus, die Tür für die Nacht verschlossen. Ich laufe nicht, ich gehe – um genau zu sein, schleiche ich sehr müde und mit gesenktem Kopf vor mich hin, als ich auf einmal um ein Haar mit einem Rollstuhl zusammenstoße, der umgekippt ist.

Ein Mann sitzt noch immer darin. Er weint, aber niemand hat ihn gehört. Er scheint verängstigt, als er mich sieht. Er kann den

Rollstuhl nicht wieder aufrichten, da er keine Beine hat. Er liegt einfach nur da, in Lumpen gehüllt, klammert sich an den Rollstuhl und versucht, darin zu bleiben, während er auf der Seite im Schnee liegt. Er versucht, ein paar Münzen einzusammeln, die aus einer kleinen Pappschachtel für Spenden gekullert sind. Ich habe keine Angst vor ihm; er ist es, der Angst hat. Er zuckt vor mir zurück. Er nimmt mir meine helle Taschenlampe aus der Hand und richtet sie auf mich. Ich kann nur seine Augen sehen und einen kleinen Teil seines Gesichts, da er einen langen Schal trägt, aber sein Blick ist sanft. Ich weiß ganz sicher, dass er keine bösen Absichten hat; vielmehr hat er Angst, ich könnte ihn angreifen oder ausrauben. Dann lächelt er auf einmal, obwohl sein schmales Gesicht und sein zotteliger Bart noch immer vor Kälte, oder vor Angst und Emotion, zittern. Er sieht mich noch immer an, als ob ich nicht echt wäre. Es kostet ungeheure Anstrengung, den Rollstuhl aufzurichten, während er noch immer darin sitzt. Wenn er ihn verlassen würde, würde keiner von uns es schaffen. Er fängt an zu reden und ich hole mein Wörterbuch heraus. Er will auf gar keinen Fall ins Krankenhaus, versucht er mir zu sagen, aber er hat einen Ort, an den er gehen kann, so scheint es zumindest mithilfe des Sprachführers und anhand der Zeichen, die er macht.

Ich schiebe ihn diese grauenhaften, leeren, dunklen Straßen hinunter wie durch die Labyrinthe der Hölle. Es ist sehr anstrengend, kleine, rostige Räder durch den Schnee zu schieben. Ich weiß nicht, wie er das normalerweise macht. Schließlich zeigt er in diese und jene Richtung und wir erreichen einen Teil der Stadt, wo Menschen in einem kleinen Café noch immer draußen sitzen und trinken und essen.

Die Managerin des Cafés, die wie eine Figur aus einem Film aussieht, breit und glamourös, mit großen Schals und Halsketten, drückt mir die Hand und bedankt sich bei mir dafür, dass ich ihn zurückgebracht habe, da er bereits vermisst wurde. Wenig später erfahre ich, dass der Mann, den ich hergebracht habe, ein Kriegsheld ist, der als Wladimir bekannt und schwer heruntergekommen ist. Wladimir wird von Freunden zu einem Waschraum gebracht, um ihn nach dem Sturz sauber zu machen. Ein Schwarm Mädchen, hübsch und warmherzig, die meisten in silbernen Miniröcken und praktischen dicken Leggings, wie Tänzerinnen sie tragen, umringt ihn, küsst ihn, sagt Dinge wie: »Mach schnell. Dein Drink wartet auf dich.« Sie lachen und sagen mir, dass sie ihn lieben. Er ist ihr Großvater. Ich bekomme ein heißes Getränk und eine Suppe mit Würstchen. Ein paar der Leute hängen die ganze Nacht in dem Café herum, da sie auch kein Zuhause haben. Die Managerin zeigt mir ein Sofa in einem Nebenzimmer, wo ich schlafen kann. Ich will schlafen und von all den Gesichtern träumen, all den hohläugigen Büroangestellten, die nie nach Hause kommen, Tramps, umherziehenden Gelegenheitsarbeitern, Fabrikschichtarbeitern und Frauen, die mich bitten, sie zu fotografieren, damit ich ihnen einen Ehemann aus England schicken kann.

Menschen, die nichts haben, wollen mir auf jede nur erdenkliche Weise helfen. Ich brauche keine Hilfe, aber sie schon. Und so geht es weiter, während ich in Litauen bin. Ich lerne etwas über die heldenhafte, tragische litauische Geschichte und ich begreife zum ersten Mal, dass mein Lauf um die Welt mehr Überraschungen und unvergessliche, eindringliche Lektionen bereithalten wird, als ich je gedacht hätte; und dass das Denkwürdigste von alledem nicht die Gefahren, die Kälte, die Begegnungen mit dem Tod, die vor mir liegen, sein werden, sondern die Tatsache, dass es ein lebendiger Kreis ist, der Zeugnis ablegt von Gemeinschaft und Menschlichkeit, und dass es tatsächlich eine vereinte Welt gibt. Die Welt besonderer sogenannter gewöhnlicher Leute.

KAPITEL 11

Geschüttelt, nicht gerührt

Lettland, Januar 2004

Im Gegensatz zu dem gemütlichen Café esse ich am Sonntag, den 4. Januar, im Wald Haferflocken mit Schnee. Es ist ein grauenhaftes Frühstück, aber mein Kocher ist seit drei Wochen kaputt und ich kann mir keine heißen Mahlzeiten oder Getränke mehr zubereiten. Ich habe arrangiert, dass ich mir einen neuen in Riga abholen kann, was jetzt nur noch 210 Kilometer entfernt ist. Ich kann es kaum noch erwarten. Zum Glück bin ich an einer E64-Hauptfernstraße, die über Panevėžys zur lettischen Grenze hochführt, da die Nebenstraßen gesperrt und knapp zwei Meter tief verschneit sind. Von Zeit zu Zeit kann ich Mahlzeiten bei den Lucoil-Raststätten bekommen; ansonsten heißt es Brot mit Käse und Müsli.

Der Schaden am Biwakzelt, den Eric der Eber begonnen hat, hat sich ebenfalls ausgeweitet und der Reißverschluss hat endgültig den Geist aufgegeben. Ich lasse mir, zusammen mit meinem Kocher, ein neues Biwakzelt schicken, aber in der Zwischenzeit muss ich die Lasche zuklemmen, indem ich meinen Rucksack dagegen lehne. Das klappt gut, da die Lasche immer so steif wie ein Brett gefroren ist und stabil bleibt.

Psychologisch gesehen ist die Tatsache, dass ich in einem beschädigten Biwakzelt und ohne Kocher bei zwanzig Grad minus zurechtkomme, beruhigend. Ich werde immer abgehärteter und ich fühle mich immer zuversichtlicher, dass ich zurechtkommen werde, wenn die Temperaturen anfangen, auf dreißig Grad minus zu fallen. Trotzdem kippe ich am Ende eines Tages immer erschöpft aus den Latschen, wo auch immer ich anhalte. Ich habe keine Energie mehr übrig, um zusätzliche Kilometer zu laufen, um eine Stadt und eine Unterkunft zu finden. Außerdem ist es besser für mein Budget.

Ich laufe unter einem strahlenden eisigen Mond, mit dunklen Wäldern und Bergen von Schnee zu beiden Seiten der Straße; Lastwagen überschütten mich mit Matschhaufen, aber die Rucksackhülle ist gut und mir selbst ist es fast schon egal. Ich kann es nicht ändern. Ich gewöhne mich daran, schmuddelig zu werden.

Ich werde sehr aufgeregt, als ich mich am 9. Januar der lettischen Grenze nähere. Ein anderes Land. Die Zollbeamten mit ihren Pelzmützen winken mich durch und sind ausgesprochen höflich. Ich freue mich, dass ich auf diesem Weg gekommen bin.

Am nächsten Morgen hält ein großer, schwarzer, offiziell aussehender Wagen neben mir, während ich laufe, und vier gut aussehende Männer steigen aus, wie in einem James-Bond-Film. Sie geben mir die Hand, begrüßen mich herzlich. Es ist eine große Überraschung.

»Sind Sie die Waliserin?«, fragt einer von ihnen.

Es sind Brian Court, britischer Berater des litauischen Verteidigungsministeriums, Lieutenant Colonel Mike Clements, britischer Verteidigungsattaché in Litauen, Paul Hutton, stellvertretender Attaché, und Rokas Boreiko, ihr litauischer Fahrer der Verteidigungssektion.

Sie stehen im Schnee und plaudern, scheinbar unempfindlich gegen das Wetter. Trotz ihrer schicken Überzieher befürchte ich, dass ihnen kalt ist, da ich selbst drei Daunenjacken trage. Das amüsiert sie und sie sagen, dass ich es bin, um die sie besorgt seien. Sie haben die Nachrichten in ihrem Radio gehört, es sind 15 Grad minus mit Windchill, und bereits 22 Grad minus nicht weit entfernt an der weißrussischen Grenze, aber sie sagen, ich sähe aus, als ob ich zurechtkäme. Sie sind die ersten Engländer, die ich seit über sechs Wochen treffe. Ich komme aus dem Lächeln gar nicht mehr heraus und rede wie ein Wasserfall. Es ist das erste Mal, dass ich wieder so lange Englisch spreche. Und doch verschlägt es mir gleichzeitig vor Emotionen fast die Sprache.

Sie leihen mir ihr Satellitentelefon, da die Kommunikation in letzter Zeit extrem schwierig war. Es ist fantastisch, zu Eve durchzukommen und zu hören, dass zu Hause alles in Ordnung ist. Wie immer sind Eve und Jim ständig hier bei mir. Wie Patty Agostinelli, eine wundervolle Freundin, die ich später auf dem Lauf kennenlerne, es so schön ausdrückt: »Eine Familie ist ein Dorf. Du bist nah, wo auch immer du bist, überall auf der Welt.«

Ich denke, wir kommen uns näher, während ich laufe, weil wir mächtige Gedanken teilen und diese einander senden. Das geht mir ständig durch den Kopf. Mit Eve zu plaudern, hebt meine Stimmung, hellt meinen Tag auf. Ich gebe den Diplomaten ihr Telefon mit meinem besten Dank zurück. Brian Court gibt mir großzügigerweise ein bisschen lettische Währung, als »Sicherheitsreserve«, wie er es nennt, und sagt, dass sie den Konsul in Riga davon in Kenntnis setzen werden, dass ich auf dem Weg bin.

Sie haben meinen Tag vergoldet. Später schreiben sie eine anschauliche E-Mail an James für die Website:

> Wir waren in südlicher Richtung unterwegs, ungefähr 64 Kilometer von Riga entfernt, zurück zur britischen Botschaft in Litauen. Fast unbemerkt schossen wir an einer winzigen Gestalt vorbei, dick eingepackt gegen die schneidende Kälte und mit einem großen roten Rucksack beladen, die in nördlicher Richtung nach Riga lief. Mein Kollege, Paul Hutton, sagte: »Meinst du, das ist die walisische Dame, die für wohltätige Zwecke um die Welt läuft?« Wir begannen, nach einem Unterstützungsteam Ausschau zu halten, aber es war keine Spur von einem zu sehen. Wir fuhren noch ein paar Meilen weiter, während wir darüber spekulierten, und als unsere Neugier die Oberhand gewann, wendete unser Fahrer, Rokas, an einem geeigneten Kreisverkehr und holte sie ein. Ich fuhr das Fenster herunter und fragte, wobei ich mir ziemlich idiotisch vorkam: »Sind Sie Waliserin?« Die geheimnisvolle Läuferin zog ihre Kapuze herunter, nahm ihre Sonnenbrille ab und zog ihre

Handschuhe aus, schenkte uns ein breites Lächeln und bestätigte, sie sei tatsächlich Rosie Swale Pope.

Ich laufe bis zu der Stadt Jecava, wo ich im Café Balta Roze anhalte, um eine wackelige Zahnfüllung mit Sekundenkleber zu befestigen, der sich, wie mir die Besitzerin eines kleinen Ladens erklärt, hervorragend zu diesem Zweck eigne. Sie spricht auch Englisch, was in Lettland üblicher zu sein scheint als an vielen anderen Orten, durch die ich gekommen bin. Für ein paar Minuten scheint es genau das Richtige zu sein. Aber von dem Klebstoff tränen mir die Augen. Ich bin mir nicht sicher, ob es ein durchschlagender Erfolg sein wird.

Ich niese und die Zahnkrone schießt heraus und trifft zu meiner großen Verlegenheit um ein Haar einen älteren Herrn, der am Nebentisch in aller Ruhe seinen Kaffee trinkt. Er nimmt das kleine, weiß glänzende Etwas höflich in die Hand, wickelt es in ein Papiertaschentuch und überreicht es mir ernst und mit einer leichten Verbeugung. Die Besitzerin sagt mir, dass er besorgt sei, es könnte teuer für mich werden, wenn ich es verliere. Und dann bin ich wieder unterwegs.

Die letzten fünfzig Kilometer bis Riga führen mich durch ausgedehnte Wälder, die die Hälfte Lettlands bedecken. Unter den einzigen kahlen Flächen liegen einige von Lettlands zahlreichen Seen, ein bis zwei Meter tief unter Schnee und Eis. Im Schnee gibt es keine Geheimnisse. Ich sehe Wildfährten und Pfotenabdrücke und die Hüpf- und Springspuren, die keinen Anfang und kein Ende haben und die zu Vögeln gehören, die im Schnee ein bisschen umherhuschen, bevor sie sich wieder in die Lüfte erheben. Flügel bedeuten Freiheit. Lettland ist noch kleiner als Irland, aber es scheint groß und geheimnisvoll aufgrund seiner Wildnis und der seltsamen Ortsnamen wie Ogre, wo ich am 12. Januar auf meinem Weg von Riga nach Russland ankommen sollte, um mein Visum für Russland und meine Ausrüstung für die nächste, anspruchsvolle Etappe meines Laufs weiter nach Sibirien unter Dach und Fach zu bringen. Nichts kann mir diesen Meilenstein nehmen, mit Ogre werde ich den ersten richtigen Boxenstopp des ganzen Laufs erreichen.

Mein Vater, Major Ronald Ponsonby Griffin, war als Offizier der britischen Armee in Riga, lange bevor ich geboren wurde. Ich frage mich, was er von alledem gehalten hätte. Hier zu sein, fühlt sich fantastisch an. Ich will am liebsten laut aufjubeln und lachen und den Namen rufen: *Riga, Riga!*

Zu spät wird mir bewusst, dass ich es tatsächlich tue, dass ich vor Freude kreische. Leute starren mich an, viele beginnen ebenfalls zu kreischen und zu jubeln. Die Letten scheinen einfach so zu sein, voller *joie de vivre.* Sie müssen denken, dass irgendetwas Unglaubliches passiert, nicht dass ich einfach nur ankomme. Es lässt mich schneller laufen und sie feuern mich noch mehr an. Mehrere Leute werfen ihre Mützen in die Luft, fangen sie geschickt auf und ziehen sie sich rasch wieder über den Kopf, bevor ihnen zu kalt wird.

Ich laufe durch die Stadt, auf der Suche nach dem Hauptbahnhof, was immer ein guter Ort ist, um ein billiges Hotel zu finden. Prunkvolle gotische Gebäude weichen der modernen Stadt voller glitzernder Geschäfte und Nachtklubs, in denen Fenster und Türen zu Musik wackeln und beben, selbst um zehn Uhr morgens. In schmutzigen, schäbigen, fröhlichen, lärmenden Straßen trotzen Läden der Schwerkraft, indem sie eine Fülle von Flaschen mit Olivenöl, Würsten, Käse und allem anderen auf ächzende Regale stopfen. Da ich Hunger habe, ist das wundervolle Schwarzbrot von Riga das beste, das ich je gekostet habe. Stände bieten Würstchen und Pfannkuchen an, ein Bettler spielt aus tiefster Seele seine Fiedel, Leute tanzen, um sich warm zu halten, genau wie in Litauen. Fußgängerübergänge werden grundsätzlich nicht benutzt, wie ich rasch lerne. Um durch den Verkehr zu kommen, hängt man sich an eine stämmige Rigaerin und tritt den Fahrzeugen in selbstmörderischer Absicht entgegen.

Ein riesiger Weihnachtsbaum steht in der Nähe des Bahnhofs, Reisende kommen und gehen, Möwen kreischen und kreisen an dem verschneiten Himmel; niemand hier scheint auch nur für einen Moment innezuhalten, bis auf die geduldigen Eisfischer auf dem großen Fluss vielleicht.

Im zweiten Stock eines hohen Gebäudes gelegen, hat das Aurora Hotel eine schwere Holztür, zu der eine dunkle, staubige Treppe hochführt. Aber der Empfang ist freundlich. Mein Zimmer ist klein und doch sechsmal größer als das Biwakzelt. Es gibt frisch zusammengefaltete weiße Bettwäsche. Ich strecke mich auf dem Bett aus, froh, es geschafft zu haben.

Für die 1700 Meilen von Tenby habe ich 103 Tage gebraucht. Und doch liegt die größte Angst und Herausforderung noch immer vor mir: *Wie werde ich in Russland vorankommen?* Ich habe noch immer so viel dafür vorzubereiten und keine Sekunde zu verlieren.

KAPITEL 12

Der Aufstieg des Phönix

Lettland, Februar 2004

Mein Körper ist vielleicht noch in Lettland, aber mein Geist eilt mir voraus.

Russland! Das größte Land der Welt, aber zugleich so viele unterschiedliche Welten innerhalb eines Landes. Ein komplexes, außergewöhnliches Rätsel. In mancherlei Hinsicht habe ich das Gefühl, über den Rand von allem, was ich je gekannt habe, zu springen. Ich habe keine Ahnung, wie lange ich für die zehntausend Meilen durch Russland brauchen werde.

Könnte ich wirklich einfach loslaufen durch die unvorstellbar riesige Landschaft Russlands und Sibiriens? Ich habe meine Route vor zwei Jahren geplant, habe auf eine Karte von Sibirien gestarrt und gespürt, wie sich die Haare in meinem Nacken aufstellten, ein Kribbeln über meinen Rücken lief und mein Herz zersprang bei der Vorstellung, dorthin zu fahren. Es war nicht nur die richtige Route, weil es dort Land gibt, über das ich laufen kann, sondern weil es, wie mir jetzt bewusst wird, mein leidenschaftlichstes Ziel ist. Ich würde auf keinem anderen Weg um die Welt laufen wollen. Ich bin von dem, was ich nicht kenne, ebenso sehr getrieben wie von allem, was ich kenne.

Ich habe Omsk nicht vergessen, das ich anlässlich des Marathons besucht habe, oder den Arzt im Sibirischen Eisenbahnkrankenhaus; ebenso wenig die hohe Zahl von Krebstoten oder alles, was ich über die Kitezh Community erfahren habe.

Kitezh bedeutet »Der Aufstieg des Phönix«. Er bringt durch schiere Liebe und Fürsorge Leben zurück. Kitezh ist ein eigens zu diesem Zweck errichtetes Dorf in einem Wald rund dreihundert Kilometer südlich von Moskau, wo Familien mit ihren eigenen

Kindern und Pflegekindern leben können, die von der Straße und aus unpersönlichen Einrichtungen gerettet wurden. Es wurde von Dimitri Morosow gegründet, einem Russen, der das Leid der Waisenkinder in Russland nicht länger mit ansehen wollte.

Russland bedeutet mir mehr als je zuvor, da ich mit Liza Hollingshead in England und Carrie Disney, einer engagierten Spendenbeschafferin für Kitezh, die in Moskau lebt, in Verbindung stehe. Sie hat mir bei meiner logistischen Planung geholfen, aber auch Veranstaltungen rund um meine Ankunft in Moskau organisiert, um dringend benötigte Gelder für Kitezh zu sammeln.

Ich will versuchen, Lizas Waisen in der Kitezh Community for Children in Russland zu helfen. Ich bin so dankbar für mein Leben, meiner Mutter dafür, dass sie mich zur Welt gebracht hat, Marianne und allen, die mir geholfen oder mich großgezogen haben. Meine Großmutter Carlie pflegte zu sagen: »Du bist keine Waise, wenn sich jemand um dich kümmert.« Ich war schon immer der festen Überzeugung, dass Träume wahr werden können. Und auch, dass alle Horizonte beschränkt sind – es sei denn, ich kann selbst ein klein wenig von der Großzügigkeit weitergeben, die ich erfahren habe.

Die Geschichte eines Kindes, von Liza wiedergegeben, veranschaulicht, warum das so wichtig ist. Als Sascha acht war, verkaufte seine Mutter ihn für zehn Rubel (ungefähr zwanzig Pence) an einer Metrostation in Moskau. Der Mann, der ihn »kaufte«, brachte ihn zu einem Waisenhaus, wo er vier Jahre lebte. In den Zimmern gab es kein Licht und keine Heizung, sodass er in einem Flur lebte. Nach seiner Ankunft in Kitezh weinte er in jeder Schulstunde bittere Tränen, da er Fragen nicht beantworten konnte, die Kindern gestellt wurden, die fünf Jahre jünger waren als er selbst. Er lief allein umher, konnte keine Freundschaften schließen, hatte nichts zu sagen, dachte, er hätte nichts zu bieten. Daher gaben sie ihm Einzelunterricht bei einer liebevollen Lehrerin. Sein neuer Vater nahm ihn mit, um mit Bienen zu arbeiten, lehrte ihn, Holz zu hacken, und seine Mutter brachte ihm bei, Kuchen zu backen. Jetzt beginnt er allmählich, in der Schule zu lernen und Freundschaften zu schließen. Ich bin sehr stolz, dass ich bald zwei russische Patentöchter haben werde, Nellie und Marina. Marina stammt aus einer siebenköpfigen Familie, die gerettet wurde. Sie waren so hungrig, dass das jüngste Kind, erst drei, Kohle zu essen versuchte.

Obwohl ich entschlossen bin, nach Russland zu kommen, ist Riga eine einzige große Mutter aller Boxenstopps. Ich muss absolut perfekt vorbereitet sein auf die nächste Etappe. Meine Familie, meine Freunde und ich wussten immer, dass der harte Teil des Laufs hier beginnt. *Runner's World* sponsert mich großzügigerweise ab Riga mit einem Satellitentelefon, da ich in immer abgelegeneren Gegenden unterwegs sein werde. Außerdem stellen sie mir ein Garmin GPS zur Verfügung, um besser navigieren zu können, was extrem nett von ihnen ist. Karten, Navigation, Versicherungen, Visa, Dokumente, Ausrüstung und die Vorgehensweise, an entlegenen Orten an Geld von meinem Konto zu kommen – alles muss bis ins letzte Detail durchorganisiert sein.

Ich verbringe meinen ersten Vormittag in Riga damit, mich auszuruhen, und ich kann nicht aufhören zu essen. Am nächsten Tag kommt Geoff wie der Weihnachtsmann persönlich und bringt mir Schuhe, den neuen Kocher, ein fabelhaftes, starkes Ersatz-Biwakzelt, mehr Daunenkleidung von Peter Hutchinson, Thirstpoint-Filterflaschen, sodass ich sogar verunreinigtes Schneewasser trinken kann, wenn es sein muss, und Kendal-Mint-Kuchen von meiner Familie. Er erzählt, dass er auch diesmal wieder nur zum Hörer greifen musste: Die gesamte Ausrüstung wurde kostenlos zur Verfügung gestellt. Nicht einmal ein Champion könnte eine bessere Unterstützung bekommen. Ich bin voller Ehrfurcht vor der Freundlichkeit, die mir ständig entgegengebracht wird.

Ich kann noch immer nicht fassen, dass Geoff tatsächlich wieder hergeflogen ist. Es ist fantastisch, ihn zu sehen und über Pläne zu reden. Seine Freundin Inna, geboren in Ostsibirien, ist ebenfalls eine großartige Unterstützung. Inna lebt in London, ist aber derzeit in Moskau, um ihre Familie zu besuchen, und obwohl sie sehr beschäftigt ist, hat sie freundlicherweise den Auftrag von *Runner's World* angenommen, das GPS in Moskau abzuholen, damit die korrekten russischen Karten darin eingegeben werden können. Das wird mir buchstäblich das Leben retten, da es mich auf den richtigen Weg zurückführen wird, als später in Ostsibirien die Katstrophe über mich hereinbricht. Ohne das GPS wäre ich nur noch ein weiterer Haufen Knochen im Wald, zusammen mit all den anderen menschlichen Knochen, denen ich begegnen werde.

Mike King fliegt her, um Fotos für *Runner's World* zu machen, und bringt das Satellitentelefon und das Solarladegerät mit. Geoff begleitet mich außerdem für einen Tag. Nachdem er abgereist ist, muss ich nach Tallinn in Estland fahren, zweihundert Kilometer mit dem Bus. Mein Lauf führt mich nicht dorthin, aber es wurde vereinbart, dass ich dort mein russisches Visum bekomme. Eine unerlässliche Einladung aus St. Petersburg, wo Liza Freunde hat, wurde ihren Kontaktleuten in Tallinn geschickt und wir hoffen, dass das ein Jahr gültige Mehrfach-Visum dort endlich ausgestellt werden kann. Es ist kompliziert: Man muss das Visum außerhalb Russlands bekommen, aber man muss die russische Einladung haben. Sogar Liza ist besorgt, dass selbst nach alledem immer noch irgendetwas schiefgehen könnte. Tallinn ist eine außergewöhnlich schöne Stadt, mit kegelförmigen Türmen und Kirchtürmen, wie aus einem Disney-Film. Jeder hier spricht mindestens fünf Sprachen. Natalja lässt mich liebenswürdigerweise bei sich übernachten und zu meiner Verblüffung stellt die russische Botschaft in Tallinn das Visum über Nacht aus.

Danach muss ich nach St. Petersburg, um mein Visum registrieren zu lassen. Ich nehme den Zug dorthin, mit einem etwas nervösen Gefühl; kaum jemand ist je allein durch Russland gelaufen und niemand weiß, was die Behörden zu einem solchen Vorhaben sagen werden. Sie nehmen mir meinen Pass weg und behalten ihn zehn Tage ein, aber als er zurückkommt, ist zu meiner Erleichterung alles in Ordnung.

St. Petersburg ist wunderschön im Schnee, mit der Eremitage und dem Winterpalast und anderen berühmten Gebäuden, aber es ist kein fröhlicher Ort. Eines Abends, als ich die Wohnung verlasse, in der ich untergebracht wurde, liegt ein toter Mann vor meiner Tür. Er hat sich betrunken und ist erfroren.

Niemand nimmt Notiz von ihm bis auf eine Katze, die dasitzt und ihn anstarrt. Er ist in Lumpen gekleidet, aber er ist ein gepflegt aussehender Herr, der mich an Topol aus *Fiedler auf dem Dach* erinnert. Ich verständige die Polizei, aber am nächsten Tag liegt er noch immer da. Ich sehe Obdachlose mit Frostbeulen im Gesicht, denen Blut aus den Blasen quillt und die versuchen, in den U-Bahnen Unterschlupf zu finden, und trinken, nur um zu vergessen. Es sind nur zwanzig Grad minus, aber ich habe mir sagen lassen, dass das eine mörderische Kälte ist. Ich wünschte, ich hätte eine Stunde früher zurückkommen und dem Erfrorenen meine Daunenjacke geben können, falls ihm das geholfen hätte. Irgendjemand hat diesen Mann einmal geliebt und sein Tod ist eine solche Vergeudung. Und er ist auch eine Warnung. Das Leben hier ist unerbittlich und traurig.

Während ich auf das Visum warte, schreibe ich an meinen Texten, habe mehrere Termine bei einem Zahnarzt, der meinen Zahn in Ordnung bringt, und treffe Lizas freundliche rothaarige Freundin Inna Jakowlewa und ihre Mutter, die Hitlers Neunhundert-Tage-Blockade in den Jahren 1941 bis 1944 überlebt hat, während der über eine Million Menschen verhungerte. Als es nicht einmal mehr Ratten gab, die sie essen konnten, kochten sie Klebstoff von ihrer Tapete, um diesen zu trinken.

Im Nachhinein, wenn ich auf meinen Lauf um die Welt insgesamt zurückblicke, ist es ironisch, dass St. Petersburg, obwohl es nicht auf meiner Route lag, da ich von Riga genau nach Osten bis Moskau laufen würde, einen solch starken Eindruck auf mich machte und sehr wichtig für mich war; auch um meine restlichen Erfahrungen in Russland besser zu verstehen.

Schließlich bin ich wieder im Aurora in Riga, bereit, die 970 Kilometer von Riga nach Moskau zu laufen. So viel Zeit ist verstrichen, aber anders könnte es auch gar nicht sein. Ich bitte die Polizei, sich in mein Logbuch einzutragen, und schließlich, am Sonntag, den 8. Februar, laufe ich in Riga los.

Der Schnee ist tief, das Vorankommen schwierig. Alles ist gut, nur der Rucksack ist zu schwer. Auf dem Weg nach Ogre beginnen meine Zehen zu bluten, ein schlechtes Zeichen. Es liegt daran, dass ich vor ein paar Monaten die leichte Erfrierung hatte und die Haut dort empfindlicher ist.

Ich fasse den nächsten verschneiten Baum etwa hundert Meter vor mir ins Auge, setze mich auf den Boden und lockere die Riemen an dem Rucksack auf meinem Rücken, da ich ihn nicht länger tragen kann, dann rappele ich mich taumelnd hoch und schleppe das Gewicht auf meinem Rücken irgendwie weiter, bis ich den Baum erreiche, und lehne mich dagegen, um mich auszuruhen und nach Luft zu schnappen. Dann weiter zum nächsten Baum, in einer verrückten Art *Fartlek* oder »Intervalltraining«. Man sagt, dass die Ziele im Leben außerhalb der eigenen Reichweite liegen müssen. Ich wünschte nur, das würde nicht ständig passieren.

Auf den ersten 1700 Meilen habe ich mich daran gewöhnt, alles bei mir zu tragen, da die Logistik, es vorauszuschicken, sehr schwierig gewesen wäre. Aber jetzt ist das Gewicht deutlich schwerer und ich werde deswegen irgendetwas unternehmen müssen.

Clive hätte gelächelt. Er fand immer, Tierärzte wüssten es am besten, und meine Gedanken kehren zurück zu Martin, dem Tierarzt in Marlborough, und seinem Rat, dass ich mir einen Buggy zum Ziehen zulegen sollte, anstatt einen Rucksack zu tragen. Ich beschließe, mir auf jeden Fall einen Anhänger oder Kinderwagen zu besorgen, auch wenn das vielleicht bis Moskau warten müssen wird.

Ich muss zurechtkommen, aber ich kann das Gewicht verringern. Das kritischste Problem ist, dass das Satellitentelefon ein schweres Solarpanel hat, das sich nur umständlich sicher am Rucksack befestigen lässt. Außerdem ist es von entscheidender Bedeutung, dass ich das Solarpanel nicht beschädige, denn es wird für mich in der Wildnis überlebenswichtig sein.

Dem Manager an der Raststätte in Ogre zufolge müsste ich ein billiges Handy für die unmittelbare Umgebung kriegen können – aber noch nicht. Zum Glück habe ich Kontakt zu Colonel Grant aufgenommen, dem britischen Verteidigungsattaché in Riga, der zufällig auch ein ausgezeichneter Fünfkämpfer ist und für Großbritannien angetreten ist. Wir haben uns in Riga nicht getroffen, aber wir haben telefoniert. Ich rufe ihn von Ogre aus an. Er versteht das Problem sofort und schickt seinen Fahrer los, um das Telefon, das Solarpanel, die schwere Kamera und andere Dinge abzuholen. Sie werden bei ihm sicher verwahrt und mit dem Diplomatengepäck an die Botschaft in Moskau geschickt werden. Ich rufe Steven Seaton an, um ihm zu erklären, was ich tue, und er wird ein kleineres elektrisches Ladegerät für mich bestellen, um das Solarpanel zu ersetzen, sobald es möglich ist.

Danach komme ich deutlich besser voran. Das neue Biwakzelt und der Kocher sind hervorragend. Obwohl der Schnee tiefer und das Wetter schlechter als vor Riga ist, fühlt sich alles so viel einfacher an, da das neue Biwakzelt einen extra starken Reißverschluss hat. Es ist eine Wohltat, die Stürme aussperren und wieder kochen zu können. Himmlisch, sich am Straßenrand schlichte heiße Mahlzeiten und Getränke zuzubereiten und abends sogar für eine kleine, behelfsmäßige Wärmflasche wieder Schnee zu schmelzen. Die Daunenkleidung und -schlafsäcke halten mich ebenfalls warm. Als die Temperatur in der Nacht für kurze Zeit auf dreißig Grad minus abfällt, erscheint mir das wie ein Wunder.

Von Ogre laufe ich weiter an kleinen Straßen entlang, parallel zum Fluss Daugava (Düna) und der Fernstraße, vermeide die

Lastwagen, die ihre schwarzen Abgase in die weiße Winterwelt pusten. Die kleinen Dörfer an den Straßen sind so freundlich, dass es sich lohnt, sich durch oftmals tiefen Schnee zu kämpfen, um ihre Hilfe in Anspruch zu nehmen. In einem winzigen Ort namens Krape lässt mich Mr. Gatis, ein Lehrer, seinen Computer benutzen, damit ich zum ersten Mal seit Riga eine E-Mail an James schreiben kann. Ich liebe die Vorstellung, dass seine Website Freunde findet, die ich vielleicht nie kennenlernen werde, die aber an mich denken und für immer ein Teil meines Lebens sein werden.

In Pļaviņas, wo ich am 13. Februar ankomme, gebe ich Briefe auf und rufe zu Hause an und ich höre Neuigkeiten von Eve und den anderen wie meiner Schwester Maude und Marianne, die versucht, mir einen winzigen Flakon Fabergé-Parfüm zu schicken, der nichts wiegen wird, sagt sie, und Erinnerungen an gute Zeiten und Eleganz in mir wachrufen wird, wenn ich am härtesten zu kämpfen habe, um weiter voranzukommen. Sie schickt es über Carrie Disney in Moskau.

KAPITEL 13

Nach Russland mit Liebe

Lettland–Russland, Februar 2004

Im Laufe der nächsten zehn Tage trotte und trabe ich weiter durch Varakļāni, vorbei an Rēzekne und zelte schließlich in der Nähe des Dorfes Tutani. Der Schnee liegt tief in den Wäldern und nachts schneit es sogar noch mehr. Ich bin durchaus besorgt, wie ich dort wieder herauskommen soll.

Essen ist immer die Antwort. Ich mache mir Spaghetti, aber ich verschütte aus Versehen die Hälfte davon, als ich das Wasser abgieße. Hungrig, wie ich bin, schaufele ich sie wieder in den Topf und esse sie eisgekühlt vom Schnee.

Ich bin 14 Tage hinter Riga, zweieinhalb Ruhetage eingeschlossen. Am Abend des 22. Februar bin ich in Sichtweite der russischen Grenze. Mein Herz hämmert wie wild. Es hat keinen Sinn, mir vorzumachen, dass die leichte Fahrt nach St. Petersburg, um das Visum zu bekommen, bedeutet, dass ich es tatsächlich zu Fuß schaffen werde. Ich denke zurück an die Zeit in London, bevor ich aufbrach. Die Agenturen sagten mir, ich könnte ins Gefängnis kommen, sollte ich versuchen, mit einem Geschäftsvisum einzureisen. Niemand, nicht einmal Liza Hollingshead, ist sich sicher, was passieren wird, wenn ich die Grenze tatsächlich allein und zu Fuß erreiche. Die Zeit ist gekommen, um es herauszufinden.

Ich nähere mich Russland nachts. Ich zögere, genau wie damals, als ich mich Litauen näherte. Die einzige Zeit, zu der ich mich vor der Dunkelheit fürchte, ist, wenn ich mich der Grenze eines neuen Landes nähere. Es ist nie die beste Zeit, um mit Unsicherheiten umzugehen. Ich bleibe stehen und starre geradeaus. Es sieht friedlich aus. Die Lichter der Lastwagen, die darauf warten, die Grenze zu überqueren, stehen still, wie eine Stadt auf Rädern. Dampf steigt aus den Teebechern der Fahrer auf, während sie aus ihren Führerhäusern klettern, um sich zu strecken oder zu pinkeln und mit ihren Freunden abzuhängen. Wodka wird herumgereicht, um sich warm zu halten, und ein behelfsmäßiger Kiosk, an dem reger Betrieb herrscht, verkauft Essen. Sie beäugen mich neugierig, als ich ankomme. Die Situation scheint angespannt und friedlich zugleich. Eine große Meise, vermutlich aus Russland, hüpft um meine Füße und sagt Hallo.

Ich bin sehr ängstlich und beschließe, die Grenze erst am nächsten Morgen zu überqueren. Ich gehe zurück in den Wald, schlage das Biwakzelt versteckt zwischen den wunderschönen Kiefern auf. Außer Sichtweite von den Lichtern der Lastwagen wird es die dunkelste aller Nächte. Kein Stern am Himmel, kein Windhauch. Ich bin allein mit meinen Gedanken. *Soll ich die Grenze überqueren? Werde ich doch Probleme bekommen?*

Die Warnungen spuken mir durch den Kopf. Peter Smith, britischer Generalkonsul in Moskau, schreibt mir besorgt. Er befürchtet, mir könnte das Essen ausgehen, ich könnte von betrunkenen Fahrern von der Straße abgedrängt und verletzt werden oder in Schwierigkeiten geraten. Er hat Angst, ich könnte mich verlaufen und tagelang daliegen, ohne gefunden zu werden. Nachdem ich ihm versichert habe, dass ich gut ausgerüstet und vorbereitet bin, ist er offenbar dabei, ein ungewöhnliches Dokument aufzusetzen. Etwas wie der altertümliche Reisepass, den die Dame Freya Stark, Forschungsreisende und Reiseschriftstellerin, im frühen 20. Jahrhundert bei sich führte. Vermutlich etwas in der Richtung: »Ich war ein guter und getreuer Untertan Großbritanniens und mir ist Hilfe angedeihen zu lassen«; aber eine Warnung aus einer solchen Quelle muss ernst genommen werden.

Der Morgen dämmert. Ich laufe an den Schlangen von Lastwagen vorbei und die Fahrer geben mir Tee. Ich nähere mich der Zollstelle; sie nehmen meinen Pass, sehen ihn sich gründlich an und beginnen, miteinander zu reden, während ich warte. Es sind ungefähr fünf Beamte, darunter zwei Frauen in grünen Uniformen mit orangefarbenen Aufschlägen und zwei in anderen Uniformen, die Polizisten zu sein scheinen.

Sie blicken alle so ernst. Auf einmal beginnen sie zu lächeln und sagen: »Otschin priatna, Aileen, Rosita.« Aileen ist in meinem Reisepass mein erster Vorname. Ich habe versucht, ein bisschen mehr Russisch zu lernen, und ich weiß, dass das hier eine freundliche Begrüßung ist. Es heißt so etwas wie: »Sie sind willkommen hier.« Sie winken mich einfach durch.

Ich habe es so eilig, weiterzukommen, nachdem ich ihren Segen bekommen habe und bevor sie es sich anders überlegen, dass ich auf der vereisten Straße ausrutsche und stürze, woraufhin einer der Polizisten mich wie einen Welpen hochrafft und wieder auf die Füße stellt. Der andere Polizist tritt hinzu, öffnet seine Brieftasche. Ich denke, jetzt kommt eine der Geldstrafen, die ich bezahlen muss, von denen man mir erzählt hat, aber nein: Einem anderen Beamten zufolge, der ein bisschen Englisch spricht, will er mir nur fünfzig Rubel geben, da seine Mutter im nächsten Dorf ein Café hat, wo sie spezielle Suppen macht, und er will mich einladen.

Ich gehe an der Straße entlang, während ich denke, wie seltsam es ist, in Russland zu sein. Es ist zu leicht und ich fühle mich noch immer unsicher. Dunkelheit senkt sich wieder. Ich laufe bis ungefähr vier Uhr nachmittags. Ich bin in einer anderen Zeitzone, eine Stunde früher als gestern.

Als ich die Grenze passierte, erwähnte ich irgendetwas davon, dass ich bei Freunden wohnen würde, aber das ist natürlich sechshundert Kilometer weiter in Moskau. Ich war mir nicht sicher, ob sie das mit dem Zelten verstehen würden. Daher nehme ich die erste kleine Nebenstraße; es schneit wieder stärker und der Schnee überdeckt meine Fußspuren. Ich tauche in den Wald ein, rolle mich in meinen ganzen warmen Schlafsäcken im Biwakzelt zusammen. Ich entfache meinen Kocher nicht und schalte die Taschenlampe nicht ein, verharre einfach ganz still. Ich bin mir nicht sicher, was passieren würde, wenn jemand mich finden sollte, ob es okay wäre oder nicht. Aber nichts passiert und am nächsten Tag bin ich wieder auf der Straße.

Auf einmal sind die Polizisten wieder da. Wenn ich gegen das Gesetz verstoßen habe, wird es jetzt sehr ernst für mich werden: Sie haben die Macht und das Recht, mich vom Zelten abzuhalten. Aber wenn ich das nicht tue, kann ich die Reise nicht fortsetzen, da die Entfernungen durch ganz Russland zu groß sind. Das hier ist ein alles entscheidender Moment. Ich beginne es zu erklären, aber dann sehe ich auf einmal, wie sich ihre Mienen verändern. Es ist ihnen völlig egal. Sie lachen und sagen, dass sie sich freuen, einen Touristen hier zu haben. Einer der Beamten drückt mich in einer bärenhaften Umarmung an sich und wirbelt mich immer wieder herum, bevor er mich sanft wieder auf die Füße stellt.

Die Bärenumarmung ist verblüffend; aber sie scheint zu besagen, dass alles in Ordnung ist. Später erfahre ich, dass eine Umarmung in Russland eine Respektsbekundung ist. Wenn man jemanden nur ein bisschen mag, gibt man ihm die Hand oder umarmt ihn einfach freundlich. Aber herumgewirbelt zu werden, das ist eine richtige Ehre.

Am Mittwoch, den 25. Februar, trennen mich noch fünfzig Kilometer von Pustoschka. Ich bin in dem kleinen Café im Wald, das die Mutter des Polizisten betreibt. Es sieht winzig aus neben den gigantischen Lastwagen, die überall ringsum auf einer schlammigen Waldlichtung parken. Der einzige Ort im Umkreis von hundert Meilen, um etwas zu essen zu kriegen, sagen sie. Die Suppe ist dick: Der Löffel steht fast darin. Später, als ich Spaghetti mit Rentierhaaren und Sandklumpen essen muss, werde ich von dieser Suppe träumen. Die Dame in dem Café tauscht mir außerdem meine lettischen Rubel in russische Rubel um.

Ich denke immer wieder, wie schön Russland ist: tiefgrüne Tannen mit Schneehäubchen obenauf und Eiszapfen, die von den Enden der Zweige hängen wie Kronleuchter. Der erste Abschnitt der M9 in Russland ist nicht so wie Autobahnen irgendwo anders: Es ist ziemlich leer auf den einhundert Kilometern zwischen der lettischen Grenze und Welikije Luki. Von Zeit zu Zeit brettern überladene Schwertransporter die Straße hinunter, aber so gut wie kein Pkw. Wenn ich den Lastwagenfahrern zuwinke, drücken sie zur Antwort auf die Hupe oder blenden ihre Scheinwerfer auf. Das feuert mich auf meinem Weg an, denn die Einsamkeit ist ein Feind. Man kann nur begrenzt Selbstgespräche führen. Das Gewicht des Rucksacks ist beträchtlich, allmählich bekomme ich davon Krämpfe und Zuckungen im Rücken und meine Hüften knacken und tun weh. Der Schmerz ist eine Ablenkung von der Einsamkeit, aber dennoch eine unwillkommene.

Es ist fantastisch, drei Tage später in Welikije Luki anzukommen und ein Bad zu nehmen. Hier finde ich auch den ersten Geldautomaten seit der lettischen Grenze und ich ziehe mir einen Nachschub an Rubeln heraus, denn sie gehen allmählich zur Neige. Viele Menschen an diesem Stück Fernstraße in Russland sagen, dass es am Straßenrand nichts gibt. Man wird tagelang nichts finden, aber zu Fuß entdeckt man kleine Kneipen und winzige Läden. Sie haben mich in Schwung gehalten.

Das Hotel in Welikije Luki ist vielleicht nicht das Hilton, es ist auch nicht so wie das in Leer oder wie das Aurora in Riga, aber für mich ist es ein Siebensternehotel. Die dunklen, feuchten Flure führen tatsächlich zu einem Zimmer mit einem eigenen Bad. Und auch wenn das Wasser eine rostig orangene Farbe hat, stört mich das nicht im Geringsten. Ich verbrauche eine ganze Flasche mit billigem Shampoo, das ich gekauft habe, um mich und meine Kleider zu waschen. Und ich nehme den Omni-Mehrstoffkocher auseinander. Er kann fast alles verbrennen, hat aber etwas gegen russisches Petroleum und stößt jedes Mal schwarze Rußwolken aus. Ich reinige ihn, wobei ich die Rußpartikel fein säuberlich in eine Tüte fege, um nicht alles schmutzig zu machen. Und dann, während von meinen Kleidern, die auf den Heizkörpern trocknen, Dampf ins Zimmer strömt, aale ich mich in der entstehenden Sauna und sinke rasch in den Schlaf.

KAPITEL 14

Unaufhaltsame Freundin

Russland, Februar–März 2004

Weitaus beschämender, als erschreckt zu werden, ist es, selbst erschreckend zu sein. Wie die Experten sagen, ist Russland nicht leicht zu begreifen. Meine Entdeckungen zerreißen mir das Herz.

Auf den ersten 150 Kilometern habe ich bis jetzt noch keine aggressiven oder betrunkenen Autofahrer erlebt. Und was das Thema Diebstahl betrifft: Als ich in Pustoschka aus Versehen mein Portemonnaie fallen lasse, fährt mir ein großer Mann auf einem Fahrrad, auf dem vorn ein Kind sitzt, hinterher und gibt es mir wieder. Es ist Ehrlichkeit, aber irgendwie ist es mehr als das – Stolz, eine Maske, die besagt: »Ich bin Russe, mir geht es gut.« Nie vor meiner Zeit in Russland habe ich eine solch starke Entschlossenheit erlebt, Leid und Bedürftigkeit zu verbergen. Ich binde etwas Geld in einem Beutel an das Halsband ihres kleinen Hundes, während ich ihn streichele, da sie keinen Finderlohn annehmen wollen, obwohl sie für das Wetter schlecht angezogen aussehen. Mein Leben wird niemals so gefährlich und hart sein wie für die Menschen, die mir auf dem Land begegnet sind; Menschen, die fast versteckt sind, wie die kleinen Kneipen und Läden, die ich nur zu Fuß entdeckt habe. Wenn man nicht genau hinsieht, würde man sie glatt übersehen.

Einen Tag nachdem ich Welikije Luki verlassen habe, nähere ich mich ein paar kleinen Häusern. Ich habe ein Problem, da der Schnee am Straßenrand gut zwei Meter hoch liegt. Ich kann hier nicht hineingehen und das Biwakzelt aufschlagen, sonst würde ich versinken. Ich sehe ein paar absolut erbärmliche Holz- und Blechhütten mit einem, wie es aussieht, Strohhaufen unter Bergen von

Schnee neben einem baufälligen Gebäude oder Schuppen. Die Tür geht auf und eine Frau kommt heraus, mit einem dicken Kopftuch und schweren Stiefeln, einen Eimer in der Hand.

Sie starrt mich an, als sie mich näherkommen sieht. Ich bleibe stehen, aber sie schreit auf und lässt den Eimer fallen. Milch ergießt sich über den ganzen Schnee. Ich klopfe an ihre Tür, da es mir so leidtut und ich sie für die Milch entschädigen will. Die Tür bleibt geschlossen, ebenso die nächste Tür. Dann tauchen Gesichter und Bewegungen an den Fenstern auf und eine scharfe Stimme ruft einem Kind zu, schnell ins Haus zu kommen, soweit ich verstehen kann.

Am allerletzten Haus geht ein Licht an, da es allmählich dunkel wird, und ein Paar kommt heraus. Sie winken und rufen mir zu. Ich kann genug Russisch, um zu erklären, was ich tue, und zu sagen, dass es mir leidtut. Sie zucken lächelnd die Schultern. Die Frau legt die Arme um mich. Sie machen Tee und finden Beeren, die ich kosten soll, die sie, wie sie sagt, im Sommer im Wald sammeln. Dann kommt die Frau, die ich erschreckt habe, schließlich doch herein. Sie zeigen mir die Kuh. Sie ist weiß, mit schönen, großen braunen Augen. Eine warme Decke liegt auf ihrem Rücken, damit sie es behaglich hat, sagen sie, und mehr Milch gibt.

Die Frau fängt an, auf Englisch zu reden. Mir ist gar nicht klar gewesen, dass sie Englisch versteht, und sie erzählt, dass sie die Kuh billig vom Schlachthof gekauft haben, da sie ein angeknackstes Vorderbein hatte und humpelte, aber sie gibt trotzdem gute Milch und das ist der Grund, weshalb sie gerettet wurde. Andernfalls hätten sie sich keine Kuh leisten können. Ich bleibe nicht, denn ich habe das Gefühl, jetzt komme ich zurecht. Es spielt sich alles nur im Kopf ab.

Man sagt, dass die Silberbirken, die *birosova* heißen, und die Fichten in Russland sich gegenseitig beschützen. Wenn Fichten groß und mächtig sind, wachsen die jungen Silberbirken unter ihrem Schutz. Später, wenn die Birken groß sind, wachen sie über die nächste Generation kleiner Fichten. Das ist der Grund, weshalb sie in diesen

Wäldern auf natürliche Weise zusammen wachsen und in einer Art Zyklus anzutreffen sind. Bäume sind inspirierend und tröstlich. Und die Teile von Tannenästen und -zweigen auf dem Boden eignen sich hervorragend, um behelfsmäßige Schneeschuhe zu fertigen.

Am nächsten Morgen wache ich früh auf, es ist milder geworden und ich stecke den Kopf aus dem Zelt wie ein Fuchs, klettere hinaus und schüttele mich kräftig. Die Landschaft ist märchenhaft weiß. Es sieht aus, als ob der Winter ewig dauern wird, aber auf einmal höre ich es, fast ein Flüstern: ein neues, sanftes Rascheln oder leises Knistern. Ich sehe den Glanz auf dem Schnee. Es ist nichts Dramatisches, er beginnt einfach zu schmelzen. Ich kann Bewegung in den Bäumen hören, die bislang leer und schweigsam waren.

Der Baum in meiner Nähe ist auf einmal lebendig von kleinen Vögeln. Sie piepsen nicht nur oder stoßen einsame Laute aus. Sie haben begonnen, eifrig zu zwitschern, wie in einer Art Aufruhr. Dann höre ich zum ersten Mal in Russland eine Amsel singen. Ich liege voller Ehrfurcht da. Der Winter ist dabei, besiegt zu werden.

Ich kann den Frühling noch nicht sehen, aber ich kann ihn hören. Während ich an diesem Morgen allein dort draußen im Schnee liege, kann ich meine Gefühle kaum beschreiben. Mir war gar nicht bewusst, wie es, allein auf einem Lauf, kleine Dinge wie diese sind, bei denen sich das Herz vor Freude und Schmerz zugleich verkrampft. Ich fühle mich geschwächt, aber auch bestärkt von Erinnerungen an Liebe und Süße. Das ist es, was das Lied einer Amsel jedes Mal mit mir anstellt.

2. März – ein wunderschöner Tag. Ich bin aufgeregt, da Carrie Disney, die meine Verbindung zu Kitezh ist, von Moskau herfahren wird, um mich aufzuspüren. Es wird toll sein, sie kennenzulernen. In ihren E-Mails an Eve, James, Geoff und andere hat sie mich amüsiert, indem sie mich als »unsere unaufhaltsame Freundin« bezeichnete, aber tatsächlich ist es Carrie, die unaufhaltsam ist. Sie ist die allererste Person, die in Russland zu mir herausfahren wird, um mich auf der Straße zu

treffen. Ich passiere die 461-Kilometer-Marke, als ein großer Wagen neben mir hält und Carrie herausspringt. Später schreibt sie:

> Es war ein wunderschöner Morgen, kalt und klar, mit milchigem Licht, und die Straße war lang und gerade – eine ganze Reihe schwerer Lastwagen, aber ansonsten nicht viel Verkehr. In der Ferne hatte ich ein paar Straßenschilder bemerkt und war überzeugt, es sei Rosie; dann sahen wir ein Straßenschild in Bewegung und da war sie. Man konnte wirklich nicht sagen, ob sie ein Mann oder eine Frau war, da nicht mehr als ein Zentimeter Haut den Elementen ausgesetzt war. Sie trug eine Mütze und einen Gesichtsschutz und Handschuhe und Schals und drei Schichten Hosen und sie schaffte es trotzdem, fröhlich zu winken, als wir neben ihr zum Stehen kamen.

Carrie hat ein fröhliches Gesicht und wilde blonde Haare schauen unter ihrer dicken Mütze hervor. Dicht hinter ihr folgt ein entzückender zotteliger Lurcherhund. Ein schlanker Mann mit festen grünen Augen und einem charmanten Lächeln steigt ebenfalls aus. Sie stellt ihn als Sascha vor, den persönlichen Fahrer ihres Partners Richard Tickner, Chief Executive bei der HSBC Bank in Moskau. Sascha, ein echter Star, wurde ihr für den Tag »geliehen« und opfert seine Zeit, da Carrie noch keinen russischen Führerschein besitzt.

Sie sind gekommen, da Carrie einen fabelhaften Brief von Peter Smith, dem britischen Generalkonsul in Moskau, für mich hat. Carrie betont, dass Sir Roderic und Lady Lyne, der britische Botschafter und seine Frau, im Hintergrund die Fäden für die außerordentliche Unterstützung gezogen haben. Carrie hat noch andere Dinge für mich und will mich unbedingt mit einem guten Frühstück verwöhnen, vor allem, da die Temperatur in den letzten Stunden vom Gefrierpunkt wieder auf elf Grad minus abgefallen ist und nach der Vorhersage bis zur Nacht auf 17 Grad minus heruntergehen soll.

Hier in der Nähe gibt es nichts, daher planen wir, dass ich bei der 461-Kilometer-Marke aufhören und später wieder von hier loslaufen werde, und fahren zurück nach Welikije Luki, nicht allzu weit mit dem Wagen. Es ist witzig. Dora, die Lurcherhündin, hat beschlossen, mein Schoßhund zu sein, was durchaus eine Ehre ist. Sie ist hinreißend. Carrie erzählt mir, dass die Lurcher sehr eigensinnig sind: Sie müssen sich selbst überzeugen, dass sie dich mögen, bevor sie sich auf deinen Schoß setzen.

In dem kleinen Hotel werde ich begrüßt, als würde ich nach Hause kommen. Eine Frau witzelt, wenn ich einmal um die Welt gelaufen sei, müsse ich ja ziemlich schnell gewesen sein. Mindestens eine Stunde lang komme ich aus dem Reden oder Essen gar nicht mehr heraus. Mir wird bewusst, dass es das erste Mal seit Riga ist, dass ich wieder frei Englisch sprechen kann, und ich kann mich nicht bremsen. Wie Carrie später in einer E-Mail für die Website schreibt:

> **Ich glaube, sie hat ungefähr eine halbe Stunde lang nicht ein einziges Mal Luft geholt. Sie hatte uns so viel zu erzählen. Ich hatte den Verdacht, dass sie in einem anderen Sinn ausgehungert war, während sie sieben große Brötchen und vier Tassen Kaffee verputzte.**

Sie sind entsetzt, als sie hören, dass meine Schlafsäcke triefend nass sind. Sascha bringt sie rasch zurück zum Wagen, wo er den Motor anlässt und die Schlafsäcke geschickt trocknet, indem er sie zwischen den Motor und die Kühlerhaube legt. Ich hätte niemand anderem gestattet, das zu tun. Die Schlafsäcke sind meine Rettungsleine, aber Sascha hat irgendetwas an sich, das tiefes Vertrauen weckt. Und es klappt. Bis wir aufbrechen, sind die Schlafsäcke alle trocken, sodass ich heute Abend ein wundervolles Bett haben werde.

Als Carrie ihrem Mann Richard nach Moskau folgte, wollte sie ihre Zeit nutzen, um etwas zu bewirken. Sie war erschüttert von den Waisenhäusern in Russland, wo Kinder so viele Stunden allein in ihren Bettchen liegen gelassen werden, dass sie einen flachen Kopf bekommen, und wo Kleinkindern das Gesäß manchmal unter eiskaltem fließendem Wasser gewaschen wird, da es ihrem Pfleger zu mühsam ist, es zu erwärmen. Sie war völlig hin und weg, als sie nach langen Recherchen Kitezh entdeckte.

Heute ist Kitezh eine solche Kraft für das Gute. Die Pläne für Veranstaltungen, die Carrie organisiert, darunter ein Lauf, den ich mit den Kitezh-Kindern in Moskau zum Roten Platz unternehmen soll, ein Empfang in der Britischen Botschaft und an anderen Orten, nehmen immer mehr Gestalt an.

Schließlich kehren wir zur 461-Kilometer-Marke zurück. Die beiden mussten heute Morgen um fünf Uhr aufstehen, daher entscheiden wir, dass Sascha vorausfahren und eine Runde schlafen wird, während Carrie und ich zusammen ein Stück gehen, mit Dora an einer langen Leine, die begeistert neben uns herspringt.

Zehn Kilometer später verabschieden wir uns – und ich laufe allein weiter.

KAPITEL 15

Tatzenspuren im Schnee

Russland, März 2004

Zweck ist alles. Und doch ist der Zweck schwerer zu erreichen als das Laufen selbst. Es hat mich geschlaucht und gekräftigt zugleich, dass ich bei zwanzig Grad minus draußen im Schnee schlafen kann, selbst ohne warmes Essen, zusammengerollt wie ein Welpe. Und doch kann ich den Wind anschreien und niemand hört zu.

Die Idee zu dem Lauf entstand durch Umstände, die mich innerlich zerrissen haben, und der Lauf wird umsonst gewesen sein, wenn er nicht von irgendeinem Nutzen ist. Das größte Glück und Wunder war für mich, dass Eve und James seinen Zweck aufgegriffen und zu ihrer Sache gemacht haben. Eve hat in mühevoller Kleinarbeit die seltenen Nachrichten abgetippt, die ich oft nur aus irgendeiner Telefonzelle auf den Anrufbeantworter gesprochen habe, und James hat es irgendwie geschafft, die Website am Laufen zu halten. Tausende verfolgen jetzt den Lauf, was mir alles bedeutet, da Briefe von Menschen gekommen sind, die sagen, dass es ihnen das Leben gerettet hat, zu Vorsorgeuntersuchungen zu gehen. Die Begegnung mit Carrie hat in mir die Hoffnung geweckt, auch den Kitezh-Waisen mehr helfen zu können.

Ich kann es kaum erwarten, nach Moskau zu kommen. Ich habe das Gefühl, dass die Gründe für den Lauf auf alle möglichen Arten zunehmen, manchmal auch unausgesprochen. Ich weiß jetzt, dass der Lauf für alle ist: für die Mädchen mit den scharlachroten und grünen Haaren in Litauen, die Dame mit ihrer weißen Kuh, die ich erschreckt habe, die Trucker, die mich angehupt haben, den Mann ohne Beine, und das kleine Mädchen, das an jenem allerersten Tag in Wales aus dem Haus gestürzt ist, um mir Süßigkeiten zu schenken. Und für all jene, die ich nicht kennenlernen kann. Der Lauf ist meine Verantwortung, aber er gehört nicht mir allein; er gehört den Menschen, die ihn berührt haben und berühren werden. Das hier wird wichtiger werden, als man sich vorstellen kann.

Bald sind es nur noch dreihundert Kilometer bis zur Hauptstadt; im Moment laufe ich 17 bis zwanzig Kilometer am Tag. Die Nächte sind noch immer lang und das Licht in den Wäldern ist faszinierend surreal. Der Mondschein spiegelt sich in den Zweigen der Silberbirken, sodass es aussieht, als ob die Bäume strahlen.

Ich bin tiefer in den Wald hineingegangen als sonst, um zwischen dem schmelzenden Schnee einen kleinen trockenen Platz zu finden. Alles scheint sehr friedlich. Auf einmal erschüttert ein lautes Krachen in den Bäumen den Wald. Ich setze mich zitternd auf und schlage mir den Kopf an der Plane des Biwakzelts an, das dafür nicht hoch genug ist. Kleine Eiszapfen von dem Kondenswasser kullern an meinem Nacken hinunter und beruhigen mich.

Ich lausche weiter und blicke mich aus der Öffnung des Zeltes heraus um. Es ist nichts zu sehen. Schließlich kann ich nicht anders, als wieder einzuschlafen; ich bin einfach so müde.

Am nächsten Morgen stecke ich den Kopf aus dem Zelt. Riesige Klauenabdrücke sind im Schnee zu sehen. Das hier sind Bärentatzenspuren, die bis genau zu der Stelle führen, wo ich geschlafen habe. Sie verlaufen rund um das ganze Biwakzelt. Ich starre sie an, fassungslos und zitternd. Ich kann nicht glauben, dass ein Bär aus seinem Winterschlaf aufgewacht und zu mir zu Besuch gekommen ist. Und ich habe überhaupt nichts davon mitbekommen.

Dann höre ich ganz in der Nähe das Geräusch des ersten fließenden Wassers des Jahres. Ich habe gelesen, dass Bären, wenn sie aufwachen, als Erstes frisches sauberes Wasser suchen, da sie nach ihrem langen Schlaf immer dehydriert sind, noch bevor sie hungrig werden.

Es ist gefährlich, vor einem Bären davonzulaufen. Ich wusste, dass die Tierwelt ein Teil meiner Reise sein würde, wie sie es immer war, und dass ihre Vertreter größer werden würden. Ich wusste, dass ich damit umgehen müsste; das Geheimnis liegt darin, herauszufinden, wie, aber nicht heute Morgen. In diesem Augenblick denke ich nur, dass ich nie wieder imstande sein werde, frische große Tatzenspuren im Schnee anzusehen, ohne zu zittern.

Er kommt nicht wieder. Ich packe zusammen und mache mich leise wieder auf den Weg.

In den nächsten paar Tagen kommen Blütenkätzchen an den Büschen zum Vorschein, so schnell, dass sie zu wachsen scheinen, während ich hinsehe, und das Krachen des Eises, das unter dem Schnee bricht, lässt mich erschrocken zusammenzucken. Der Schnee ist noch immer tief. Ich versuche, mir Russland ohne Schnee vorzustellen. In einem Land unter Schnee anzukommen, ist fast so, als würde man irgendwo nachts ankommen; man fragt sich, was sich entfalten wird, wenn man das Land sehen kann. Nur dass der Schnee mit all seinen Formen und Illusionen mächtiger und geheimnisvoller ist, als es die Dunkelheit je sein könnte. Er verbirgt das Land nicht; er schafft eigene Vorstellungen und verzaubert dich.

Jetzt sitzen die Vögel paarweise auf den kahlen Zweigen; sie und die Pflanzen tief unter dem Schnee wissen, dass ihre Zeit naht. Der Frühling ist jetzt nicht mehr nur ein Geräusch, er wird sichtbar.

Aus meiner Brennstoffflasche tropft seit einer Weile Petroleum. Ich kann meinen Kocher schon wieder nicht benutzen und meine Hüfte ist ein bisschen entzündet, aber ich weiß, dass Hüfte und Flasche nur warten müssen, bis sie in Moskau in Ordnung gebracht werden. Es ist sehr schwierig, ausreichend Essen im Rucksack mitzutragen, da die Entfernungen sehr groß sind. Ich kann es kaum erwarten, einen Anhänger zum Ziehen zu bekommen. Manchmal bin ich pappsatt und manchmal sehr hungrig. Eine tolle Rettung sind Haferflocken und Klumpen eines Schmalzes namens *sala*, so fest, dass es viele Kalorien enthält; ein Batzen *sala* ist ein toller Notvorrat.

Manche der kleinen Dörfer, die man auf der Karte sieht, existieren gar nicht, wenn man dorthin kommt. Andere tauchen unversehens aus dem Nichts auf. Eben bin ich an einem Schild vorbeigekommen, auf dem in russischen Buchstaben (die ich inzwischen entziffern kann) steht: »Café 80 km.« Ich finde es etwa einhundert Meter weiter. Es ist nur ein Kasten, der sich zur Seite neigt, mit Eiszapfen, die vom Dach bis zum Boden hängen, und Dampf, der aus einem kleinen Schornstein aufsteigt. Es ist bewohnt und es ist auch ein Hotel. Zwischen den Bäumen verstreut stehen mehrere Kästen und der Empfang ist fantastisch. Und die Küche, dicker Eintopf und *gresca* – Buchweizen –, ist sensationell. Der Kasten mit einem Bett darin kostet umgerechnet nur drei US-Dollar. Aber das Beste von allem ist der Barmann. Er stellt sogar ein Gebräu aus alten Blechbüchsen her, die er in der winzigen Garage neben den Kästen schmilzt, und gießt es in meine Brennstoffflasche, macht eine Art Schweißnaht, sodass ich meinen Kocher wieder benutzen kann.

Am 12. März erreiche ich das schmucke Wolgatal, noch immer gefroren vom Winter. Boote sind festgemacht, aber die Fischer sind bei ihren Eislöchern. Es hat das Flair einer Pionierstadt, aber mit Lastwagen und Fahrern und ihren Mechanikern anstatt Pferden und Cowboys; eine zum Teil verborgene Stadt abseits der Hauptfernstraße. Ich schlage den Weg zu einem kleinen Laden ein, in dem es Aspirin für meine Hüfte gibt.

Am 14. März ist Wahltag – Putin ist wiedergewählt worden. Auf der Fernstraße herrscht deutlich mehr Verkehr und vor Moskau wird es sogar noch hektischer. Die Polizei hält mich an und fragt mich nach meinen Papieren, doch man lässt mich weiterlaufen.

Meine Hüfte schmerzt noch immer und meine Zehen bluten ein bisschen, da ich sie mir vor ein paar Tagen im Wald an etwas scharfem Eis angestoßen habe, aber das Unbehagen ist es wert, da es so aufregend ist, hinter Wolokolamsk weiterzukommen. Ich war an der M9 unterwegs, aber als sie sich dem MKAD, der großen, breiten Ringstraße um Moskau, nähert, wird sie zu einer Schnellstraße, daher schlängele ich mich immer wieder auf den kleineren Nebenstraßen durch. Über weite Strecken geht es durch Wald und es liegt tiefer Schnee; er schmilzt zum Teil und dann gefriert das Eis wieder, während das Wetter wärmer und dann wieder kalt wird. Es ruft mir in Erinnerung, dass ich in Russland bin und es erst die zweite Märzwoche ist.

Nach der ganzen Einsamkeit und Abgeschiedenheit ist die Zeit ein Kaleidoskop: So vieles passiert. Auf einmal bekomme ich mehr Aufmerksamkeit vor Ort als je zuvor. Ich frage mich, ob es besser gewesen wäre, wenn die ganze Reise so verlaufen wäre: PR und mehr Gelegenheiten, Spendengelder zu sammeln.

Dena, eine junge Kitezh-Freiwillige, kommt mit Jennifer, einer Physiotherapeutin, die mir großzügigerweise anbietet, mich kostenlos zu behandeln. Sie bringen Essen, ein Telefon und Neuigkeiten und Jennifer behandelt meine Hüfte in einem Dorfcafé, während ihr Mann Pawel und ihr zweijähriger Sohn die verwunderte Bedienung ablenken. Sie bestätigen den ursprünglichen Plan. Ein Fundraising-Launch bei Carrie zu Hause am 20. März wird von größter Wichtigkeit sein: Der britische Botschafter ist anwesend. Sascha wird mich am 19. März abholen, wo immer ich dann sein werde, und wir werden uns die Kilometermarke notieren. Danach wird er mich wieder dorthin zurückbringen, denn mein Ziel ist es, zum Roten Platz zu laufen.

Die *Moscow Times* kommt und die Journalistin ist eine Frau namens Rebecca, die ursprünglich aus Wales stammt, eine weitere neue Bekanntschaft auf diesem Lauf. Mehrere russische Fernsehsender schicken Kameraleute und Moderatoren. Die Wagen sind oft nicht gekennzeichnet, aber man weiß, was sie sind, noch bevor man die Kamera sieht, denn als Erstes steigt jedes Mal der Reporter aus, der fast immer eine glamouröse Dame ist, die in High Heels übers Eis stöckelt und sich dennoch schneller fortbewegt, als ich es kann. Das einzige Interview bis jetzt war das mit der polnischen Zeitung, wo ich die Fragen und Antworten nicht verstand. Aber diesmal sprechen alle Englisch oder haben Dolmetscher für das, was ich sage.

Als Nächstes greift, dank James, BBC World TV die Story auf. Sara Rainsford und Zoya, die Regisseurinnen, und Valli Kaub, der Kameramann, kommen und drehen einen Film, den zweihundert Millionen Menschen weltweit sehen werden. Ich hoffe, dass es dem guten Zweck wirklich nützen wird, denn sie glauben nicht an halbe Sachen. Der preisgekrönte Valli reißt sich fast ein Bein aus, während er auf dem Bauch liegt und meine Füße filmt. Sie folgen mir in den Wald und wollen den kleinen Kocher verewigen. Er zeigt sich kein bisschen erkenntlich: Er qualmt mit dem minderwertigen russischen Petroleum und auch, weil es in der Nacht wieder kälter geworden ist; ich muss ihn immer wieder neu entfachen. Daher habe ich bald ein rußgeschwärztes Gesicht, wie mir die Mienen der Filmcrew verraten, und Eiszapfen als Ohrringe. Es ist erstaunlich, wie man, wenn man keinen Spiegel hat, an den amüsierten Blicken in den Gesichtern anderer Leute am besten ablesen kann, wie man aussieht.

Das Telefon kommt mir sehr zugute, um eine Verabredung zu treffen. »*Kak dila* – wie geht es dir?«, begrüßt mich Sascha. Er spricht ein wunderschönes Englisch, aber ich versuche, Russisch zu lernen. Sascha sammelt mich schließlich nahe einem kleinen Ort namens Krasnogorsk an der Straße ein, nur 45 Kilometer vom Roten Platz entfernt.

Ich sitze da und sehe zu, wie die Gebäude vorbeifliegen, als wäre ich nach dieser ganzen Zeit zu Fuß auf einmal im Zeitraffer unterwegs, vorbei an den Märkten, den Vororten, Cafés, hohen Banken und glitzernden Gebäuden, vorbei an Metroschildern und strahlenden Lichtern, die noch nicht da waren, als ich Moskau das letzte Mal sah, als ich mit 18 zu einem kurzen Besuch hier war. Es scheint so schnell zu gehen, aber ich kann die Laufstrecke sehen. Das hier ist das erste Mal überhaupt, dass ich Verstärkung bekomme, um mich selbst zu überholen.

Der Plan sieht vor, dass ich nach dem Empfang zurückkehre und hier durchlaufe. Schließlich erreichen wir die kleine Gasse namens Romanow Pereulok, mitten im Zentrum, in der Nähe des Roten Platzes und des Kreml. Carrie und Richard leben hier im sechsten Stock eines großen Gebäudes.

»Hallo, unaufhaltsame Freundin«, begrüßt und umarmt sie mich.

Es ist so toll, innezuhalten und sich zu entspannen. Richard ist hochgewachsen, höflich und ruhig. Dora die Lurcherhündin scheint sich zu freuen, mich zu sehen, und ich lerne auch Puff kennen, eine flauschige orangerote Katze, und Dragon, eine geschmeidige schwarze.

Wenig später liege ich in einer luxuriösen Wanne und trinke ein Glas Weißwein, während ich es irgendwie schaffe, gleichzeitig ein Stück Kuchen zu essen. Es ist mein erstes Bad seit sechs Monaten. Ein wahres Fest. Ich werde so verwöhnt und umsorgt. Erinnerungen an Eiszapfen, die von Wasserhähnen abbrechen, oder Körperwäschen unter eiskalten Duschen oder mit geschmolzenem Schnee lösen sich prompt in Luft auf.

Danach bin ich bereit für eine Party. Der Empfang am 20. März ist ein voller Erfolg. Ich könnte über die wortgewandten Reden schreiben, die Crème de la Crème der glanzvollen russischen und englischen Gesellschaft in Moskau, den Botschafter und seine Frau Mandy und all die Journalisten, wie ich gebeten werde, über meinen Lauf und die Gründe dafür zu sprechen, während ich mich in einem geborgten blauen Rock unter die Leute mische. Aber das Beste von allem ist, dass ich Mascha, Wassili, Sergei und den Kitezh-Gründer, Dimitri, kennenlerne.

Wassili, dem einst eine hoffnungslose Zukunft in einem finsteren Waisenhaus bevorstand, fand in dem Kitezh-Dorf mitten im Wald ein neues Leben. Geliebt und gebildet, ist er jetzt im Begriff, an der Universität sein Jurastudium aufzunehmen.

Sergei, der mit seinem Bruder von seinen Trinker-Eltern weglief, als die beiden Kinder sechs und acht waren, lebte auf der

Straße und die Brüder liefen im Laufe der Zeit aus fünf oder sechs Waisenhäusern weg. Jetzt ist Sergei ein begabter Tischler mit einem Hang zu Literatur und einem Funkeln in den Augen.

Mascha ist die leibliche Tochter von Tamara, einer der Pflegeeltern. Nicht nur die Eltern, auch die Kinder teilen alles mit denen, die sie aufnehmen.

Mein nächster Job ist es, den Lauf zum Roten Platz abzuschließen und dann zu dem Kitezh-Dorf tief im Wald nahe Kaluga zu fahren, um meine Versprechen zu halten.

KAPITEL 16

Kitezh: Schlechte Zeiten können enden

Russland, März–April 2004

Zwei kleine Mädchen, etwa acht Jahre alt, laufen auf mich zu und nehmen meine Hände, als wollten sie sie nie wieder loslassen. Ich wähle meine russischen Patentöchter nicht aus; sie wählen mich aus. Nellie hat tänzelnde braune Augen und dunkle Locken; Marina blaugrüne Augen und lange blonde Haare, die ihr über den Rücken fallen. In meinen zwei Tagen hier weichen sie kaum von meiner Seite. Nichts, was ich über Kitezh gelesen oder gehört habe, hat mich auf das vorbereitet, was ich hier vorfinde. Etwa 35 Kinder leben in dem Dorf: von Teenagern bis hin zu den jüngsten, vierjährigen Zwillingen, dazu viele liebevolle Erwachsene.

Ich betrachte die Gesichter der Kinder, die vor Gesundheit und Lebensfreude nur so strotzen, mit einem zurückhaltenden Kichern, einem höflich vorbereiteten Empfang und enorm viel Sinn für Spaß, und ich denke an das abgrundtiefe Leid in ihrem früheren Leben, die Schläge, den Hunger, verlassen oder in trostlosen Waisenhäusern eingepfercht. Ich erinnere mich an das, was ich über den russischen Stolz erfahren habe, und ich weiß mit Leidenschaft und auch mit Wut, dass Kitezh Hilfe nicht aus Mitleid gegenüber der Herkunft der Kinder verdient hat, sondern wegen der Richtung, die diese Kinder eingeschlagen haben, und all der Dinge, über die sie mittlerweile hinausgewachsen sind. Und ich weiß, dass niemand je mehr für die Kinder tun können wird, als diese Kinder selbst für sich tun. Schlechte Zeiten *können* enden. Jeder kann fast alles erreichen, mit Liebe.

Meine neuen Freundinnen zerren mich mit sich fort, um mich herumzuführen. Ein wunderschöner Wald aus Linden und Birken mit einem glitzernden See dahinter bildet den Hintergrund für die Kirche, zehn oder elf Holzhütten und ein Gebäude, das, wie ich später erfahre, das Spielhaus ist, wo Kinder, die noch nie in ihrem Leben Spielzeug hatten, lernen, zu spielen und ihre Ängste zu überwinden. Kleine Holzstege liegen zwischen den Hütten über der Waldlichtung und dem jetzt ziemlich aufgeweichten Frühlingsboden. Es gibt einen Gemüsegarten und einen kleinen Bauernhof mit zwei Kühen, die den Kindern Milch spenden, und andere Tiere, darunter einen freundlichen kleinen Hund und eine rote Katze, die in der Moskauer Metro gefunden wurde.

»Wenn man Kindern einen schönen Ort zum Leben bietet, mit Fürsorge und Bildung, dann wird sich ein Teil der äußeren Schönheit auf die innere übertragen«, erklärt mir Dimitri Morosow, Gründer von Kitezh.

Ich kenne Kitezhs Geschichte gut. Das ist der Grund, weshalb ich mich damals in England entschieden habe, für Kitezh zu laufen. Dimitri musste sich gegen viele Widerstände durchsetzen. Pflegeelternschaft war in Russland ein unbekanntes Konzept. Kinder, die in Waisenhäuser gesteckt wurden, blieben dort, vergessen, unsichtbar; die Hoffnung, das Leben und die Aussichten, die sie dort bekamen, waren so dürftig, dass viele, wenn sie schließlich entlassen wurden, auf der Straße endeten, und dreißig Prozent starben binnen drei Jahren oft durch Selbstmord oder an Verzweiflung.

Kitezh wurde im Jahr 1992 gegründet. Dimitri und seine Freunde beschlossen, nicht zu ruhen, bis die russischen Waisenhäuser durch kindbezogene Familiengemeinschaften ersetzt wurden, überzeugt, dass es für Kinder die einzige natürliche Lebensform ist, Teil einer Familie zu sein, und dass es sehr wichtig war, wenigstens einen kleinen Anfang zu machen. Sie bekamen einhundert Hektar ungewolltes Land im Wald zugewiesen. Dimitri gab seinen Job als Rundfunkjournalist auf und er und seine Freunde, viele wie er mit einer eigenen jungen Familie, machten sich daran, alles zu tun, um Waisenkindern zu Bildung zu verhelfen und ihnen Liebe und ein Gefühl von Zugehörigkeit zu einer Familie zu vermitteln.

Und so begann Kitezh mit einem einzigen kleinen Haus, einer Außentoilette und einem Brunnen als einzige Wasserquelle. Auf diese Weise überlebten sie selbst im Winter, bei heulenden Winden und Temperaturen von zwanzig Grad minus. Vier der ursprünglichen Straßenkinder, die sie retteten, gingen später auf die Universität und alle führen heute ein glückliches und erfülltes Leben. Es hat alles von hier seinen Ausgang genommen. Das Dorf hat sich internationale Anerkennung für seine therapeutische Erziehung erworben und einhundert Kinder haben bislang davon profitiert. Wenn die älteren eigene Wege gehen, werden andere aufgenommen, aber das Leben ist noch immer sehr hart.

Ich bin tief gerührt von der Geschichte eines Jungen, der nicht in Kitezh bleiben wollte, wenn nicht all seine Geschwister, die noch immer in einem Waisenhaus festsaßen, ebenfalls kommen könnten. Letztendlich kamen sie, aber es war schwierig: Es mangelt noch immer an Geld und Platz. Die Küchen in den kleinen Hütten dienen zugleich als Duschraum und der Duschkopf wird hinter der Küchenspüle aufgerollt. Viele der Klassenzimmer, in denen die Schüler Jahre verlorener Bildung nachholen, sind nachts Schlafräume. Und die große Gemeinschaftsküche und der Speisesaal werden abends zu einem Theater, in dem die Kinder Vorstellungen aufführen.

Allen Widrigkeiten zum Trotz haben die Schüler es geschafft, eine Inszenierung von *Jesus Christ Superstar* auf die Bühne zu bringen, die durch Moskau getourt ist und Preise unter Schultheatern gewonnen hat. Sie führen eine wundervolle Show auf, während ich dort bin. Bei einer witzigen Nummer, »Traurige Kuh«, komme ich aus dem Lachen gar nicht mehr heraus, in einem anderen Sketch sind Nellie, Marina und ein paar andere alle verkleidet und gewinnen den ersten Preis, und die 14-jährige Valja spielt die Maria Magdalena in fabelhaften Szenen aus *Jesus Christ Superstar*.

Danach kommt Valja auf mich zu und sagt: »Wenn Sie das nächste Mal nach Kitezh kommen, bringe ich Ihnen das Tanzen bei.« Ich werde sie auf jeden Fall beim Wort nehmen.

Nellie und Marina gehen mit glänzenden Augen voran zu Tamaras Hütte, um ihren Preis mit mir zu teilen: eine Schachtel Pralinen, ein seltener Luxus, da ihre Ernährung zwar gesund und nahrhaft ist, aber nicht viele ausgefallene Leckereien enthält.

Alle Lehrer und Betreuer haben Pflegekinder, aber Tamara ist die, die ich am besten kennenlerne. Sie verkörpert Kitezh. Tamara Pitschugina und ihre eigenen Töchter Nellie und Mascha kamen im Frühjahr 2000 nach Kitezh. Sie hat außerdem acht Pflegekinder, darunter Marina, Schwester des Jungen Wolodja, der nicht ohne seine Geschwister in Kitezh bleiben wollte. Er ist besorgt um seine Familie und sagt immer wieder: »Wenn Sie helfen wollen, dann tun Sie es jetzt.«

Tamara, die auch den Kindergarten leitet, sagt: »Ich habe den Sinn meines Lebens gefunden. Ich liebe Kinder. Natürlich, es gibt immer viel Wäsche zu waschen, aber das ist es wert, wenn ich das Bedürfnis nach Liebe in ihren Augen glänzen sehe.«

Eines der größten Geschenke, die Tamara mir macht, sind ihre Lektionen über die russische Küche, vor allem über *gresca.* Buchweizen wird in Russland »das Essen der Krieger« genannt. Tamara erzählt mir, dass ein bestimmtes Vitamin im Buchweizen besonders gut geeignet ist, um bei kaltem Wetter den Kreislauf zu stärken.

Ich muss Abschied von Kitezh nehmen, aber ich werde wiederkommen. Liebe süße Nellie und Marina, ihr habt mit mir keine gute Wahl getroffen, da ich auf der Straße unterwegs sein und euch eine Ewigkeit lang keine Geschenke schicken oder euch wiedersehen können werde, aber ihr seid für mich die Symbole von Kitezh und ich werde euch immer in Erinnerung behalten.

Ein Haufen Kinder kommt in dem Kitezh-Kleinbus mit mir nach Moskau und wohnt bei Carrie und Richard. Sie alle machen Hürdenläufe über die Sofas, Dora die Hündin eingeschlossen. Am nächsten Tag nehmen wir an einem Benefizlauf teil, organisiert von den Hash House Harriers von Moskau, und sehen den Roten Platz, die Basilius-Kathedrale, die Mauern des Kreml und die Ufer des Flusses Moskwa. Ich habe den leichten Teil, da Dora an einer Leine bei mir ist und mich vorwärtszerrt, und schließlich endet unser Lauf vor der Residenz des britischen Botschafters.

Noch ein paar Tage Fundraising, nachdem die Kinder nach Hause gefahren sind, vergehen wie im Flug. Carrie schreibt:

> **Diese Gelder sind in der Woche/den zehn Tagen eingegangen, die du in Moskau warst. Noch viel mehr Geld wurde indirekt gesammelt. Die Tatsache, dass du mir geholfen hast, das Profil von Kitezh zu schärfen, hieß, dass wir von verschiedenen Hilfsorganisationen zusätzliche finanzielle Unterstützung bekommen konnten. Das zweite Kitezh-Dorf namens Orion wurde ins Leben gerufen und ist auf gutem Weg.**

Das bedeutet mir so viel. Jedes Mal, wenn ich im Laufe der nächsten zehntausend Meilen in der Wildnis zu meinen Lieblingssternen am Himmel hochsehe, denke ich an diese Kinder und hoffe, dass ich einen Beitrag dazu geleistet habe, ihnen zu helfen.

Es ist typisch Carrie, dass sie nicht vergessen hat, einen kompletten medizinischen Check-up in der SOS-Klinik in Moskau für mich zu vereinbaren oder mir zu helfen, ein Visum für Kasachstan zu bekommen, das ich auf meinem Weg nach Sibirien passieren muss. Außerdem hat sie dafür gesorgt, dass DHL mich sponsern und Ausrüstung in die Wildnis vorausschicken wird, selbst an Orte, deren Namen ich auf der Karte nicht lesen oder erkennen kann, die aber einen entscheidenden Unterschied machen werden.

Am 2. April verlasse ich schließlich Moskau. Ich breche vom Roten Platz aus auf, wo ich von Liza und Carrie und einem Haufen Freunde verabschiedet werde, und setze meinen Weg in östlicher Richtung fort. Ich bin einhundert Kilometer hinter Moskau, als ein

Wagen anhält und Lynne, eine Freundin von Carrie, herausspringt. Sie strahlt vor Aufregung von einem Ohr zum anderen. Sie hat ein Geschenk für mich, erklärt sie.

Sie holt es hervor, als wäre sie der Weihnachtsmann persönlich. Es ist ein Kinderwagen, genau gesagt ein Babyjogger von Mothercare in Moskau, den ich Columbine nennen werde, nach der alten Stute, die ich als Kind so geliebt habe. Der Rucksack passt perfekt hinein. Was für eine Freude und Erleichterung. Ich hatte mich auf einigen Märkten in Moskau umgesehen, aber nichts Passendes gefunden. Ich habe ganz vergessen, wie schwer es mit einem Rucksack ist.

In Columbines Bedienungsanleitung steht, dass es ein »Stadtjogger« ist, der »leicht unebene Gehsteige« bewältigen kann. Letztendlich wird er das Uralgebirge überqueren, aber bis dahin wird es noch viele Abenteuer zu bestehen geben.

KAPITEL 17

Der Axtmann kommt

Russland, April–Mai 2004

Einer der Männer schlägt mir mit dem Knauf seines Messers auf die Hand und lacht. Ich schreie vor Schmerz und Wut auf, lasse die Griffe des Kinderwagens aber nicht los, doch diese beiden stämmigen Männer, die mich rund fünfhundert Kilometer östlich von Moskau aus dem Wald heraus angreifen, halten ihn ebenfalls fest umklammert. Sie haben die gemeinsten Gesichter, die ich je gesehen habe, und lassen mich schaudern. Sie sind die Art Leute, die Fliegen die Flügel ausreißen und dann darüber lachen. Und sie versuchen, mich in den Wald zu zerren ...

»Komm mit uns mit«, sagen sie. »Nur für eine Weile.«

»Das ist nicht die beste Art, mich zu überzeugen.« Der Knauf des Messers ist hart und die Klinge, die von mir weg zeigt, ist schimmernd und scharf. Es ist, als ob sie glauben, dass sie stark genug sind, um mich auch ohne das Messer in den Wald zu zwingen. Wenn ich mich von ihnen wegschleppen lasse, denke ich, dann werde ich vielleicht nie wieder zurückkommen. Ich bin allein und sie sind Feiglinge.

Es ist ein wunderschöner Morgen. Sonnenschein schimmert zwischen den frischen grünen Blättern der Birken hindurch und wirft gesprenkelte Muster an den Straßenrand. Die Vögel singen, der Wind flüstert: was für ein seltsamer Schauplatz für Gefahr. Ich sehe mich um und weiß, wie ein gehetztes Tier, dass ich etwas tun muss, was völlig gegen meine Natur ist.

Ein riesiger Sattelschlepper mit zwei Anhängern, vielleicht auf dem Weg zum Ural, fährt die Straße zwischen den endlosen Bäumen hinunter, wie ein gewaltiges Schiff in einem Schifffahrtskanal, rast genau auf uns zu. Ich kann die Hände der Männer nicht losstemmen, aber irgendwie schaffe ich es, Columbines Vorderseite genau in die Bahn des entgegenkommenden Lastwagens zu stellen. Er beschleunigt sein Tempo, dann schert er auf einmal scharf zur Seite aus, um mich nicht niederzumähen. Abgaswolken und Splitt fliegen durch die Luft und er verfehlt mich um Haaresbreite. Meine Angreifer sind so verdattert, dass sie für einen Moment loslassen. Und dann *laufe* ich. Und laufe und laufe ... und habe noch immer meinen Kinderwagen. Ich kann die Schritte der Männer nicht hören.

Ich weiß, dass ich nicht zurückblicken darf. Wenn sie noch immer da sind, wird ein Blick zurück sie ermutigen, aber schließlich bücke ich mich rasch, tue so, als ob ich meine Schnürsenkel überprüfen will, sodass ich hinter mich sehen kann. Die Straße ist frei und leer. Dann entdecke ich sie weit hinten zwischen den Bäumen. Sie verfolgen mich noch immer, versuchen offenbar, sich versteckt zu halten. Das einzig Gute ist, dass der eine ein leuchtend rotes Hemd und der andere ein gelbes anhat, sodass ich sie leicht ausmachen kann.

Ich laufe stundenlang. Auf einmal kann ich nicht mehr. Ich bin erschöpft. Ich habe noch immer meine Ausrüstung, das ist mein Trumpf. Columbine hält durch. Die Straße wird gewundener. Ich biege um eine scharfe Kurve und sie sind für einen Moment außer Sicht. Ich stürze mich mit dem Kinderwagen ins Unterholz und verstecke mich, kauere mich hin. Ich versuche, so still wie möglich zu bleiben, wage kaum zu atmen, aber mein Herz hämmert, während ich sie näherkommen höre. Sie sind wieder auf der Straße. »Englisch? Englisch, wo bist du?«, brüllen sie. Sie sprechen Englisch, was mich wundert, aber mit einem Akzent, der nicht russisch ist. Ich befürchte, dass ich ein paar Zweige zerbrochen habe und sie es sehen und mir folgen werden. *Aber sie laufen vorbei. Sie laufen weiter.*

Ich kann nicht glauben, dass ich davongekommen bin. Ich bin entkommen. Immer wieder sehe ich Schatten zwischen den Bäumen, aber sie kommen nicht zurück. *Reiß dich zusammen*, sage ich mir. *Iss etwas, ruh dich aus.* So etwas ist noch nie passiert und es wird nicht unbedingt wieder passieren. Es ist die Angst, die der Feind ist. Mit Zwischenfällen wie diesem muss ich umgehen und sie abhaken.

Ich weiß, dass mir der Erfolg auf diesem Lauf wichtiger ist als alles andere auf der Welt, vor allem nach meinem Besuch in Kitezh, aber auch weil kürzlich, am 10. April, Clives Geburtstag war. Mir geht der Gedanke durch den Kopf, dass ich etwas so Gefährliches niemals getan hätte, als er noch am Leben war. Er wäre so besorgt gewesen, aber dennoch glaube ich, dass er für den Lauf gewesen wäre, angesichts dessen, was ich alles schon erlebt habe.

Das Bedeutendste, als ich in Moskau losgelaufen bin, war die Tatsache, dass ich 7117 Kilometer zu laufen habe, nur um ans andere Ende von Sibirien zu gelangen. Ich muss vor dem nächsten Winter und Temperaturen von fünfzig Grad minus in dieser Region möglichst viel Strecke zurücklegen. Daher wird mein Lauf jetzt, solange das Wetter gut ist, zu einem Rennen. Dank des neuen Buggys und da ich kein Gewicht auf dem Rücken trage, habe ich an manchen Tagen sogar bis zu vierzig Kilometer geschafft. Und ich habe mich in diesen Teil Russlands verliebt. Man gehört zu Orten, durch die man als Läufer kommt. Vielleicht ist es die Anstrengung, die alles so lebendig macht.

Bald ist es Mai. In den Wäldern sehe ich nun viel mehr Menschen, da das Wetter gut ist, aber auch viel mehr Moskitos. Die meisten Menschen hier sammeln Früchte und Pilze und sehen aus wie Gespenster, zum Schutz gegen die Mücken in weißen Musselin gehüllt. Ich kann mir vorstellen, wie die ganzen Märchen, Mythen und Schauergeschichten in diesem Teil der Welt entstanden sind. Alle sind unglaublich gut zu mir. Ich treffe keine bösen Männer mehr, aber dafür viele interessante.

Kasan, die schöne alte Stadt der Tataren, die wie Rom auf sieben Hügeln erbaut ist, war immer stolz und unabhängig. Angeblich war Lenin als Student hier und wurde eine Zeit lang von den Vorlesungen ausgeschlossen, da er Ärger machte. Ich schlafe in einem Hotel, um mich zu belohnen, und während ich meinen Kocher reinige, brenne ich ein kleines Loch in den Teppich. Ich bin tief beschämt, aber das Hotelpersonal ist so freundlich. Ich bitte sie hoch, um es zu inspizieren, und sie messen das kleine, zwei Zentimeter große Loch aus und berechnen mir nur zweitausend Rubel, ungefähr zwanzig Pfund. Sie sagen, es würde keine Umstände machen, es unsichtbar zu flicken.

Die einzige Kehrseite ist, dass die Schuhe, die Saucony mit DHL geschickt hat, noch nicht eingetroffen sind. Wieder auf der Straße, denke ich, dass meine alten den Zweck vorläufig erfüllen werden, aber ich stelle bald fest, dass die Absätze auf einmal sehr schnell abgelaufen werden, da ich auf einer harten Straße anstatt weichem Schnee und eine höhere Kilometerleistung laufe. Ich bin eine unbeholfene Läuferin und neige dazu, ungleichmäßig zu laufen, und bald sind die Absätze so schräg wie Skihänge. Aber wieder hält ein Wagen neben mir an der Straße an und ein Mann steigt aus und erzählt mir, dass er Chiropraktiker ist und eine Lösung hat. Ich gebe ihm zweihundert Rubel und er schießt davon und kommt mit einem Paar blauer Stoffpantoffeln wieder, die das Einzige waren, was er in einem Dorfladen bekommen konnte. Er steckt die Saucony-Einlegesohlen in die Pantoffeln und erklärt mir, dass ich so flach und gleichmäßig ausbalanciert sein werde. So laufe ich viele Hundert Kilometer.

Die Landschaft hat sich verändert. Die Pferdekopfpumpen der Ölfelder sind wieder Wäldern gewichen. Eines Abends bin ich über die Maßen erschöpft und als ich einen friedlichen Ort im Wald gefunden habe, schlafe ich sofort ein. Ich wache zum Geräusch schneller, knirschender Schritte auf.

Die Szene ist beängstigend. Ein Mann stürmt im hellen Mondlicht genau auf mich zu, er schwingt eine Axt und seine bleiche Miene ist entschlossen und verbissen. Er scheint vor Wut zu brüllen. Ich stecke in der Klemme. Mein Biwakzelt ist aufgeschlagen, meine Ausrüstung überall verteilt und der kleine Buggy zusammengeklappt.

Diesmal kann ich nicht schnell weglaufen, daher verharre ich still und rufe: »Hallo, wie geht's? Ich liebe Russland!« oder so ähnlich. Es ändert nichts. Er läuft weiter auf mich zu. Ich springe auf, finde meine getreuen Pantoffeln, die alles sind, was ich noch habe, und mir ist nicht danach, in ihnen einen Sprint hinzulegen. Dann wird mir auf einmal bewusst, dass er gar nicht vor Wut brüllt, sondern vor Freude schreit. Er packt mich, während ich verblüfft dastehe, und drückt mich in einer freundlichen, aber überwältigenden russischen Umarmung an sich. Es ist eine respektvolle Umarmung, auch wenn er mir mit seiner Axt versehentlich fast das Ohr abschneidet. Er sagt, dass sein Name Alexei und er ein Waldarbeiter sei. Er erklärt, dass er und ein paar seiner Freunde nicht weit von hier eine kleine Wodkaparty feiern, die vor ein paar Stunden begonnen hat. Er hat noch nie zuvor eine Frau gesehen, die allein im Wald schläft, und verkündet, dass ich eindeutig die Richtige für ihn bin, aber als ich sage, dass ich vergeben bin, ist er sehr galant. Er lädt mich zu der Party ein, aber ich lehne ab und sage, dass ich müde bin, es ist ein Uhr morgens. Dann lächelt er nur sehr freundlich und sagt, na ja, er und seine Freunde werden auf mich und meine ganze Familie anstoßen. Er spricht sanft und langsam, meinen behelfsmäßigen Russischkenntnissen zuliebe.

Ich fürchte mich überhaupt nicht vor ihm und die Angst, die in meinem Herzen sitzt, seit diese Männer mich verfolgt haben, ist mit einem Mal wie weggeblasen. Er hat mir ein Gefühl von Frieden gegeben und sah am Anfang erschreckender aus, als er es sonst vielleicht getan hätte, da ich im Licht meiner Taschenlampe gesehen hatte, dass an seiner Axt Blut klebte. Aber es war sein eigenes Blut. In der ganzen Aufregung hatte sich der arme Mann in die Hand geschnitten. Er lässt mich die Wunde mit Wodka und etwas von meinem Jod desinfizieren und ich verbinde sie ihm. Dann verabschiedet er sich mit vielen guten Wünschen. Ich bin im Nu wieder eingeschlafen.

Am nächsten Morgen, als ich später als erwartet aufwache, haben Spinnen kleine Netze um die Zeltleinen meines winzigen Zuhauses gewoben und die Wildblumen wachsen in einem herrlichen Arrangement aus Violett, Weiß und Gelb, mit hohen, stacheligen Disteln; die Schösslinge scheinen über Nacht sogar zwei Zentimeter gewachsen zu sein. Der Sommer kommt in Russland nicht, er bricht aus.

Ich denke, dass ich mir den Waldarbeiter Alexei vielleicht nur eingebildet habe. Dann sehe ich das Paket. Es enthält Würste, Brot und eine kleine Flasche Wodka. Er hat in einer groben kyrillischen Handschrift eine Notiz dazugeschrieben. Sie lautet: »Für Rosie!«

Nur in diesem Teil Russlands, denke ich, könnte man mitten in der Nacht im Wald eine Begegnung mit einem Mann mit einer Axt haben, die als positive Erfahrung endet.

KAPITEL 18

Nach Asien laufen

Russland, Mai–Juni 2004

»Die letzte Freiheit«, sagt Sergei, ein Mann mit tief liegenden blauen Augen, »ist innere Freiheit. Die muss man *nie* aufgeben. Ich habe darum gekämpft, meine zu behalten. Wie alt schätzen Sie mich?«

»Um die 65?«

»Ich bin dreißig«, erwidert er, während er mich freundlich und selbstironisch ansieht. Während wir unsere Wagen schieben, seiner uralt, wackelig und voller Pilze, erzählt er mir, dass er am Fluss Tetscha in der Nähe von Tscheljabinsk aufgewachsen ist und an der Strahlenkrankheit litt. Er sagt, dass der Boden dort bis heute noch immer radioaktiv verseucht ist. Aber er hofft jetzt, gesund zu werden, auf die Universität zu gehen und Medizin zu studieren.

Ich höre ihm ehrfürchtig zu, während wir auf der anderen Seite des Uralgebirges entlanggehen, auf die nächste Stadt auf meiner Route zu, die tatsächlich Tscheljabinsk ist. Das Uralgebirge, mit seinen friedlichen grünen Wäldern und scharlachroten Schmetterlingen, so groß wie eine Hand, ist ein solcher Kontrast zu dem Film, den ich einmal über die nahe gelegene Tetscha-Region gesehen habe. Der Atomwaffen-Komplex Majak liegt achtzig Kilometer nördlich von Tscheljabinsk am Ufer des Flusses Tetscha. Angeblich wurden radioaktive Abfälle systematisch in diesen Fluss entsorgt und die Bewohner an seinem Ufer, deren einzige Wasserquelle er ist, haben im Durchschnitt »eine viermal höhere Strahlung abbekommen als die von Tschernobyl Betroffenen«, heißt es, auch wenn das jahrelang nicht zugegeben wurde. Viele Menschen erkrankten an Krebs und anderen Krankheiten, ohne zu wissen, warum.

Sergei sagt, dass er glimpflich davongekommen ist und zurückkehren will, um zu helfen. Bevor er wieder in den Wald verschwindet, um weiter Pilze zu sammeln, versichert er mir, dass in diesem Teil des Uralgebirges alles in Ordnung ist; das ist der Grund, weshalb sie hierherkommen, um Beeren und Pilze zu sammeln, und er schenkt mir einen wunderschönen großen Holzklotz, den er geschnitzt und bemalt hat. »Es ist ein Geschenk, um Sie an Tetscha zu erinnern.«

Irgendwie schaffe ich es, ihn in meinen Wagen zu stopfen und festzubinden, und ich verspreche Sergei, ihn bei nächster Gelegenheit nach Hause zu schicken und für immer zu behalten, und ich meine es ernst. Während ich nach Sibirien laufe, denke ich an all das Leid dort und wie es in so vielerlei Hinsicht noch immer andauert. Während ich weiter durch die Berge laufe, sehe ich Menschen in kleinen Behausungen am Straßenrand, die offenbar nie aufhören zu arbeiten, die kleine Flecken Land beackern, Saaten aussäen, kleine Plastikabdeckungen anfertigen, um Tomaten ziehen zu können, und immer zu Scherzen aufgelegt sind, während sie mir lächelnd zurufen.

Als die größten Moskitos der Welt auf uns Jagd machen, sagen sie Dinge wie: »Man braucht keinen KGB, um hier mehr Wanzen zu haben, als man bewältigen kann.« Es kommt so unerwartet für mich, dass die Leute so viel mit mir reden, vielleicht um ihr Englisch zu üben. Oder vielleicht haben sie, weil ich nicht besonders gut Russisch spreche, auch wenn ich jeden Tag etwas dazulerne, das Gefühl, offener mit mir reden zu können. Oder vielleicht liegt mein Gefühl, zu ihnen zu gehören, an der Art des Reisens: Ich bin allein und ich bin keine Bedrohung. Oder vielleicht passe ich einfach gut zu den ganzen Pilzsammlern.

Nach einer Weile hält ein eleganter BMW neben mir und der Fahrer, der aus Moskau stammt, fragt mich allen Ernstes nach dem Weg. Mein Kopf ist mit einem Tuch umwickelt und ich trage eine lange Hose, da mir mein Mückenschutz ausgegangen ist. Er hält mich für eine Einheimische.

»Sie sind aus England?«, fragt er verdutzt. »Na ja, Sie sollten sich sagen lassen, dass die Russen nach dem Kommunismus faul geworden sind. Sie werden sich nicht selbst helfen.«

Bevor ich etwas entgegnen kann, braust er davon.

Das hat mich sehr wütend gemacht. Vor allem, da das nächste »Fahrzeug«, das ich sehe, ein Rollstuhl ist. Ein hübsches Mädchen mit dunklen Haaren und elfenhaften Zügen schiebt den Rollstuhl, in dem ein junger Mann sitzt, und ruft mir einen Gruß zu, während sie mir entgegenkommen.

»Ich bin Lara«, stellt sie sich vor. »Wir sind auf dem Weg nach Norden, um Hilfe zu finden und Arbeit.«

Sie lässt ihren Freund bei mir, während sie in den Wald davonhuscht. Er kann kein Wort Englisch, spricht kein Wort Russisch mit mir, aber er grinst und auf einmal hält er sich an den Stangen außen an den Rädern des Rollstuhls fest und dreht ihn immer wieder herum wie einen Kreisel, als wollte er mich zum Lachen bringen, und das tut er tatsächlich. Ich werde ihn nie vergessen – wenn du nichts anderes zu geben hast, dann schenke deinem Gegenüber ein Lächeln und sei du selbst.

Lara kommt wieder, die Arme voller Reisig. Moskitos kleben an ihrem Gesicht. »Wir werden ein kleines Feuer machen«, verkündet sie fröhlich auf Englisch und lädt mich ein, mit ihnen Tee zu trinken. »Es wird alles gut für uns werden.« Sie erklärt mir, dass ihr Freund Krebs hat. Sie haben ihr Haus verloren, da sie, auch wenn die Krankenhausbesuche und die Diagnosen der Ärzte kostenlos waren, Medikamente bezahlen mussten, indem sie eine Hypothek auf das Haus aufnahmen, das sie zu Beginn des Kapitalismus gekauft hatten. Jetzt haben sie überhaupt kein Geld mehr, nicht einmal für die Medikamente, aber ihr Bruder lebt in Moskau und kann die Behandlung unterstützen. Sie gehen zu Fuß dorthin oder fahren per Anhalter, wenn sie können.

Einer der Lastwagen, die Autos nach Kasachstan bringen, hält an, der Fahrer drückt dem Mann ein Bündel Geldscheine in die

Hände und ist verschwunden, bevor einer von uns irgendetwas zu ihm sagen kann. Es bricht mir einfach das Herz, wie die Leute sich hier gegenseitig helfen, genau wie zu Hause, nur dass hier alles noch viel schwieriger ist. Es ruft mir in Erinnerung, wie schwer Clives Kampf war, auch wenn wir viel mehr Hilfe hatten. Auch ich gebe ihnen mein Geld, was nicht mehr viel ist, und dann laufe ich weiter nach Tscheljabinsk.

Als ich endlich Asien erreiche, ist das ein Riesenschritt; ich komme vom Uralgebirge hinunter, lasse das europäische Russland für immer hinter mir. Selbes Land, anderer Kontinent.

Nach all dem, was ich über Tscheljabinsk gehört habe, dass es für alle Ausländer und die meisten Russen aus anderen Gebieten bis 1992 völlig gesperrt war, erscheint mir meine Ankunft unheimlich. Es ist wie andere Städte, durch die ich gekommen bin, die wie Inseln mitten in Russlands Wildnis liegen, heutzutage ein durchaus freundlicher Ort. Mit Banken, Geschäften, Büros und sogar einem DHL-Büro, in dem ich meine Schuhe abhole und mich von den Stoffpantoffeln und einem Paar schlecht sitzender Volleyballschuhe trenne, das ein freundlicher Mann mir unterwegs gegeben hat. Ein anderer Lichtblick ist ein Fahrradladen, in dem ich Columbine reparieren lassen kann, die in den letzten Wochen ziemlich gelitten hat. Aber der beste Moment von allen ist, als ich mich mit Linda Cross treffe, der britischen Konsulin aus Jekaterinburg, ein ganzes Stück entfernt, die viele Kilometer weit gefahren ist, nur um mit mir in einem irischen Pub, der ausgerechnet Fuchs und Gans heißt, einen Kaffee zu trinken. Sie bringt mich zum Kichern, als sie den Kopf durch die Tür steckt und in einem Singsang sagt: »Rosie, nehme ich an?«

Sie vergoldet meinen Tag, als sie, neben vielen anderen Dingen, auch Sergeis bemalten Holzklotz in sichere Verwahrung nimmt, der zwar wunderschön, aber viel zu schwer ist. Sie gelobt, ihn zuverlässig nach Wales zu schicken, notfalls mit dem Diplomatengepäck, wenn sich keine andere sichere Möglichkeit finden lässt.

Als ich wieder allein bin, ist Tscheljabinsk deprimierend. Es gibt kaum Kinder und ich erfahre, dass die Menschen hier bis vor Kurzem Angst hatten, Kinder zu bekommen, da so viele mit gesundheitlichen Problemen geboren werden, vermutlich aufgrund der Strahlung im Norden. Die Bevölkerung ist stark rückläufig: Die durchschnittliche Lebenserwartung in Tscheljabinsk liegt bei 58 Jahren und nimmt ab. In den Geschäften gibt es alle Köstlichkeiten der Welt, aber wegen der Inflation erhalten Rentner nur gerade genug, um sich für eine Woche Lebensmittel zu kaufen. Obwohl es den Gangstern (»Neue Russen« genannt) gut geht, wie ich erfahre, verdienen Lehrer und Ärzte umgerechnet immer noch vierzig US-Dollar im Monat. Die Menschen bauen alles an, was sie können, auf jedem Fleckchen Brachland rings um die Stadt, das sich in einen Schrebergarten verwandeln lässt. Sie überleben so fröhlich, wie sie können, aber das Leben hier ist in jeder Hinsicht unsäglich hart.

Ich denke an die scheinbare Normalität des Lebens hier: Die glänzenden Geschäfte und Parks sind vielleicht eine freundlichere, aber ebenso effektive Art, die Realität von Tscheljabinsk zu verbergen, wie es die Gewehre, Wachposten und Stacheldrahtzäune an den Flussufern früher waren.

Ich versuche nicht, das Schlimmste zu finden, aber ich bin entschlossen, die Wahrheit darüber zu sagen, wie wundervoll das russische Volk ist, trotz allem. Ich habe festgestellt, dass mir das ebenso sehr am Herzen liegt wie der Erfolg meines Laufs.

Während ich mich auf den Weg über die westlichen sibirischen Ebenen mache, denke ich manchmal, dass ich nie aus Russland herauskommen werde. Ich werde für den Rest meines Lebens in Sibirien sein.

Aber wie glücklich kann ich mich schätzen, hier zu sein und frei zu sein. Ich *werde* es schaffen.

KAPITEL 19

Omsk: Der erste Wettlauf

Sibirien, Juni–September 2004

Ich laufe wie eine Besessene. Ich werde wagemutiger und schlafe am Straßenrand, anstatt in den Wald zu gehen. Auf diese Weise kann ich ungefähr 15 Kilometer laufen, mich im Biwakzelt ausruhen und dann schnell wieder unterwegs sein, in der Hoffnung, dass meine Beine die Strecke vergessen haben. Letztes Jahr bin ich sechstausend Meilen weit geflogen, um in Omsk für das Sibirische Eisenbahnkrankenhaus am Sibirien-Marathon teilzunehmen. Ich bin entschlossen, am 7. August an der Startlinie zu stehen, diesmal nachdem ich dorthin *gelaufen* bin.

Ich habe bei meinem Essen neue Methoden ausprobiert. Mein Hauptnahrungsmittel ist *gresca,* was billig ist, und drei Handvoll bilden eine Mahlzeit. Ich kann es zubereiten, indem ich es zehn Minuten koche, und es mit ein bisschen Zucker zum Frühstück und mit einem Brühwürfel mittags oder abends essen. Außerdem kaufe ich einheimische Produkte wie Kohl, wenn ich sie kriegen kann. Mithilfe meiner Filterflasche trinke ich weiterhin das Wasser aus Flüssen. Ich bin gesund und kräftig. Ich habe gelernt, dass man nicht immer alles haben muss, was man mag. Ich erinnere mich, dass Somerset Maugham einmal sagte, Schreiben würde man durch das erreichen, was man nicht hineinsteckt, und ich habe immer mehr das Gefühl, dass es beim Langstreckenlaufen nur darauf ankommt, was man nicht mit sich trägt.

Von Tscheljabinsk bis Omsk sind es nur 770 Kilometer. Die Zeit dürfte gut ausreichen, aber ich muss auf dem Weg 150 Kilometer durch den Norden von Kasachstan laufen, um die Ausreise- und Einreisestempel in meinem Pass zu bekommen, die für mein russisches

Mehrfach-Visum erforderlich sind, und es ist gut möglich, dass es an den Grenzen zu Verzögerungen kommen wird.

Ich laufe hauptsächlich durch die Wildnis und erreiche Kasachstan ohne Zwischenfälle am 25. Juni. Ich lege einen Endspurt zur Grenzstation hin und die Beamten klatschen nur und winken mich durch.

Felder mit wogendem hohem Gras, silbrig im Sonnenschein, und sommergrüne Wälder erstrecken sich vor mir, so weit das Auge reicht. Es ist sehr abgeschieden. An der Straße flimmern Seen in der Hitze, die tatsächlich Fata Morganas sind, und es gibt wunderschöne Wildrosen und violette Blumen, ähnlich wie die walisische Feuernelke, schillernde Libellen, die wie winzige Hubschrauber umhersurren, und schwarze Wolken und Schwärme von Moskitos. Meine Ruhepausen werden jedes Mal zu Szenen wie aus einem Science-Fiction-Horrorfilm. Die Insekten schwirren boshaft über einem riesigen, sich windenden Kokon, der das Biwakzelt ist; mit mir darin, wie ich verzweifelt versuche, Insektenschutz auf allen Körperteilen zu verreiben, bevor ich mich wieder hinauswage. Es ist glühend heiß und klebrig. Ich laufe in Shorts, da ich es anders gar nicht aushalten würde. Wie mir von Einheimischen empfohlen wurde, gieße ich mir eine halbe Flasche Wodka über die Beine, was die Bisse lindert und eine Infektion verhindert, aber es hält die Moskitos nicht fern. Sie sind eindeutig keine Antialkoholiker.

Am 2. Juli bin ich mit einem Paukenschlag wieder in Russland! Die Beamten küssen mich fast! Ich glaube, sie haben Mitleid mit mir, so verschwitzt und mit Bissen und Stichen übersät, wie ich bin. Am 1. Juli trennen mich nur noch 137 Kilometer von Omsk. Gegenwind macht das Vorankommen schwer und ich habe nur wenig zu essen. Ich habe keinen Buchweizen mehr. Ich halte mir vor Augen, dass ich jetzt nicht mehr weit von meinen Freunden in Omsk entfernt bin, und weiß, dass sie sich darauf freuen, mich zu sehen.

Inzwischen herrscht die reinste »Moskitomanie« – schlimmer als in Kasachstan. Und sie *lieben* das Mückenschutzmittel zum Abendessen; sie können gar nicht genug davon kriegen. Die einzige Erleichterung verschaffen mir die Lastwagen, die auf stärker befahrenen Abschnitten der Straße an mir vorbeidonnern und mich mit Splitt und Staub berieseln. Es ist eine Wohltat, da die Moskitos in ihrem Windschatten weggefegt werden ... aber sie holen mich rasch wieder ein. Doch das alles ist es wert und es ist so aufregend, am 6. Juli Omsk zu erreichen. Ich laufe über die große Brücke über den Fluss Irtysch in die Stadt.

»Ich bin wieder da, ich bin wieder da.« Ich höre es in meinen Schritten und ich rufe es fast laut. Keiner meiner Pläne hätte so aussehen können, wie es tatsächlich gekommen ist. Ich bin über die Maßen begeistert, dass ich es nach allem, was passiert ist, fast einen Monat vor dem Tag des Marathons geschafft habe. Trotz meiner Bemühungen bin ich nicht sehr schnell vorangekommen und ich hatte zwei langsame Tage wegen eines verrenkten Knöchels, aber ich nehme an, es ist so, wie Steven Seaton immer sagte: »Man muss immer nur an den nächsten Schritt denken. Große Entfernungen sind nur viele kleine Schritte alle aneinandergereiht.«

Elena, meine Freundin, Marathon-Organisatorin, Lehrerin und Reiseführerin, ist noch immer ganz die Alte. Die Haare kurz und wuschelig, wie eine blonde Judy Garland. Sie trägt ein knallrosa T-Shirt, ein Geschenk von ihrer besten Freundin in England, wie ich später erfahre. Darauf steht: »Ich bin das Mädchen, vor dem dich deine Eltern immer gewarnt haben!« Sie hat sich beeilt, um mich zu treffen, und beschwert sich darüber, dass ich nicht noch früher gekommen bin, da ich es bereits vor ein paar Tagen geschafft habe, sie mit meinem klapperigen Handy anzurufen. Sie hatte eine spezielle selbst gekochte Suppe und einen Schokoladenpudding gemacht, die seitdem auf mich gewartet haben. Sie zerrt mich fort, damit ich bei ihr übernachte. Es ist der einzige Ort, zu dem ich nicht einfach gelaufen, sondern zurückgelaufen bin. Es ist mein sibirisches Zuhause.

Das baufällige Gebäude erhebt sich wie ein trostloser Betonblock. Die kleine, ordentliche, gut organisierte Wohnung, die Elena sich mit ihrer Tochter Laura teilt, die bunten Teppiche, die Bilder, das gemütliche Sofa, der alte Computer – alles ist noch immer genauso wie beim letzten Mal. Ihre langhaarige, grünäugige, orangerote Katze Ruscha erkennt mich, springt auf meinen Schoß und schnurrt. Sie alle verwöhnen und verhätscheln mich.

Von Elenas Computer schicke ich E-Mails an Verwandte und Freunde. Und sie können mich anrufen, einmal um die halbe Welt. Eve sagt oft: »Mum, es gibt einen Kreis von Händen um die ganze Welt, die dich zu uns nach Hause zurückbringen.«

Da der Sommer so kurz ist und ich das Glück hatte, so früh nach Omsk zu kommen, vereinbaren wir, dass ich noch ein paar Wochen weiter in Richtung Osten laufen und dann einen Punkt auf der Karte markieren werde, zu dem ich später zurückkehren kann, bevor ich mit einer Mitfahrgelegenheit für den Marathon zurück nach Omsk fahre.

Ich breche am 10. Juli um fünf Uhr morgens auf. Es ist ein leichter Lauf auf den nächsten 575 Kilometern bis Nowosibirsk. Zwischen Wäldern sehe ich Felder, auf denen Heu gemacht wird, und am Straßenrand Hagebutten, aus denen ich mir Tee kochen kann. Zwei Bären tappen nachdenklich über die Straße, nehmen aber keine Notiz von mir; schwarze Ohren ragen für eine Weile über Büschen hervor und verschwinden dann. Als ich das nächste Mal anhalte, höre ich eine Balgerei um das Biwakzelt. Ich spähe hinaus und entdecke sie, aber sie schenken mir noch immer keine Beachtung; sie sind damit beschäftigt, sich an den Blaubeeren rings um meinen Zeltplatz gütlich zu tun. Sie sind nicht sehr groß – vielleicht so groß wie sechs Monate alte Kälber, aber von mächtiger Gestalt, mit großen Klauen und einem dichten, dunklen Fell, kleinen Augen und herabhängenden Schultern. Ich halte den Atem an und dann entspanne ich mich: Nichts passiert.

An diesem Morgen verzögert sich mein Aufbruch, denn es erscheint mir nicht klug, sie zu stören, da es sie in Wut versetzen könnte. Daher warte ich, bis sie sich schließlich entfernen. Ich komme zu dem Schluss, dass es besser ist, künftig nicht in der Nähe ihrer Blaubeer-»Esstische« im Wald zu zelten. Ziemlich rücksichtslos von mir und ich habe es nicht so gemeint. Ich weiß, dass ich lernen muss, mich von Bären nicht aus der Ruhe bringen zu lassen und mich in ihrer Nähe zu »akklimatisieren«, sonst könnte ich meinen Lauf eigentlich gleich aufgeben.

Ich schaffe es nach Nowosibirsk (»Neusibirien«), froh, weitere 575 Kilometer meines Laufs um die Welt vor dem Marathon hinter mich gebracht zu haben. Freunde von Elena fahren mich mit Columbine zurück nach Omsk. Es ist die Sternstunde des Buggys. Der Rennleiter erklärt, dass er mich nur an dem Wettlauf teilnehmen lassen wird, wenn ich den Buggy auf der ganzen Strecke schiebe, da er inzwischen berühmt ist in Russland. Am 7. August stehe ich dort an der Startlinie, die Hände auf den Griffen des Kinderwagens. Er ist mit dem Rucksack bepackt und er trägt auch einen Teddybären und ein paar Charity-Banner.

Der Startschuss ertönt, eine Kapelle spielt, die Menge johlt laut und ich schieße mit 7500 anderen Läufern los. Es sind eintausend Läufer beim Marathon, die anderen in einem Fünf-Kilometer-Staffelmarathon, die alle gleichzeitig loslaufen.

Ein kleiner Junge stürzt aus der Menge hervor und springt auf den Kinderwagen. Die Mutter läuft ihm hinterher, um ihn einzusammeln, beschließt dann aber, lächelnd und mit einem Schulterzucken, ihm zu folgen, und läuft stattdessen mit mir den Wettlauf. Die Zuschauer werfen allen Läufern Blumen zu und brüllen und winken uns weiter. Ganz Omsk ist dort draußen im Sonnenschein auf den Beinen.

Steven Seaton, der Herausgeber von *Runner's World,* ist von England hergeflogen, um an dem Lauf teilzunehmen und mich zu unterstützen, ebenso wie Geoff. Letztes Jahr waren Geoff und ich die einzigen britischen Läufer in Omsk. Dieses Jahr sind wir nun schon zu dritt unter den Teilnehmern, die von nah und fern und aus nahezu jeder ehemaligen Sowjetrepublik gekommen sind. Es löst alle möglichen Emotionen in mir aus und ich habe einen Kloß im Hals. Ich habe so lange niemanden von zu Hause mehr gesehen. Sie sind gekommen, um mit mir zu laufen, aber ich habe sie vor mir hergetrieben. Ich bin eindeutig in der »Mitläufer«-Klasse.

Es ist ein angenehmer Zwei-Runden-Marathon durch die Stadt und am Fluss entlang und es herrscht eine absolut außergewöhnliche

Atmosphäre. Viele Zuschauer stehen den ganzen Tag in der glühenden sibirischen Sonne und die meisten haben Wasser für die Läufer mitgebracht. Es ist toll, wie sie dafür sorgen, dass es den Läufern auch zwischen den offiziellen Wasserstationen gut geht. Ich muss immer wieder daran denken, wie Elena und andere Leute hier ihr Wasser noch immer drei Tage lang filtern müssen, bevor sie es bedenkenlos trinken können, wegen der Toxine, die der Fluss aus den alten ex-sowjetischen Fabriken flussaufwärts mit sich führt. Manche Menschen halten uns Becher mit Tee und kleine Kuchen hin. Ich kann noch immer nicht glauben, wie großzügig die Einwohner von Omsk inmitten all ihrer eigenen Schwierigkeiten sind.

Je langsamer ein Läufer bei dem Rennen ist, stelle ich fest, desto mehr Aufhebens wird um ihn gemacht. Dann haben die Menschen mehr Zeit, um ihn für einen Moment auf die Seite zu ziehen, ihm die Hand zu schütteln, ihm Blumen in die Arme zu drücken. Ich bekomme einen Strauß orangefarbener Blumen, die ich für ein paar Meilen auf dem Kinderwagen liegen lasse, bevor ich sie einer alten Dame schenke, die so aussieht, als würden sie ihr gefallen. Und ich sammele noch ein paar mehr Kinder ein, die immer wieder auf den Kinderwagen springen und abwechselnd darauf mitfahren und mit mir laufen. Ich bin der Rattenfänger! Etwa zehn Kilometer vor dem Ziel wird mir bewusst, dass ich es *niemals* schaffen werde. Nach alledem wird die Zeit für mich knapp, da das Marathon-Limit fünf Stunden beträgt.

Ich stürme auf die Ziellinie zu, mit einer Gruppe Kinder, die mit mir laufen, wobei eines noch immer gefährlich hoch oben auf dem Rucksack im Buggy sitzt. Wir schaffen es in fünf Stunden, sieben Minuten und dreißig Sekunden. Aber der Rennleiter rechnet es durch, wie bei einem Pferd, das bei einem Rennen mit einem zusätzlichen Gewicht laufen musste, und entscheidet, dass ich innerhalb der vorgeschriebenen Zeit gelaufen bin. Ich schenke meine Medaille den Kindern.

Es ist das Ende einer Ära – Columbines letzter Lauf. Ich werde die großartige Hilfe nie vergessen, die ich aus England bekommen habe, und zwar immer genau dann, wenn ich sie am dringendsten brauchte.

Vor einer Weile, als er erfuhr, dass Columbine allmählich gebrechlich wurde, hatte Steven für mich einen neuen Anhänger/Schlitten für den sibirischen Winter bei Steve Holland und Giles Dyson in Auftrag gegeben, die die Ausrüstung für Sir Ranulph Fiennes und seine Polarexpeditionen herstellten. Dank Geoff, der den Transport mit DHL arrangiert hat, ist der neue Anhänger bereits hier in Omsk und wartet darauf, abgeholt und ausgepackt zu werden.

Nun verstehe ich, warum Geoff, als er erwähnte, dass er herkommen würde, von »uns dreien« sprach. Der Anhänger ist eine echte Persönlichkeit, groß, robust und stark, mit Deichseln, sodass ich ihn ziehen kann, als ob ich ein Pony wäre, und Sir Ranulph persönlich hat freundlicherweise das fantastische rote Gurtwerk gespendet, das ich tragen werde. Hercules, wie ich meinen neuen Anhänger nenne, ist aus Eisen und Faserglas gemacht, sodass er geschweißt und geflickt werden kann, wenn er bricht oder Probleme bekommt. »Der Trolley«, wie ihn seine Designer schlicht nennen, ist im Grunde ein Anhänger auf zwei Rädern, die man im Tiefschnee abnehmen kann, um ihn in einen Schlitten zu verwandeln.

Mein Buggy Columbine wird immer geliebt und in Ehren gehalten werden. Ich schicke sie mit DHL nach Hause nach Tenby und werde sie für immer behalten. Vermutlich wird sie selbst ein Buch über ihre Abenteuer schreiben, aber sie könnte niemals die ganze Ausrüstung für den Winter tragen. Ich bin so froh, dass ich den neuen Anhänger habe und in Omsk mit dem Satellitentelefon und dem Solarpanel wiedervereint werde, da in Hercules jede Menge Platz ist.

Zusammen mit Hercules lasse ich mich zurück zu meinem auf der Karte markierten Punkt bei Nowosibirsk bringen und am 11. August mache ich mich tapfer weiter auf den Weg nach Osten.

Es ist ein großer psychologischer Auftrieb, die zusätzlichen Meilen vor dem Marathon gelaufen zu sein und mich selbst überholt zu haben, aber 4800 Kilometer Sibirien müssen immer noch zurückgelegt werden. Es hat überhaupt keinen Sinn, jetzt einfach nur einen Fuß vor den anderen zu setzen. Ich muss in Riesenschritten denken, in »Tausend-Kilometer-Schritten«.

Der Winter naht. Ich muss ihn durchstehen und weiterlaufen. Und hoffe, dass ich das mit Hercules kann. Er ist schwer zu ziehen, aber robust und ich muss es einfach versuchen.

Den ganzen September über geht alles gut, während es allmählich kälter wird. In dem gebirgigen, atemberaubenden Krasnojarsk verbringe ich ein paar wundervolle Tage, als mein Freund und Marathoncoach Mike Rowland den ganzen Weg von Newport herkommt, beladen mit der neuen Daunenkleidung, die PHD großzügigerweise gesponsert hat.

Das Wetter wird schlechter und mit dem Oktober kommt der erste Schnee. Hercules macht seine Sache gut; er lässt sich leichter ziehen als schieben. Ich laufe durch die Wildnis und komme allmählich voran.

Das Satellitentelefon ist eine innig geschätzte Verbindung zur Welt und ich verwende es hauptsächlich, um kurze E-Mails zu senden und zu empfangen. Ich versuche, die Batterien zu schonen, wegen der Kosten für meine Sponsoren, die schon großzügig genug waren. Am Straßenrand hole ich es nicht oft heraus, aber heute ist mein Geburtstag und ich sitze neben Hercules an einer verlassenen Straße und lese E-Mails von zu Hause, mit Tränen der Freude und des Schmerzes in den Augen. Das Gefühl der Einsamkeit verlässt mich nie. Ich weiß noch immer nicht, wie lange ich unterwegs sein werde, und denke an mein Zuhause – und damit meine ich eher die Menschen, die ich liebe, als einen physischen Ort.

Ein Mann auf einem Fahrrad, das mit Körben beladen ist, kommt in Sicht. Er verlangsamt sein Tempo und hält an. Ich freue mich, ihn zu sehen, denn er verkauft kleine, süße sibirische Äpfel, frisch von den Bäumen und eine wahre Gaumenfreude. Am nächsten Tag kommt er wieder, steigt von seinem Fahrrad und stellt sich neben mich.

»Ich muss dein Telefon haben«, sagt er leise, fast zischelnd.

Ich sehe hinunter auf seine rechte Hand. Er hält ein Stilettomesser und es ist genau auf mein Herz gerichtet.

KAPITEL 20

Bandit auf dem Fahrrad

Sibirien, Oktober 2004

Seine Hand zittert stark; die Klinge seines Messers schlitzt meine Jacke auf. Er beginnt zu brüllen. Ich *muss* entkommen. Ich kann nicht weglaufen. Er kann mich erwischen, bevor ich weglaufen kann.

Ich breche nicht benommen zusammen. Mein Verstand versucht mich zu retten. Ganz ruhig ... ganz ruhig. Du darfst das nicht an dich heranlassen, bis du davongekommen bist. Mein Instinkt sagt mir, dass es, bei dem ganzen Tumult in meinem Kopf, das Gefährlichste wäre, jetzt eine plötzliche Bewegung zu machen. Dann sehe ich auf einmal, dass der Mann schaudert, nicht weil er verrückt ist, sondern weil er selbst schreckliche Angst hat. Vielleicht ist er verzweifelt, vielleicht ist er es ebenso wenig gewohnt, Menschen zu überfallen, wie ich es gewohnt bin, überfallen zu werden, aber ich kann die Spitze des Messers an meiner Haut spüren. Ich denke: *Rede mit ihm. Ich weiß, dass ich mit ihm reden muss. Das ist die richtige Vorgehensweise.*

Ich sage auf Russisch so etwas wie: »Tu das nicht. Sei nicht dumm ... ich bin eine *Babuschka* ... ich habe einen Enkel!«

Auf einmal, aus einem Instinkt oder Impuls heraus, mit Sicherheit nicht, weil ich mutig bin, schiebe ich sein Messer zur Seite. Er starrt mich entsetzt an, als hätte ich irgendeine Geheimwaffe, und beginnt zu weinen und zu brüllen. Ich bin schockiert. Er springt auf sein Fahrrad, wobei er die ganzen kleinen roten Äpfel verschüttet, und radelt wie wild davon. Schließlich lasse ich mich völlig verängstigt auf die Knie sinken. Das Telefon hat er nicht bekommen.

Und doch denke ich: Er ist nicht böse, nur arm, elend und in Versuchung gewesen. Er ist nicht so wie die Männer in dem roten und dem gelben Hemd. Ich bin unversehrt. Es ist, als wäre gar nichts passiert.

Wenn ich positiv bleibe, mit einem klaren Kopf und mich von Vorsicht und überlegtem Handeln anstatt Sorge und Angst leiten lasse, dann ist das die richtige Vorgehensweise, um Momente wie diesen gut zu überstehen. Wie glücklich kann ich mich schätzen, atmen, sehen, laufen und leben zu können. Es wäre wirklich unlogisch, wenn ich, allein in wilden Gegenden der Welt unterwegs, niemals überfallen werden würde. Davor ist es erst ein einziges Mal passiert und es ist gut ausgegangen. Dazwischen habe ich zehntausend nette Menschen kennengelernt. Sie sind es, die ich mir vor Augen halten muss. Negative Gedanken und Ängste, die den Verstand eintrüben, sind die eigentliche Gefahr. Positiv zu sein heißt nicht, unrealistisch zu sein, es ist eine Art, nüchtern zu betrachten, was passiert, und mit den Gefahren umzugehen. Ich beschließe, den Mann meinen »Banditen auf dem Fahrrad« zu nennen.

Ich laufe weiter nach Osten, parallel zur Transsibirischen Eisenbahn, aber sie kommt nicht oft in Sicht, da das verschneite Unterholz in der Nähe der Gleise undurchdringlich ist. Die Züge, wenn ich einen Blick auf sie erhasche, sind wie lange, graue, schneebedeckte Monster, die in Gischtwolken vorbeidonnern, die von den Gleisen aufgewirbelt werden. Jegliche Träume von Passagieren, die mir winken oder sogar Essen zuwerfen, bleiben bloße Fantasien. Was jedoch passiert und womit ich nie gerechnet hätte, ist, dass Stare, die zu Hause in Tenby den wunderschönen Gesang der Amsel auf eine fast unheimliche Weise nachahmen können, in diesem Teil Sibiriens tatsächlich das Geräusch der Züge, das *Puff-puff-puff* oder so ähnlich, nachahmen. Dieses Geräusch ist ein Teil des Waldlebens und im ersten Moment vollkommen verblüffend.

Alle Bären scheinen sich schlafen gelegt zu haben; aber es gibt eine andere Art Tierleben. Wenn ich ins oder aus dem Biwakzelt krieche, gelangen immer wieder Zecken mit mir hinein und beißen mich ebenso begeistert, wie es vor einer Weile die Moskitos getan haben. Wenn ich Vaseline auf die Zecken tupfe, werden sie einfach erstickt und fallen von meiner Haut, aber es sind trotzdem scheußliche kleine Biester, mit aufgedunsenen Leibern und ekelhaften, zappelnden kleinen schwarzen Beinen, und im Nacken sind sie besonders schwer zu erreichen.

Andere Geschöpfe, die sich an allem gütlich tun, was sie kriegen können, sind die frechen kleinen Waldmäuse mit ihrem goldgelben Fell und ihren leuchtenden Augen. Im Moment sind sie überall, huschen an Bäumen hinauf und hinunter und über den Waldboden und sammeln Nüsse oder Samen. Sie sind völlig unerschrocken und sitzen oft einfach nur draußen im Schnee, suchen nach Abfällen und versuchen sogar, zu mir ins Zelt zu gelangen. Ich glaube, sie haben noch nie zuvor einen Menschen gesehen und wissen gar nicht, was ich bin. Sie finden Geschmack an meinem neu gekauften Buchweizen und ich lerne, ein paar Körner vor der Zeltlasche als »Miete« auszulegen, da ich ja schließlich *ihren* Wald benutze – und weil sie andernfalls versuchen könnten, sich hindurchzuknabbern, um an ihn heranzukommen. Sie sind wie meine kleinen Kabarettkünstler und bringen mich immer zum Lachen.

Geoff schickt mir eine E-Mail auf das Satellitentelefon. Er und Inna fliegen nach Irkutsk und werden herfahren und mich finden. Selbst wenn ich einen glänzenden Back-up-Jeep, ein Riesenbudget und ständig ein großes Team auf der Straße hätte, könnte ich keine bessere Unterstützung haben. Außerdem macht er geheimnisvolle Andeutungen darüber, meinen Geburtstag nachzufeiern.

11. Oktober: Ein denkwürdiger Tag. Regen prasselt herunter, Baumwipfel werden vom Wind gebeugt und Zweige ächzen. Es ist ein einsamer Abschnitt der Straße, aber auf einmal lässt der Regen nach und zwischen endlosem Wald kommen eine Tankstelle und ein »Kafe« in Sicht, wie eigens für mich gemacht. Es ist das erste Café

oder Schild für ein Geschäft, das ich seit vielen Tagen sehe. Ich will Geoff und Inna nicht verpassen, aber ich *muss* hier hineingehen – in Sibirien ist es ein ungeschriebenes Gesetz, sich niemals eine Gelegenheit entgehen zu lassen, etwas zu essen zu kaufen. Daher lasse ich Hercules an einer auffälligen Stelle am Straßenrand stehen, mit einer walisischen Flagge behängt, als Geoff und Inna eben mit ihrem Gelände-Mietwagen vorfahren.

In dem Café herrscht ein ständiges Kommen und Gehen; eine Frau wischt gewissenhaft den Boden, obwohl jeder Schritt eine neue Pfütze hinterlässt. In dem kleinen Laden gibt es weder Tee noch Kaffee, nur kalte Getränke und ein bisschen Essen, aber es ist warm und freundlich und es ist so toll, Geoff und Inna zu sehen. Sie haben einen Geburtstagskuchen von Ann in Tenby mitgebracht, Geschenke von meiner Familie und meinen Freunden, Zeichnungen meines zweijährigen Enkels Michael, die besser sind als alles von Michelangelo, und ein Foto von Catherine und Nedd. Ich bin den Tränen nahe. Außerdem haben Freunde, die anonym zu bleiben wünschen, Geld auf mein Bankkonto zu Hause überwiesen, um mich bei meinen Reiseausgaben zu unterstützen, obwohl ich nie darum gebeten oder es erwartet habe. Terra Nova hat ein Quasar-Extremwetterzelt geschickt, Saucony stellt mir robuste Trekkingschuhe zur Verfügung und Geoff und Inna haben persönlich einen Ersatz für meinen abgenutzten Kocher gekauft.

Während unserer kleinen Party und nachdem ich so lange allein auf der Straße unterwegs war, verliere ich meine Stimme und kann kaum noch sprechen. Ich kann meinen Dank nur krächzen, aber ich schaffe es, ihnen zu sagen, dass es mir gut geht.

»Du siehst aus wie vierzig, aber du klingst wie 86«, bemerkt Geoff galant.

»Du siehst aus, als ob du nur einmal um den Block gelaufen wärst, so frisch!«, ergänzt Inna.

Wir haben nur ein paar Stunden zusammen. Zum Abschied klammern wir uns aneinander und dann sind sie auch schon wieder verschwunden, zurück nach Irkutsk, dreihundert Kilometer entfernt, um ihren Flug nach Hause zu nehmen.

Meine Stimme bleibt weg: Während der ganzen nächsten Woche habe ich eine Halsentzündung und Fieber. Das Atmen tut weh und meine Beine werden schon nach wenigen Kilometern zu Wackelpudding. Ich führe es auf Zeckenbisse zurück und beginne, die matschigen, ein Jahr alten Antibiotika zu nehmen, die mir die SOS-Klinik in Moskau für diese Fälle mitgegeben hat. Die Klinik hat mich gegen die tödliche Krankheit geimpft, die die Zecken offenbar übertragen können, mir aber trotzdem die Medizin mitgegeben, da man, wie mir gesagt wurde, von den Zecken immer noch ein Fieber bekommen kann.

Das Fieber muss stärker sein, als mir bislang bewusst war. Bei dem Satellitentelefon gebe ich dreimal die falsche PIN ein und das Wort »GESPERRT« flackert auf. Ich bin isoliert, völlig abgeschnitten. Ich beschließe, langsam weiterzulaufen, bis ich einen Menschen oder einen Ort mit einem Telefon finde. Fahrzeuge schießen nur von Zeit zu Zeit vorbei, wie aus einer anderen Welt, gehen vermutlich davon aus, dass mit mir alles okay ist. Ich will keinen Autofahrer heranwinken oder in die Stadt mitgenommen werden oder Hercules zurücklassen, denn ich weiß nicht, was dann passieren wird oder ob ich je hierher zurückkehren kann, um meinen Weg fortzusetzen. Wenn ich mich schon krank fühle, kann ich genauso gut irgendwo hingehen, anstatt krank zu sein und nirgendwo hinzugehen.

Meine Logbucheinträge sind düster: »Bleib entspannt. Atme einfach tief durch! Jeder Kilometer lohnt sich – ein ganzer Kilometer, ohne anzuhalten!« Am nächsten Tag sind es zwei Kilometer, dann acht. »Bitterer Wind – halb unter Schnee begraben.«

Allmählich komme ich wieder etwas zu Kräften und schließlich, am 23. Oktober, erreiche ich Irkutsk. Als ich zu Hause anrufe, erfahre ich, dass die Nachricht, die ich einem Mann mitgegeben habe, der mit seinem Wagen angehalten hat, an meine Familie gemailt wurde.

Alle haben meine Neuigkeit erfahren und sind besorgt. Die Sperrung des Satellitentelefons wird aufgehoben.

Die alten Häuser von Irkutsk haben Dachvorsprünge, die wie hölzerne Spitzenborten geschnitzt sind. Die Männer tragen Schiebermützen, ähnlich wie die in Irland, aber mit dicken Schals um den Hals, da es allmählich kalt wird. Irkutsk scheint anders als jede andere russische Großstadt; sowohl die ältere als auch die neue, geschäftige Stadt haben einen kosmopolitischen, fast unabhängigen Geist. Man kann verstehen, warum Irkutsk sich drei Jahre gegen die Russische Revolution gestemmt hat, bevor es eingenommen wurde. Ich ruhe mich ein paar Tage in einem billigen Hotel aus, während Hercules im Foyer parkt.

Ich empfinde große Zuneigung zu Hercules; wir haben unsere erste schwierige Zeit gemeinsam überstanden. Ich fühle mich noch immer nicht hundertprozentig, aber ich bin nicht krank genug, um einen Arzt aufzusuchen. Ich denke, ich bin dabei, mich von den Zecken zu erholen. Weiterzulaufen war schon immer die beste Medizin ...

Am 29. Oktober mache ich mich wieder auf den Weg, angetrieben von dem Wissen, dass der Baikalsee, die »Perle Sibiriens« und der tiefste See der Welt, nur noch vierzig Kilometer entfernt ist. Meine Route führt mich zum südlichen Teil des Sees, über Schelechow, die nächste Stadt, die ich erreiche. Es schneit kräftig. Die Temperatur beträgt zwanzig Grad minus, aber ich fühle mich gut, da ich meine Daunenjacke trage, die Kapuze fest zugezogen. Ich stapfe am Straßenrand munter vor mich hin, ziehe Hercules durch tiefen Schnee, als mir auf einmal richtig schwindelig wird.

Als ich die Augen wieder aufschlage, sehe ich, dass ich auf dem Boden liege und Blut auf dem Schnee ist. Und dann verliere ich wieder das Bewusstsein.

KAPITEL 21

In einem sibirischen Krankenhaus

Sibirien, November 2004

»Sie können von großem Glück reden, junge Dame, dass der Bus Sie angefahren hat«, sagt der Arzt freundlich, »sonst wären Sie nicht hierhergebracht und Ihre doppelseitige Lungenentzündung nicht behandelt worden.«

Mir dreht sich der Kopf und ich versuche mich zu konzentrieren. Alles, was ich denken kann, ist: *Wie nett, junge Dame genannt zu werden, wenn man 86 ist,* denn im Moment fühle ich mich eindeutig wie 86. In einem überfüllten Krankenhausflur komme ich wieder zu Bewusstsein. Zu meiner Verblüffung ist Hercules auch hier. Die Schmerzen in meinem Kopf sind fürchterlich. Ich versuche zu erklären, dass ich mich schon seit einer Weile nicht besonders gut gefühlt habe. Der Arzt sagt, dass die Antibiotika, die ich gegen die Zeckenbisse genommen habe, die Lungenentzündung verschleiert haben, die Röntgenaufnahmen aber gezeigt haben, dass beide Lungen halb mit Flüssigkeit gefüllt sind, ausgelöst durch die Erkältung. Er nimmt an, dass ich es in den vergangenen Wochen deshalb geschafft habe, so weit zu laufen, weil ich aufgrund meiner Fitness eine extrem große Lungenkapazität habe. Er bemerkt fröhlich, dass eine Lungenentzündung nicht immer etwas Ernstes ist, in meinem Fall jedoch schon, da es in ein oder zwei Wochen fünfzig Grad minus sein werden.

»Wenn Sie bis dahin nicht geheilt sind, werden Sie bald tot sein«, ergänzt er.

Die Platzwunden an meinem Kopf müssen mit fünf Stichen genäht werden, aber sie sind nur oberflächlich. Ich danke der dicken

Kapuze meiner PHD-Jacke, dass sie mich vor Schlimmerem bewahrt hat.

Wenn ich mir hätte aussuchen können, welcher Busfahrer mich anfahren sollte, hätte ich keinen entzückenderen Mann als Genia wählen können. Er ist hier, fast den Tränen nahe. Es war nicht seine Schuld. Ich war wild auf der Straße herumgetorkelt, bevor ich angefahren wurde, da ich fast 39 Grad Fieber hatte. Er war es, der Hercules zum Krankenhaus brachte und außerdem meine Ausrüstung in schwarze Plastiksäcke verpacken ließ; die Fahrgäste hatten den Schnee sorgfältig danach abgesucht. Später stelle ich fest, dass nicht ein einziger Gegenstand verloren gegangen ist. Es kann kein größeres Zeugnis für die absolute Ehrlichkeit und Gutmütigkeit der Menschen hier geben. Ich bin überglücklich, als eine Lehrerin, die perfekt Englisch spricht, mit einem Polizisten kommt, dem gegenüber ich eine klare Aussage machen kann, dass kein schuldhaftes Verhalten vorliegt, denn andernfalls hätte Genia vielleicht seinen Job verloren.

Ein Krankenwagen bringt mich vom örtlichen Krankenhaus zur Lungenabteilung des Regionalkrankenhauses Irkutsk und Hercules wird von Genia mitgenommen, um seine verbogenen Deichseln richten zu lassen. Hercules ist ein Held: Er hat meine Ausrüstung beschützt, indem er sich bei dem Zusammenstoß darübergeworfen hat. Genia sagt, er wird ihn wieder so gut wie neu aussehen lassen.

Meine Behandlung besteht aus zweimal täglich zwei großen Spritzen ins Gesäß. Ich teile mir eine Station mit fünf anderen Frauen mit ähnlichen Problemen. Station 704, mit ihren gräulichen Wänden und hölzernen Bettgestellen, wirkt düster und deprimierend, aber sie ist tadellos sauber und die Ärzte und Schwestern zeigen so viel Liebe und Fürsorge. Die Behandlung für mich, wie auch für die russischen Patientinnen, ist fabelhaft. Die Schwestern, in schicken blauen Uniformen mit Uhren an den Hüften und Thermometern und Stiften in ihren gestärkten Brusttaschen, sind mit den Spritzen so gnadenlos, wie sie in anderer Hinsicht freundlich sind. Ich verbringe jeden Tag eine halbe Stunde in der obersten Etage des Krankenhauses in einem grauen Gerät, das sich als Sauerstoffzelt herausstellt. Sie machen mir Umschläge für die Beine, die ebenfalls einen Schlag abbekommen haben und geprellt sind. Und als ich in dem kleinen Waschraum neben der Station einen Blick in den Spiegel werfe, sehe ich, dass ich außerdem eine brandneue grüne Frisur habe, passend zu meinem blauen Auge.

Der Grund dafür ist, dass meine Stiche mit dem kostengünstigen, allgemein anerkannten *espiritu* behandelt wurden, einem smaragdgrünen Desinfektionsmittel, das in Russland oft zur Behandlung von Windpocken verwendet wird, sodass die Kinder davon grüne Punkte bekommen, und das sich jetzt in meinen Haaren verteilt hat.

Allmählich geht es mir besser. Natascha, in dem Bett neben mir, beginnt zur selben Zeit zu genesen und erteilt mir Intensivunterricht in Russisch. Bald kann ich fast bis tausend zählen.

Ich habe nicht nur meine Freundinnen auf der Station; auch der Polizist, der meine Aussage aufgenommen hat, seine beiden kleinen Töchter, die Englischlehrerin Arina, Genia, seine Frau und seine Brüder – alle kommen und besuchen mich jeden Tag.

Die Chefärztin, Tatjana Rastompachowa, ist zu dem Schluss gekommen, dass ich mir den Pneumonievirus vielleicht schon in Omsk eingefangen habe, da ich erst den Marathon absolviert habe und seitdem ohne lange Ruhepause durchgelaufen bin, ihrer Ansicht nach ohne genug gegessen zu haben. Sie verschreibt mir jeden Tag Fettklumpen mit meinem Grießbrei zum Frühstück und bald fühle ich mich pferdestark.

Es gibt eine Kantine, in der unter anderem Brot, Tee, Suppe, Grießbrei und ein spezieller dicker Porridge und das *sala*-Fett auf der Speisekarte stehen. Mir ist in bleibender Erinnerung, was für ein fortschrittlicher, wohltuender Ort das Krankenhaus von Irkutsk ist. Die Ärzte erklären, dass dieses Krankenhaus generische Antibiotika und andere eher kostengünstige Behandlungsmethoden verwendet. Daher sind, anders als in vielen russischen Krankenhäusern, sowohl die Behandlung als auch die Verpflegung für russische und sibirische Patienten kostenlos, auch wenn Ausländer dennoch zahlen müssen.

Ich bezahle gern, nach alldem, was man hier für mich getan hat, aber ich bin ein wenig besorgt wegen der Kosten, da man offenbar jeden nur erdenklichen Gesundheits-Check-up durchgeführt und mein Herz, meine Leber und jeden einzelnen Teil meines Körpers eingehend untersucht hat. Es war mein großer Fehler zu glauben, meine Versicherung sei zwei Jahre gültig, denn tatsächlich ist sie kürzlich abgelaufen, nachdem sie mich nur ein Jahr abgedeckt hat. Aber die ganze Rechnung beträgt nur ungefähr einhundert Pfund. Ich frage noch einmal nach für den Fall, dass sie nachsichtig mit mir waren, aber es sind die vollständigen Kosten und dank Ann, die mir via DHL eine neue Bankkarte nach Irkutsk geschickt hat, kann ich einen Geldautomaten benutzen, den ich in einem Flur gefunden habe, und den Aufenthalt sofort bezahlen. Obwohl der Empfang schwach ist, konnte ich sie und meine Familie über das Satellitentelefon anrufen.

Nach acht Tagen im Krankenhaus kommt Genia, um mich abzuholen. Er lächelt von einem Ohr zum anderen und bringt mich zu seiner Schwiegermutter, damit ich dort wohnen und mich auf die Straße vorbereiten kann. Das Erste, was ich sehe, als wir ihre kleine, rot und grün bemalte Datscha erreichen, ist Hercules, der in dem verschneiten Hof steht, rundum flottgemacht und startbereit. Auf einmal ist es viel kälter geworden. Eiszapfen hängen vom Dach der Hütte und der Schnee ist tief.

Drinnen ist es warm und gemütlich. Es riecht nach frisch Gebackenem, Kinderzeichnungen bedecken die Wände und eine kleine hölzerne Uhr läutet die Stunde, als ich eintrete. Galina, eine lebhafte ältere Dame mit strahlend blauen Augen in einem kräftigen, gemeißelten Gesicht, wartet mit vielen Enkelkindern und anderen Familienangehörigen auf mich. Auf der Spitzendecke, die auf dem Tisch ausgebreitet ist, steht ein herrliches Festmahl aus Kuchen, Fisch, eingemachten Beeren, Marmeladen und anderen Köstlichkeiten. Ich bleibe zwei Tage und ich werde nie an Galina denken können, ohne mir all ihre Enkelkinder vorzustellen, die sich in ihrer bescheidenen

Behausung zusammendrängen. Sie wird innig geliebt. Ich erzähle Galina – so wie allen Menschen – von den Gründen für meine Reise.

Alle bemühen sich mit vereinten Kräften, mir zu helfen, mich auf meinen Lauf in der Kälte vorzubereiten. Genia sagt, dass es richtig von mir ist, weiterzulaufen, da viele der Sümpfe und brückenlosen Flüsse weiter im Osten vielleicht nur passierbar sind, solange sie zugefroren sind. Genia, seine Frau Natascha, Galina und die anderen lüften meine warmen Schlafsäcke und Kleider und alles wird sorgfältig zusammengepackt, sodass es hübsch ordentlich in meinen Anhänger passt. Der Kampf gegen den Winter wird durch eine Mischung aus Hightech-Daunenkleidung und -Ausrüstung von PHD, einheimischen Volksweisheiten und Ratschlägen gewonnen werden müssen. Die schweren Stiefel, die ich vor einer Weile gekauft habe, werden ausgemustert: Ich empfinde sie immer als kalt, da der Schweiß vom Laufen in ihnen gefriert. Und ich werde nicht oft unter dem Dach eines Hauses sein, um sie neben einem Feuer trocknen zu können. Stattdessen legt Genia meine Trekkingschuhe mit Fell aus, macht sie mit einem Lack wetterfest und fertigt kleine Gamaschen für sie an – und entwirft so ein Schuhwerk, das wunderbar warm und leicht zugleich ist, wie die Mokassins, die die Jakuten weiter im Osten das ganze Jahr über tragen. Außerdem kaufe ich mir auf dem Markt der Stadt *Walenkis* – Filzstiefel –, die alle Dorfbewohner im Winter tragen, wie man mir sagt, und die gut geeignet für den frühen Morgen oder Abend sein werden oder einfach, um im Schnee herumzustapfen.

Das Beste von allem ist, dass Galina mir rät, viel Knoblauch zu essen, um meine Lungen zu kräftigen. Ich versuche es prompt und es scheint zu helfen, als ich einen Übungslauf mache. Sie sagt auch, dass ich eine Knoblauchzehe in meiner Jackentasche aufbewahren und sie mir von Zeit zu Zeit in ein Taschentuch gewickelt ans Gesicht drücken und das Aroma einatmen soll. Das wird dafür sorgen, dass die Lungen gesünder bleiben, und Infektionen verhindern – und auch die sibirischen Vampire abschrecken.

Arina fährt mich zurück zum örtlichen Krankenhaus, damit ich die letzten meiner Fäden ziehen lassen und mich bei den Ärzten bedanken kann, die sich als Erstes um mich gekümmert haben. Außerdem werde ich eingeladen, einen Vortrag an der Schule zu halten, an der Arina unterrichtet. Ich darf kein Russisch sprechen. Sie will, dass ihre Schüler ihr Englisch üben.

»Brot in der Tasche ist eine Art des Überlebens in Russland, Bildung eine andere. Was immer im Russland von morgen passiert, eine gebildete Person wird besser damit umgehen können«, sagt sie. »Wir haben eine schwere Geschichte, aber hinter den Horizonten der Verzweiflung gibt es immer Hoffnung.«

Die Schüler teilen Kuchen und Tee mit mir und schreiben rührende Bemerkungen in mein Buch. Iluna, 15, schreibt: »Es ist das erste Mal in meinem Leben, dass ich eine Engländerin kennenlerne. Ich freue mich, dass Sie unser Land Sibirien lieben.« Petrova schreibt: »Ich freue mich sehr, Sie kennenzulernen. Ich liebe es, Englisch, Französisch und Latein zu studieren. Ich würde gern Übersetzerin werden.«

Am nächsten Tag kommen noch einmal alle zusammen, um mich zu verabschieden. Es ist ein emotionaler Moment. Ich frage mich, ob ich Genia und seine Familie, denen ich so viel zu verdanken habe, je wiedersehen werde.

Es schneit kräftig und sie stehen alle im Schnee beisammen und lächeln und winken. Als ich ein paar Minuten später zurückblicke, kann ich sie kaum noch sehen. Sie verschwinden im Schneesturm und doch stehen sie noch immer da, als wäre es nicht der Schnee, sondern eine Kamera, die sie ausblendet – wie das »ENDE« in einem Film.

Als ich zum dritten Mal hinsehe, sind sie vollkommen verschwunden. Ich bin allein in einer Welt aus Weiß.

Im Laufe der nächsten zwei Monate fallen die Temperaturen auf vierzig und fünfzig Grad minus ab. Nichts zählt jetzt noch, außer sich jeden einzelnen Moment weiter vorwärtszuschleppen und gegen die Kälte anzukämpfen.

KAPITEL 22

Winter in Sibirien

Sibirien, Dezember 2004–Februar 2005

Schlimmer noch als die Kälte oder die Gefahren oder irgendetwas sonst ist die Angst vor der scheinbar unendlichen Entfernung, die bei fünfzig Grad minus noch vor mir liegt und die mich weiter vorantreibt. Tatsächlich gibt es zu diesem Zeitpunkt kein Zurück mehr. Ich könnte physisch nach Hause zurückkehren, indem ich einen Anruf über das Satellitentelefon tätige, aber ich kann nicht mental nach Hause zurückkehren, denn wenn ich meinen Lauf nicht zu Ende bringe, wird meine Reise nie enden. Ich laufe jetzt schon seit über einem Jahr und Tausenden von Meilen und doch fühle ich mich wie jemand, der noch immer auf der ersten Meile des London-Marathons ist. Alle großen Kämpfe finden im Kopf statt, daher beuge ich mich in den Schneesturm und laufe weiter.

Ich bin zutiefst erschüttert, als mich über das Satellitentelefon die Nachricht erreicht, dass ich Eve anrufen soll, die mir schließlich berichtet, dass mein Bruder Ronnie unerwartet gestorben ist. Er war ein Dichter und so ergreife ich die Gelegenheit, während ich am Baikal vorbeilaufe, einen weißen Stein vom Ufer aufzuheben und ihn in die tiefen Gewässer des Sees zu schleudern. Während der Stein sinkt, denke ich an ihn und glaube, dass ihm das gefallen hätte. Ich bete für Marianne. Ich komme am Telefon für ein paar Augenblicke zu ihr durch. Es ist schwer, für die Beerdigung zurückzufahren. Wegen der Kosten besteht durchaus das Risiko, dass ich nicht wieder zu meinem Lauf zurückkehren kann, aber ich kann dem Lauf nicht den Vorrang vor ihr geben. Ich werde nie vergessen, wie in dieser Zeit des tiefsten Schmerzes Marianne diejenige ist, die mir Mut zuspricht.

»Lauf *weiter*«, sagt sie. »Lauf weiter für uns alle … Du bist gesegnet. Vergiss nicht, ich werde an der *Ziellinie* auf dich warten!«

Ende November liegt der Baikal lange hinter mir. Ich laufe auf einer einsamen, vereisten Straße und die Schneegestöber drücken mich immer wieder nieder. Die Straße ähnelt einer kalten Wüste. Ich bringe jeden Augenblick damit zu, über die Kälte nachzudenken und wie ich mit ihr fertigwerden soll. Die beste Methode ist es, vor Einbruch der Dunkelheit das Lager aufzuschlagen, denn nachdem es dunkel geworden ist, wird es noch viel schlimmer. Das Erschreckende ist, dass es keinen Ort gibt, an den ich gehen kann. Die Gefälle zu den Wäldern hinunter sehen steil und gefährlich aus. Ich laufe weiter, es wird dunkler und bald werde ich ohnehin nicht mehr sehen können, was jenseits des Strahls meiner Taschenlampe um mich herum passiert. Dann endlich entdecke ich eine kleine Mulde. Sie wird den Zweck erfüllen müssen. Ich schlage das Zelt auf, so schnell ich kann. Die schwierigste Zeit ist zwischen dem Moment, in dem man mit dem Laufen aufhört, und dem, in dem man schön warm eingepackt in den Schlafsäcken steckt. Danach ist mein Leben nur noch »Haushaltsroutine«.

Später fragen mich die Leute: »Wie haben Sie das mit dem Essen hingekriegt? Wie haben Sie es geschafft, so lange da draußen in den Wäldern zu schlafen?« Und: »Wie haben Sie sich gewaschen und sind auf die Toilette gegangen?« Der weibliche Unterleib ist eindeutig ein Nachteil. Meine Abenteuer mit dem »Nachttopf« im Zelt würden selbst Houdini erstaunen, aber ich komme ganz gut damit zurecht, auch wenn ich mich dafür aus sieben Paar Thermounterhosen, großen Daunenhosen und vier Schlafsäcken schälen muss. Eis bedeckt meine Habseligkeiten, gefrorener Atem hängt wie zerschlissene Vorhänge in der Luft und die ganzen Eiskristalle regnen auf mich herunter, wenn ich mich bewege. Es ist witzig, denn wenn ich den Kopf zum Schlafen tief in den Schlafsack stecke, ist alles in Ordnung. Aber sobald ich morgens aus den Tiefen auftauche, verwandelt sich der Dampf meines Atems in Eis und meine Wimpern frieren im Schlaf oft fest und ich muss sie reiben, um wieder etwas sehen zu können.

Ein Schaumbad gibt es nicht, aber der Ziplockbeutel mit Schneewasser ist in der Nacht neben mir geschmolzen und ich kann mir das Gesicht, die Hände und andere Körperteile in dem körperwarmen Wasser waschen, das mein sibirisches »Luxusbad für unterwegs« ist. Man kann hier fast alles machen, man muss es nur anders machen.

Essen? Ich strecke einen Laib Brot, der hart gefroren ist. Ich lege das Brot in die Schlafsäcke (meine sibirische Mikrowelle), damit es so weit auftauen kann, dass ich es essen kann. Wenn ich den winzigen Kocher in Gang bringen kann, besteht eine heiße Mahlzeit aus gekochtem Buchweizen und *sala*-Fett, da ich davon einen ganzen Monatsvorrat mitführen kann, dazu Knoblauch und Vitamine. (Eine Freundin wird später sagen: »Rosie! Bitte schreib kein Kochbuch! Überlass das Martha!«)

Sibirien ist der leerste Ort auf der Erde. Die Einsamkeit und Dunkelheit in einem sibirischen Wald bei fünfzig Grad minus sind unbeschreiblich. Tageslicht gibt es nur für wenige Stunden. Wenn der Morgen endlich naht, kann ich Tannen sehen, weiß und eisig kalt, in einer Welt, die einzigartiger und beängstigender ist als alles, was ich je gesehen habe. Zu anderen Zeiten sind die Bäume wie Phantome, kaum zu sehen in dem dichten Schnee. Nachts schreien Eulen, rufen Füchse, heulen Wölfe unheimlich und atemberaubend in der Ferne. Nichts ist wichtig außer der Kälte. Ohne gute Ausrüstung ist der Grat zwischen irgendwie zurechtkommen und durchdrehen, zwischen Leben und Tod, sehr schmal.

Die Temperatur fällt auf 55 Grad minus. Am 23. Dezember schreibe ich in mein Logbuch:

> Ich muss ums Überleben kämpfen, sonst werde ich buchstäblich hart gefroren. Alles ist bei mir im Schlafsack. Alles ist durch und durch gefroren. Zahnpasta kann man vergessen, sie ist härter als hart gefroren. Mein bester Freund ist das kleine Messer, mit dem ich mir mit viel Mühe immer noch ein paar Brotkrümel hacken kann. Gib nicht auf, sonst wirst du bald eine gefrorene Leiche sein.

Meine Bewunderung für Ran Fiennes kennt keine Grenzen. In Sibirien, im tiefsten Winter, ist mir heute bewusst geworden, dass irgendwo unter all diesen Schichten ich bin. Ich kann meinen Körper nicht sehen, habe ihn seit Wochen nicht gesehen. Ich versuche, mich nur um ihn zu kümmern. Aber ich *werde* gewinnen. Ich *komme zurecht*. Der kürzeste Tag ist vorbei. Ich habe ihn besiegt. Ab jetzt werden die Tage wieder länger. Egal, wie schmerzhaft und kalt!

Doch immer wenn es schwierig wird, passiert irgendetwas Wundervolles. Jetzt, mitten in der Wildnis in einem Dorf, in dem ich das extrem große Glück hatte, ein Café zu finden, an dem ich mich an Heiligabend aufwärmen kann, höre ich eine bekannte Stimme. Es ist, wie sich herausstellt, Natascha.

Ich habe Natascha und Fedor vor einer ganzen Weile in der Nähe von Irkutsk kennengelernt. Natascha, die vor Freude oder Aufregung mit beiden Beinen in die Luft springt, wenn sie redet, und der ernste Fedor, ein Erfinder, sind sechshundert Kilometer weit gefahren, damit ich an Weihnachten nicht allein bin. Sie haben Geld für das Benzin gespart und vertreten meine Familie würdig. Wie Eve in einer entzückenden Weihnachtsbotschaft über das Satellitentelefon sagt: »Vergiss nicht, dass wir hier bei dir sind – und dass Natascha und Fedor für uns alle gekommen sind.«

Das Wetter meint es gut mit uns: Auf einer kleinen Lichtung im Wald sind es nur 25 Grad minus. Das Paar parkt seinen betagten Kleintransporter, der mit Lametta und silbernen Glöckchen verziert ist, und bringt köstliches Essen und Geschenke und etwas von Fedors selbst gebranntem Wodka, um zu feiern. Er ist in einer kleinen Flasche, aber selbst sechsmal verdünnt ist es der stärkste Wodka, den ich je gekostet habe. In dieser Nacht schlafen wir tief und fest. In den ganzen eineinhalb Jahren meines Laufs hat bis jetzt noch nie jemand draußen im Wald bei mir übernachtet. Es bedeutet mir so viel.

So viele Nächte unter den Sternen auf Waldlichtungen und an Berghängen in den nächsten paar Monaten. Die Einsamkeit und diese riesige Weite stehen in einem harten Kontrast zu den Menschen, die mich immer wieder unterstützen. An Silvester sehe ich ein paar Gestalten in der eisigen Kälte am Straßenrand. Es sind zwei Frauen, die aus einem Dorf gekommen sind und mich hereinbitten wollen; sie haben so wenig und wollen es dennoch teilen.

Nach fünfhundert Kilometern erreiche ich Tschita und schließe Freundschaft mit den Wissenschaftlern an dem dortigen Institut für natürliche Ressourcen und Ökologie. Tatjana, Sweta, Natascha und ihre Kollegen hängen jeden einzelnen Gegenstand meiner Ausrüstung zum Trocknen und Lüften auf, obwohl das ihr Büro in einen Dschungel aus Daunen, Gortex und dampfenden Pfützen verwandelt. Sweta lädt mich in die Wohnung ein, in der sie mit ihrem Sohn und ihrer Tochter lebt, damit ich in einem richtigen Bett schlafen kann. Aber meine Ankunft hier bedeutet viel mehr, als nur verwöhnt zu werden.

Das Team von Wissenschaftlern hat endlich eine Genehmigung von der Regierung erhalten, einen Bericht über die unvermeidliche Ölpipeline von Moskau nach Wladiwostok zu schreiben, in dem es eine Empfehlung für die am wenigsten umweltschädliche Route im Tschita-Gebiet abgibt – ein Kampf wie David gegen Goliath. Tatjana erklärt, dass es zwischen dem Brachland, den Sümpfen und Resten von Stalins Uranbergwerken die Tschara-Sande gibt, eine reine, goldgelbe Sandwüste, und dass die Gegend außerdem ein Waldgebiet und damit einen wichtigen Lebensraum für wilde Tiere umfasst. Während meine Ausrüstung geordnet und getrocknet wird, nehmen Tatjana und Natascha mich mit auf eine zweitägige Feldexkursion mit dem Flugzeug in die nördliche Tschita-Region, um das Gebiet noch einmal zu begutachten, bevor sie den Bericht schreiben. Darin werden sie sich dagegen aussprechen, die Pipeline irgendwo in der Nähe der Tschara-Sande zu verlegen. Ihre Einladung zur Mitreise ist für mich ein großes Privileg. Wenn man einfach nur in einem Land umherreist und den Anliegen, auf die es dort ankommt, nicht seine

Aufmerksamkeit schenkt, könnte man sich genauso gut alles einfach nur im Fernsehen ansehen.

Es ist noch außergewöhnlicher, als ich erwartet habe. Tatjana gräbt bei fünfzig Grad minus durch drei Meter tiefen Schnee, um mir die makellosen goldgelben Sanddünen unter all dem Eis zu zeigen, genau wie die in der Sahara. Noch lebendiger und nachhaltiger in Erinnerung bleibt mir das Dorf Tschara, wo wir bei Jakow und seiner Familie wohnen. Jakow wurde als Siebzehnjähriger gefangen genommen, musste in Bergwerken als Fahrer arbeiten und als Zwangsarbeiter Straßen bauen. Er überlebte bei sechzig Grad minus mit getrockneten Kartoffeln und siebenhundert Gramm Brot am Tag. Seine Gefangenschaft liegt lange zurück, aber sein Exil aus der Ukraine, seiner ursprünglichen Heimat, währt für immer. Er hat hier seine Frau Ludmilla geheiratet und ihr Sohn Sascha geht in Tschara zur Schule.

Ihr Haus ist schlicht, warm und freundlich. Sie arbeiten hart, um zu überleben, benutzen Außenlatrinen und bringen ihre Tiere durch strenge Winter, so wie zahllose andere sibirische Haushalte. Aber was mich so berührt, ist die Art, wie Jakow die wilde Landschaft lieben gelernt hat, die ihn einst versklavt und ihm dann die Freiheit gegeben hat, Wege des Überlebens zu finden. Er sorgt sich um die Pipeline und die Zukunft dieser Gegend. Verbitterung gehört nicht zu seiner Art. Er ist nicht in der Vergangenheit verhaftet. Ich bin nur ein Laie, aber als Außenstehende und britische Staatsangehörige bin ich stolz, hier zu sein, und hoffe, dass es vielleicht ein klein wenig hilft. Aber vor allem habe ich das Gefühl, es der Wildnis schuldig zu sein. Ich lebe seit Monaten unter freiem Himmel und die Wildnis hat sich immer um mich gekümmert. Es ist an der Zeit, zu versuchen, etwas zurückzugeben. Wie immer bekomme ich mehr, als ich geben kann.

Von den Leuten in Tschara und während der GPS- und Kompasspeilung mit Tatjana in den Wäldern habe ich etwas über die »Speisekarte« des Waldes gelernt, die sogar mitten im Winter existiert, ohne Beeren oder Pilze oder irgendetwas Sichtbares, um sich am Leben zu erhalten. Die Menschen hier haben mich gelehrt, dass der Wald mein ganz privater Supermarkt sein kann. Tatjanas Teerezept lautet wie folgt: »Nimm kleine Nadelbaumzweige, lege sie in eine Teekanne und bringe sie zum Kochen. Du kannst die Brühe wie Tee trinken. Serviere sie heiß. Trink sie. Sie schmeckt ein bisschen wie Kiefer-Desinfektionsmittel, aber sie steckt voller Vitamine.« Kiefernharz ist auch gut gegen Zahnschmerzen. Espenrinde lindert Kopfschmerzen. Das Beste von allem ist Birkenrinde, die wie englischer Tee schmeckt und den Körper mit allen Vitaminen versorgt, die er braucht.

Am 22. Februar mache ich mich wieder auf den Weg. Ich spüre den Verlust, der mit dem Abschied von meinen Freunden einhergeht.

Natascha schreibt in mein Logbuch:

Rosie, ein Rat noch. Sehr bald wirst du durch offene Weiten und Steppe kommen, ohne Wald. Der Frühling wird sehr starke Winde mit sich bringen. Bleib in deinem Zelt, geh nicht los, wenn der Wind zu stark ist. Es gibt viele Wege auf dieser Welt und ich bin froh, dass unsere Wege sich gekreuzt haben.

KAPITEL 23

Eine sibirische Brücke hat keine Mitte

Sibirien, März–September 2005

Das Mysterium Sibirien ist völlig anders, als es auf den ersten Blick scheint. Die Tatsache, dass man kleine Zweige von den kristallisierten Kiefern pflücken und einen Tee daraus brauen kann, der alle Vitamine enthält, die man benötigt, ist nur der Anfang.

Das eigentliche Geheimnis dieser Reise ist, dass mich mitten im Nirgendwo so vieles berührt, bewegt, verängstigt, mir Kraft gibt und mich zum Lachen bringt.

Da gibt es zum Beispiel die wilden Hunde. Man hat mich gewarnt, dass diese Rudel frei lebender Hunde schon Menschen angegriffen haben und gefährlicher als Wölfe sind, da sie keine Angst vor den Menschen haben und oft ausgehungert sind. Ich bin auf einem stark beschädigten Straßenabschnitt unterwegs, mit scharfen Steinen, die aus zugefrorenem Morast herausragen. Ich kann immer nur einen Kilometer auf einmal bewältigen.

Gott hat gesagt, dass man seine Feinde lieben soll, denke ich, *aber niemand könnte diese Straße lieben.*

Auf einmal fühle ich mich beobachtet. Ein großer weißer Hund taucht aus heiterem Himmel vor mir auf und steht knurrend da.

»Geh nach Hause!«, befehle ich ihm in meinem besten Russisch.

Stattdessen kommt er näher, die Nackenhaare aufgestellt, die schönen weißen Ohren angelegt, und bellt und knurrt. Einen Augenblick später kommen ungefähr zehn andere wolfsähnliche Hunde dazu und umkreisen mich und den Anhänger. Sie kommen näher, fletschen wütend die Zähne. Sie sind ausgemergelt, unter ihrem dichten Fell sind ihre Rippen zu sehen. Der Instinkt übernimmt die Kontrolle. Reflexartig greife ich in den Anhänger, hole meinen letzten gefrorenen Laib Brot heraus und werfe ihn ihnen hin. Einer der Hunde schnappt ihn sich geschickt mit den Zähnen und läuft damit davon. Der Rest folgt ihm – und das war's.

Heute gehe ich kaum mehr als zehn Kilometer weiter, da das Gelände anstrengend ist. Ich schlage wie üblich mein Nachtlager auf und lege mich schlafen. Als ich aufwache, drücken schwere Klumpen von außen gegen das Zelt. Dann höre ich ein Schnarchen.

Ich träume, denke ich. Soll ich mich zu einer Kugel zusammenrollen und so tun, als ob das nicht passiert, oder hinausgehen und sehen, was los ist?

Ganz vorsichtig öffne ich die Zeltlasche und äuge hinaus. Ausgestreckt schlafend rings um mich herum liegen sieben der Hunde, denen ich gestern begegnet bin. Sie sehen aus, als ob sie sich hier vollkommen zu Hause fühlen. Der große weiße Hund hebt den Kopf, sieht mich mit seinen schwarzen Augen an, die im Mondlicht glänzen, und beginnt, mit dem Schwanz zu wedeln. Es ist erstaunlich, was ein bisschen Freundlichkeit zur Folge haben kann. Offenbar haben sie beschlossen, meiner Spur zu folgen und mich die Nacht über zu beschützen, als Gegenleistung für ein kleines Frühstück, bevor sie schließlich verschwinden.

Ich laufe von März bis Mai nach Osten und biege dann nach Norden in Richtung Jakutsk ab. Die Landschaft verändert sich; dichter Wald weicht offener Tundra mit starken Winden. Wenn ich nachts mein Lager aufschlage, muss ich das Zelt an dicken Grasbüscheln festbinden, um es am Boden zu halten, sodass die Wölbung wie eine Spinne inmitten ihres Netzes aussieht. Als sich das Wetter bessert, begegne ich allmählich immer mehr Menschen. Zu den interessantesten gehören Altmetallsammler, die Sibirien auf der Suche nach Überresten von Autounfällen und Flugzeugabstürzen durchstreifen. Einer von ihnen, Juri, erklärt: »Wir sind sehr moderne Leute. Recyceln steht bei uns ganz hoch im Kurs.« Er hat bemerkt, dass eine von Hercules' Deichseln gebrochen ist, und bietet freundlicherweise an, sie zu reparieren.

Dann ist da Wladimir, der in einem mit Pappe abgedeckten Wagen auf mich zukommt, die ihn vor den Steinen der Straße schützen soll. Er teilt sein Picknick mit mir und lässt mich sein Beatles-Album hören, seinen kostbarsten Besitz. Am besten ist es, den kanadischen Abenteurer Colin Angus kennenzulernen, der mit dem Fahrrad auf dem Weg nach Moskau ist. Er schenkt mir eine Tafel Schokolade; ich gebe ihm meinen sandigen Kaffee – kein guter Tausch für ihn, aber wenigstens kann ich ihm die Antenne meines Satellitentelefons leihen, damit er seine Familie anrufen kann, da seine eigene kaputt ist.

Am 1. Mai, dem russischen Ostern, schneit es noch immer und es sind 25 Grad minus mit Windchill. Aber die Eisschollen auf dem Fluss Lena werden verschwunden sein, bis ich diese Grenze nach Jakutien mit einer Fähre überquere. Binnen weniger Wochen verwandelt sich die Umgebung von einer winterlichen Tiefkühltruhe in einen glühenden Backofen. In dieser Region herrschen mit die extremsten Temperaturschwankungen, von 71,2 Grad minus im Winter bis vierzig Grad plus im Sommer. Auf einmal ist es, als würde man sich im Herzen Afrikas und nicht in Sibirien befinden. Es ist verblüffend! Schwarze Wolken verdecken plötzlich die Sonne und ich mache mich auf einen Platzregen gefasst, bis mir klar wird, dass es sich um dichte schwarze Moskitoschwärme handelt. Es ist unglaublich schwül und die Insekten haben die fiese Angewohnheit, sich auf Mund, Ohren und Nase ihrer Opfer zu stürzen, sodass ich bald bis tief in den Hals hinein mit Stichen übersät bin. Ich gewöhne mich daran und die Wärme gibt mir ein ganz neues Gefühl von Freiheit; es ist endlich wieder Zeit, die Hände zu benutzen, ohne befürchten zu müssen, Erfrierungen davonzutragen.

Am 6. Juni erreiche ich endlich Jakutsk N62 131E, ich bin nun schon seit einem Jahr und acht Monaten unterwegs. Geoff fliegt her, bringt Nachrichten von Familienangehörigen und Freunden, darunter meinen Patentöchtern in Kitezh. Ich erfahre, dass es Menschen gibt, die mich noch immer sponsern, um Kitezh auf eine kleine, aber kontinuierliche Weise zu unterstützen. Ich bin überglücklich, Geoff zu sehen. Es bedeutet mir mehr als alles andere, da das hier bis Magadan das letzte Mal sein wird, dass ich mit zu Hause in Verbindung sein werde, abgesehen von kurzen Nachrichten über das Satellitentelefon. Und auch die letzte Gelegenheit, um Ausrüstung für die verbleibenden 2450 Meilen in Russland zu besorgen. Geoff bringt mir neue Schuhe von Saucony und andere wertvolle Gegenstände, unter anderem etwas Rostschutzfarbe als Geschenk für Hercules, während Steve Holland neue Reifen für die Wildnis mit DHL vorausschicken lässt. Der lange Arm der Fürsorge scheint mich überall zu erreichen.

Ich mache mich wieder auf den Weg, laufe auf einer einsamen Straße, einer von vielen Tangenten und staubigen Strecken, die nach Osten zum Fluss Aldan führen, als auf einmal ein Wagen mit einem wunderschönen Hund darin anhält. Vier Leute steigen aus und ich bemerke höflich, wie bewundernswert der Hund ist, der auf der Rückbank des Wagens eingezwängt sitzen bleibt. Seine flauschige große Gestalt und sein langer Schwanz füllen den ganzen Innenraum aus. Er sieht aus wie ein großer, kräftiger Fuchs, rein weiß. Er ist anders als die wilden weißen Hunde, scheint aber einer der hoch angesehenen Laiki zu sein – eine einheimische sibirische Jagdhundrasse – und er sieht aus wie ein sehr wertvoller Ausstellungshund.

Die älteren Leute blicken grimmig. Der junge Mann, der bei ihnen ist, vielleicht ihr Sohn, ist fast in Tränen und platzt auf einmal heraus: »*Podorak!* Ich habe ein Geschenk für Sie!« Er versucht verzweifelt, mir den Hund zu geben. Gerührt von seiner Großzügigkeit, aber verwirrt erkläre ich: »Ich liebe Hunde, aber ich kann im Moment keinen gebrauchen, da ich auf einer langen Reise bin und mich nicht um ihn kümmern kann. Und überhaupt, er gehört Ihnen, er ist so schön.« Ich erkläre, dass der härteste Teil des Laufs noch vor mir liegt und dass ich vielleicht nichts zu fressen für ihn haben werde.

Sie zerren den Hund heraus, der den Schwanz eingezogen hat und den Kopf hängen lässt. Ein Seil hängt um seinen Hals.

»Bitte nehmen Sie ihn«, flüstert der Besitzer auf Englisch. »Bitte. Meine Eltern bringen ihn in den Wald, um ihn zu erschießen.«

Ohne dass es seine Eltern bemerken, versucht er allen Ernstes, mir einen Hundertrubelschein in die Hand zu drücken, um mich damit zu überreden. Während ich die Rubel wieder in seine Hand drücke, kann ich sehen, dass er dieses Tier so sehr liebt, dass er nichts unversucht lässt, um es zu retten. Ich nehme das Seil.

»Sein Name ist Dollar. Er ist acht Jahre alt. Sie wollen ihn erschießen, weil er ihre ganzen Hühner gefressen hat«, ergänzt er. »Er wird Ihnen Glück bringen. Dollar bedeutet jede Menge Zaster.«

Augenblicke später springen sie alle in den Wagen und schießen davon, lassen mich auf der staubigen Straße mit dem Hund an einem Seil zurück. Na ja, hier hat er immerhin noch eine bessere Chance als mit den Eltern des Mannes im Wald.

Ich durchtrenne das Seil und er läuft frei herum. Er ist der wunderschöne weiße Schatten, der mir in den nächsten zehn Tagen folgen wird. Dollar schwimmt durch die Sümpfe und jagt in vollem Galopp durch die Wälder und hinter mir her. Selbst mit Buchweizen als einziger Kost gedeiht er prächtig; er ist voller Frohsinn und Charme. Wir überqueren den Fluss Aldan mit einem winzigen Boot, von einem Dorfbewohner geliehen, erleiden um ein Haar Schiffbruch, erreichen das andere Ufer aber wohlbehalten. Auf den nächsten zweihundert Kilometern fällt mir das Leben leicht. Es ist noch nicht so abgeschieden und in dieser bewaldeten, landwirtschaftlich geprägten Gegend erleben wir alle möglichen Abenteuer.

Dollar ist sehr brav, außer wenn er Hühner, Kühe oder Lastwagen sieht. Ich verbringe meine Zeit damit, ihn zu erziehen, und ich flüchte mit ihm, nachdem er in eine Rangelei mit einem Bauern geraten ist. Schließlich schafft er es, den Fahrzeugen zu widerstehen, und so kraule ich ihn zur Belohnung zehn Minuten lang und gratuliere ihm dazu, dass er auf mich hört. Wir kommen nur noch langsam voran. Aber er lernt und ich lerne ebenfalls. Jeden Mittag bleibt er stehen, legt sich neben Hercules auf den Boden und rührt sich für eine Weile nicht mehr vom Fleck, sodass für mich eine Siesta in der Hitze des Tages zur Routine wird. Er ist ja so weise. Abends, sobald das Zelt aufgeschlagen ist, verschwindet er darin, legt sich auf den Rücken und wartet darauf, dass ihm der Bauch gestreichelt wird. Er ist der klügste Hund, den ich je gesehen habe. Als eines Nachts ein paar betrunkene Männer nah an uns vorbeilaufen, sage ich ihm, dass er still sein soll, und er verrät mich nicht durch sein Bellen. Sie gehen weiter, ohne je mitzukriegen, dass wir dort sind.

Kein Mensch oder Tier hat bislang mein Leben auf der Straße geteilt, aber ich weiß, dass es so nicht weitergehen kann, und ich mache mir ständig Sorgen darum. In den entlegenen Gegenden, die vor uns liegen, würden wir verhungern; es wäre sehr hart und gefährlich und wenn die wilden Hunde wiederkommen, würden sie ihn töten, ebenso die Wölfe. Sie würden anders reagieren als damals, als ich allein war. Aber meine größte Sorge gilt dem Essen. Wenn mir das Essen ausgehen sollte, würde ich leiden, aber ich würde es überstehen, hoffe ich. Mir selbst kann ich das antun, aber nicht einem Tier. Und selbst wenn ich es ihm zumuten und er es überleben würde, könnte ich ihn nicht aus Russland herausbringen. Ich könnte es nicht ertragen, dass Dollar in einem Tierheim endet, falls es so etwas in Magadan überhaupt gibt. Er muss in seinem Land bleiben, in der Mitte Sibiriens, vor allem da er nur begrenzt Russisch versteht. Seine Muttersprache ist, wie sich herausstellt, Jakutisch, die Landessprache dieser Region.

Ich weiß nicht, wie ich für diesen wundervollen Hund ein neues Zuhause finden soll, aber schließlich, nach zehn Tagen, komme ich in die kleine Stadt Xanadu, wo die Menschen noch immer die jakutische Sprache sprechen. Ein Mädchen von etwa zwölf Jahren schlingt die Arme um Dollar und ihre Mutter beginnt, ihn zu streicheln, während er ihre Gesichter ableckt. Ihre Mienen sind voller Liebe und Fürsorge. Dollar hat seine neue Heimat gewählt und sein früherer Besitzer wäre sicher überglücklich. Ich gebe dem Mädchen die Leine, die ich aus einem Teil meines alten Rucksacks für ihn genäht habe. Ich kann sehen, dass sie ihn immer lieben werden und dass er gerettet ist. Sie besitzen keine Hühner, aber ich glaube, er würde sie ohnehin nicht mehr jagen, jetzt nachdem ich ihn erzogen habe. Aber es bricht mir das Herz. Ich umarme ihn und sage, dass er brav sein soll, und gehe schließlich mit Tränen in den Augen weiter.

Als ich Anfang Juli von Xanadu aufbreche, stelle ich mir nicht vor, dass ich für die nächsten eintausend Meilen bis September brauchen werde, und doch passiert genau das.

Der schwerste Teil besteht darin, so viele brückenlose Flüsse und Sümpfe überqueren zu müssen. Es sind ungefähr vierzig Flüsse auf einem Abschnitt von ungefähr 270 Kilometern zu passieren. Oft stecke ich fest: Nachdem ich einen Fluss sicher überquert habe, regnet es wieder und ich muss an der Uferböschung zelten und darauf warten, dass der Regen aufhört und der Flusspegel wieder sinkt, bevor ich den nächsten Fluss durchwaten kann. Ich messe die Tiefe des Flusses mit Steinen am Rand des Wassers, Zoll um Zoll, und bete, dass es nicht regnen wird. Manchmal regnet es tagelang; das Klima hat sich wieder verändert und es herrscht Sumpf- und Regenwaldwetter. Ich strecke das Essen, suche nach Beeren und Pilzen, fange ein paar Fische, greife auf die ganze natürliche Nahrung zurück, die die Natur zu bieten hat – eine Unmenge an Kiefernnadelsuppe, Hagebutten, Brennnesseln, Löwenzahn und Blaubeeren –, aber ich bin ständig besorgt, dass mir das Essen doch noch ausgehen könnte. Ich halte nach Fahrzeugen Ausschau, aber es gibt nur sehr wenige. Als ich es mir nicht mehr leisten kann, noch länger zu warten, muss ich es wagen. Ich versuche, mithilfe von Stöcken ans nächste Ufer hinüberzugelangen, berechne den sichersten Weg und wate dann immer wieder hin und her, um die Ausrüstung Stück für Stück auf die andere Seite zu bringen. In meinen Schuhen trage ich Neoprensocken, ein toller Tipp von Mark von Terra Nova Tents. Zuallerletzt bringe ich Hercules hinüber, stemme mich gegen die Strömung, die ihn flussabwärts zieht. Es ist sehr zeitraubend. Ich werde nie wieder wie selbstverständlich davon ausgehen, dass es so etwas wie Brücken gibt.

Am 11. August habe ich das Labyrinth aus Wasser und Sümpfen halb durchquert. Der nächste Fluss sieht nicht ganz so gefährlich aus wie die meisten anderen zuvor. Schwere Wolken am Himmel kündigen ein Unwetter an und ich muss vorher auf die andere Seite gelangen. Im Moment ist das Wetter noch ruhig. Ich bin zum zweiten Mal auf dem Weg hinüber, ziehe diesmal Hercules, als ich auf einmal ausrutsche. Ich höre das Wasser in meinen Ohren rauschen. Ich pruste und klammere mich an Hercules, während wir flussabwärts gerissen werden. Ein gewaltiger Holzklotz kracht gegen mich, trifft mich am Kopf. Ich spüre, wie meine Arme und Beine unbarmherzig weggezerrt werden, und dann wird alles um mich herum schwarz. Hercules rettet mich, während ich bewusstlos bin. Sein rotes Gurtwerk, in dem ich noch immer festgeschnallt bin, bleibt mit Ach und Krach an einem spitzen Ast hängen. Ich komme zu mir, mit dröhnenden Kopfschmerzen, hin- und hergeworfen zwischen einem Haufen Holzstücke. Das Holz, das sich in meinem Gurt verfangen hat, ist ein halb versunkener schwerer Klotz.

Mein Kopf tut höllisch weh, aber ich bin in Sicherheit und die Sturzflut ist vorbei. Ich bin völlig desorientiert und der Rest der Nacht ist ein verschwommener Fleck meiner Erinnerung. Mithilfe des GPS verfolge ich mühsam meine Schritte zurück und sammele meine Habseligkeiten von den Uferböschungen ein. Das Gefühl, mit dem Schrecken davongekommen zu sein, ist unbeschreiblich. Gott sei Dank habe ich es geschafft.

Die von Stalins Strafgefangenen gebaute Straße wird die »Straße der Knochen« genannt, aber ich nenne sie die »Straße des Mutes«. Eines Tages, als ich im Morgengrauen einen Blick aus meinem Zelt werfe, sehe ich einen menschlichen Schädel und Teile eines Skeletts, ausgegraben von den Fluten. Ich bin erschüttert und empfinde Respekt und Mitgefühl. Die Knochen bedeuten für mich kein Grauen, sondern den Triumph des menschlichen Geistes über das Körperliche. Ich mache schlichte Kreuzzeichen über den Knochen und spreche Gebete für sie.

Allein in dieser Gegend gab es rund dreihundert Konzentrationslager. Ich werde nie vergessen, wie die wenigen Überlebenden, die ich kennengelernt habe, mir als fremder Person mit einer Sanftmut und Freundlichkeit begegnet sind, die mich angesichts des Leids, das sie durchgemacht haben, überwältigt.

Der letzte Fluss, den ich überqueren muss, ist besonders gefährlich und führt viel Wasser mit sich. Ich weiß, dass er vor mir liegt, und er bereitet mir seit einer Woche Kopfzerbrechen. Ich bin keinen Autos begegnet, nichts auf der Straße, bis ich mich diesem Fluss auf 15 Kilometer genähert habe. Ein alter Truck auf riesigen Ballonreifen, die fast alles tragen können, hält neben mir wie ein Gottesgeschenk. Es ist wie etwas aus einem Werk von John Bunyan. Die Familie in dem Truck ist auf dem Weg nach Hause in die Provinz Magadan. Sie sagen, dass ich mit ihnen kommen soll, andernfalls werde ich diesen Fluss nicht überqueren können.

Das Problem ist, dass ich fast nichts mehr zu essen habe; der Wasserstand ist hoch und könnte es bleiben und es könnte über Wochen hinweg keine andere Hilfe geben. Aber wenn ich die Mitfahrgelegenheit für diese 15 Kilometer annehme und so mein Gelübde breche, mich – außer übers Wasser – ausschließlich zu Fuß fortzubewegen, dann werden all die Tausend Meilen meines Laufs umsonst gewesen sein. Wenn du dein Versprechen brichst, dann bist du selbst gebrochen und die Kraft verlässt dich wirklich. Du kannst dich nicht selbst austricksen, aber diese entzückende Familie versteht es – und hat eine Lösung. Sie sagen, sie werden einfach langsam vorausfahren und am Fluss auf mich warten und mir dann hinüberhelfen.

Ich laufe rasch los, um sie nicht länger als nötig aufzuhalten. Ich überlasse es ihnen, Hercules auf den Truck zu verfrachten. Wenig später überholen sie mich hupend und feuern mich im Vorbeifahren an. Ein paar Meilen später wird mir bewusst, dass das alles so schnell und unerwartet passiert ist, dass ich nicht einmal meinen Pass oder meine Dokumente bei mir habe, da alles in meinen Taschen im Anhänger ist. Ich habe nicht einmal irgendwelche Kontaktnummern und keinen einzigen Rubel. Nur Vertrauen. Aber dennoch kann ich nicht umhin zu denken: *Was, wenn es ein Missverständnis war?*

Natürlich stehen sie da und warten an der Uferböschung, wo sie Essen vorbereitet und ein Feuer gemacht haben. Dann bringen Konstantin, Lena und ihre Familie Hercules und mich über den reißenden Strom und setzen mich auf der anderen Seite ab. Sie verstehen das mit meiner Herausforderung und lassen mich Hercules von hier aus wieder ziehen. Auch am nächsten Tag, als ich von der Nebenstraße kommend auf die große Hauptstraße treffe, die von Norden nach Süden führt, sind sie wieder da, halten nach mir Ausschau und laden mich in ihr Dorf ein, das nun ganz in der Nähe ist. Sie verwöhnen mich mit selbst gezogenen Tomaten, Beeren und Freundlichkeit und ich muss sie davon abhalten, mir ihre einzige Sonnenbrille zum Geschenk zu machen.

Zehn Tage später an der Straße nach Magadan stelle ich fest, dass mein Notizbuch irgendwie vom Anhänger gefallen sein muss, und obwohl ich denselben Weg noch einmal zurücklaufe, kann ich es nicht mehr finden. Ich bin untröstlich, denn es enthält unersetzliche Adressen und Erinnerungen. Ein Lastwagen hält neben mir und der Fahrer, ein großer, gut aussehender Mann, steigt aus, gibt mir die Hand und stellt sich als Baglan vor. Er fängt an, von einem Notizbuch zu reden. In der Annahme, dass er etwas in mein Logbuch schreiben will, gestehe ich bedrückt, dass ich es verloren habe. Aber er versucht zu erklären, dass er es am Straßenrand *gefunden* hat. Jetzt hat er es nicht bei sich, da er auf einer langen Strecke nach Norden unterwegs ist. Er hat es mit nach Magadan genommen und bei seiner Frau hinterlegt; mein nächstes Ziel.

Nur ein einziges Mal habe ich auf dem Weg nach Magadan eine unangenehme Begegnung und ich nehme an, dass die Person kein echter Sibirier ist, denn die sibirischen und russischen Männer verhalten sich Frauen gegenüber äußerst ehrenhaft. Eines Morgens höre ich ein Geräusch vor meinem Zelt und zu meiner Verblüffung steht ein Mann genau davor, splitternackt bis auf das T-Shirt, das er wie eine Schlupfmütze um den Kopf trägt, um sein Gesicht zu verbergen. Ich kann nur seine Augen sehen, die durch die Schlitze spähen. Er muss völlig durchgedreht sein, denn Wolken von Moskitos umschwirren ihn, während er eine Pistole auf mich richtet. Er spricht kein Wort – und spielt an sich herum.

Ich kann nicht einfach losstürzen und meine Ausrüstung und mein Zelt zurücklassen, vor allem nicht, nachdem ich es sicher durch all diese Flüsse gebracht habe. Der Trick, begreife ich, besteht darin, nicht erschrocken auszusehen. Das wird ihn verunsichern. Ich werde immer richtig stolz sein, dass ich es geschafft habe, alles zusammenzupacken und sogar jeden einzelnen meiner wertvollen 14 Zeltpflöcke einzusammeln. Ich versuche mich so zu benehmen, als ob es völlig normal sei, dass ein nackter Mann mit einer Pistole vor meinem Zelt steht. Ich sage immer wieder *njet* und *doswidanja* und Hercules und ich kommen mit heiler Haut davon, aber ich träume noch viele Nächte von dieser leidenden Seele und sehe immer wieder Gesichter zwischen den Bäumen.

Danach laufe ich schnurstracks nach Magadan. Ich bin bei meinem 24. Paar Schuhe und habe über 1500 Meilen in ihnen zurückgelegt. Ich hebe Teile eines Autoreifens vom Straßenrand auf und klebe sie mit russischem Superkleber, den ich im letzten Dorf gekauft habe, an die Schuhe, um ihr Leben zu verlängern. Ich stopfe Gras als zusätzliches Polster hinein, da meine Füße allmählich wund von den harten Steinen auf der Straße werden.

Schließlich hat der Countdown für Magadan begonnen. Anfang September 120 Kilometer ... siebzig Kilometer ... fünfzig Kilometer ... *Nach alldem komme ich allmählich an Russlands Ende*, denke ich. *Ich habe es fast geschafft.* Dreißig Kilometer vor Magadan schlafe ich zum allerletzten Mal unter sibirischen Sternen, überwältigt von Emotionen aller Art. Ich erinnere mich an die unzähligen Nächte in den sibirischen Wäldern, neben Flüssen, die Geister, die Angst und den Überlebenskampf und wie sich auf dem ganzen Weg irgendwie immer jemand um mich gekümmert hat, an die Ehrlichkeit, den Mut und die Großzügigkeit der sibirischen Menschen. Es wird nie wieder dasselbe sein. Es ist das Ende ... und ein Neuanfang.

Ein neuer Kontinent liegt vor mir, Menschen, die es zu lieben, und ein neues Land, das es zu entdecken gilt.

Ich finde Baglans Zuhause, eine kleine Wohnung in der obersten Etage am Stadtrand von Magadan. Er ist mit dem Lastwagen unterwegs, aber seine Frau und seine Tochter begrüßen mich mit der zerfledderten blauen Tasche, die hinten von meinem Anhänger gefallen ist und das kostbare Notizbuch, meine Kamera und sogar mein Portemonnaie enthält, wie ich erst nach der Begegnung mit Baglan feststellen musste. Sie wollen keinen Finderlohn annehmen, obwohl das Leben hier in wirtschaftlicher Hinsicht noch härter ist als in anderen Gegenden Russlands: Jobs sind selten, Renten nichts wert. Die Lebenserwartung für Männer liegt bei fünfzig Jahren und nimmt ab. Es gibt einen oberflächlichen Glanz, schöne Geschäfte, aber die Menschen hier wurden von Moskau, das so weit entfernt ist, vergessen.

Ich komme eben noch rechtzeitig nach Magadan, um das letzte Flugzeug vor dem Winter über die Beringsee nach Alaska zu erreichen. DHL Magadan kümmert sich um Hercules und Lubja, die Managerin, zeigt mir »Die Maske des Schmerzes«, eine riesige Skulptur, die sich über Magadan erhebt, als Denkmal für die Gulag-Häftlinge.

»Magadan hat die längste Hauptstraße der Welt«, erklärt Lubja, »weil die Stadt ein Teil der tausend Meilen der Straße der Knochen ist. Die Tatsache, dass Leid, Schmerz und Tod die Grundlage von Magadan gebildet haben, heißt nicht, dass seine Geschichte auf diese Weise geendet hat. Schwere Zeiten können jetzt mit Zuversicht und Arbeit enden. Eines Tages wird Magadan ein schöner und blühender Ort sein.«

Am nächsten Tag bringen die DHL-Leute mich zum Flughafen, liefern mich mit derselben Sorgfalt ab, als wäre ich eines ihrer Pakete. Sie umarmen und küssen mich und sind die letzten Menschen, die ich in Sibirien sehe. Ich kann kaum sprechen. Während ich durchs Flugzeugfenster zurück auf Magadan blicke und an das wilde, wunderschöne Land denke, das vor mir liegt, habe ich das Gefühl, dass für ein einziges Leben bereits zu viele meiner Gebete erhört wurden.

Am 17. September lande ich in Alaska.

KAPITEL 24

Verliebt in Alaska

Alaska, September–Oktober 2005

Um vier Uhr morgens, nach eineinhalb Jahren in Russland, auf einem neuen Kontinent anzukommen, ist ein Gefühl, das ich kaum beschreiben kann. Ich bin überwältigt, als ich aus dem Flughafen komme. Alles ist völlig anders. Der Geruch der Bergluft, die lebendige Atmosphäre und das Lebensgefühl.

Ich sehe die Umrisse der schneebedeckten Chugach Mountains hinter der Stadt Anchorage in der Morgendämmerung auftauchen und ich bin auch verblüfft von der Einsamkeit Alaskas. Jenseits der Stadt wird meine Reise hier noch härter sein als in Sibirien.

Ich quartiere mich auf einem Campingplatz in der Nähe des Stadtzentrums ein, wo die Blätter bereits wie Goldmünzen von den Bäumen fallen. An meinem ersten Tag in Anchorage scheinen mich alle auf der Straße anzuhalten, um in fröhlichem Englisch »Hi, schönen Tag für Sie!« zu sagen. Nach all den Monaten in der eisigen Wildnis fühlt sich das ganz gewöhnliche Alltagstreiben magisch an. Ich bin hingerissen von den hohen, modernen Gebäuden, geschäftigen Straßen, belebten Cafés, gut gefüllten Lebensmittelläden und Bergen von T-Shirts in den Geschäften.

Während ich darauf warte, dass Hercules aus Magadan eintrifft, wird Anchorage der entscheidende Stützpunkt für den nächsten Teil meines Laufs. Mein Plan – und Traum – ist es, von der westlichsten Spitze des nordamerikanischen Kontinents aufzubrechen, von einem Dorf an der Beringstraße, das erstaunlicher- und passenderweise Wales heißt. In Sibirien war ich, wenn auch manchmal bei sechzig Grad minus, die meiste Zeit auf einer Straße unterwegs. Mehr als eintausend Meilen meiner Route in Alaska werden mich über Sümpfe, Marschland, Berge, lange Abschnitte mit zugefrorenen Wasserwegen und Meereis führen. Ich muss sicherstellen, dass ich die korrekten Informationen bezüglich der Route bekomme, damit meine Ausrüstung möglichst genau darauf zugeschnitten werden kann. Obwohl ich mich danach sehne, loszulaufen, muss ich auf unerlässliche Ausrüstung warten und sicherstellen, dass ich perfekt vorbereitet in diese sehr gefährliche Etappe meines Laufs starte. Es wäre unverantwortlich, aufzubrechen, bevor ich mich für die Herausforderung so sicher wie möglich ausgestattet habe. Während ich jeden Tag losziehe, auf der Suche nach Geological-Survey-Karten, elektronischen Karten, die ich auf mein GPS laden kann, und Reparaturen und Ausrüstungsgegenständen, die von dem Campingladen REI organisiert werden, bekomme ich großzügige Rabatte und haufenweise freundliche Ratschläge: »Pass auf dich auf«, »Wir beten für dich«, »Auf geht's, Mädchen!« und sogar »Willst du mich heiraten?«.

Ich bin inspiriert und überwältigt von all der Hilfe, die mir im Laufe der nächsten paar Monate zuteilwird. Genau wie in Russland ist es die Großzügigkeit der Menschen, die darüber entscheidet, ob ich es schaffen werde oder nicht.

Meine Campingplatz-Nachbarn sind unvergesslich.

Man hatte mir gesagt, dass der Campingplatz in keiner guten Gegend der Stadt liegt und etliche Leute, die hier leben, trinken. Doch sie haben alle in der Zeitung über mich gelesen und scheinen stolz auf jeden kleinen Schritt zu sein, den ich bei meinen Vorbereitungen tue. Auf dem Zeltplatz gibt es ein paar Menschen, die keinen anderen Ort zum Schlafen und viele Probleme haben. Und doch sind sie absolut ehrlich, was meinen Besitz betrifft, und alle passen auf mich auf.

Freddie, der sich um seinen kranken Bruder Larry kümmert, erklärt, dass er auf jeden Fremden, der sich meinem Zelt nähert, »ein Auge haben« wird. Ein anderer Mann (der wie ich auf einem Lauf ist, aber in seinem Fall auf der Flucht vor jemandem, der ihn umbringen will) ist besessen von *Jane Eyre* und leiht mir seine Bücher. Dann ist da noch Mark, der schwankend zu meinem Zelt herübertorkelt und sagt, dass er wegen der Bären in der Wildnis besorgt um mein Wohlergehen ist. »Ich werde dir das Schießen beibringen!« Dann fallen ihm die Augen zu und er sackt vor meinem Zelt zusammen und schläft, bis seine Freundin ihn zurück zu ihrem eigenen schleift. John rührt keinen Tropfen Alkohol an und hat einen braunen Hund, Buster, der nachts in aller Eile an seiner langen Leine hinausstürzt, um Pipi zu machen, und dann ums Zelt herumläuft und sein Herrchen darin verheddert.

An meinem Geburtstag kommen die Camper um drei Uhr morgens und laden mich zu einer Party ein. Ich bin tief gerührt, aber ich bin schlaftrunken und lehne höflich ab. Um sieben Uhr morgens sind sie wieder da und hinterlassen eine Nachricht. Ich bin bereits in der Stadt und telefoniere mit meiner Familie. Als ich wiederkomme, redet niemand mit mir und niemand kommt vorbei. Ich denke, ich bin nur noch ein paar Tage hier, daher tut es mir leid, wenn ich sie gekränkt habe. Sie lassen mich nicht in die Nähe ihrer Zelte, als ich mich zu entschuldigen versuche. Dann, auf einmal, offenbart sich das ganze Geheimnis. Sie kommen mit einer Geburtstagstorte, die sie bestellt und irgendwie bezahlt haben. Sie ist wunderschön, fachmännisch glasiert und mit »ROSIE« und einem kleinen rosa Herz versehen. Sie schenken mir ein weißes T-Shirt, auf dem sie alle unterschrieben haben.

Freddie sagt: »Du gibst mir Hoffnung.«

Ich werde vom Komitee des Iditarod-Schlittenhunderennens kontaktiert. Ein Großteil meiner Route wird an der Strecke des legendären Iditarod entlangführen, das jedes Jahr im März stattfindet, rund 1200 Meilen Wildnis von Anchorage nach Nome. Meine Route von Wales, Alaska, wird, so hoffe ich, in Nome enden. Von dort kann ich der Iditarod-Route in umgekehrter Richtung nach Anchorage oder, falls das Wetter das nicht zulässt, Fairbanks folgen.

Die Organisatoren waren über die Maßen hilfsbereit und haben mich mit Carolyn Craig und Will Peterson zusammengebracht, die seit Jahren dem engagierten ehrenamtlichen Begleitteam für das Rennen angehören. Will und Carolyn verbinden Begeisterung mit Realitätssinn und der Fähigkeit, nach extrem hohen Zielen zu streben – was vielleicht mit dem Geist des Iditarod zusammenhängt – und Möglichkeiten zu finden, um sie zu erreichen. Manche Menschen kann man anhand ihres Aussehens beschreiben, andere anhand der Gefühle, die von ihnen ausgehen. Die Art, wie sie mir helfen, ist außergewöhnlich. Die Probleme und Unsicherheiten meiner Reise sind sehr real, aber sie vertrauen mir, dass ich mein Bestes tun werde, und lassen mir ihre wundervolle Unterstützung zuteilwerden.

Das Iditarod ist eher eine Art Navigationsroute als ein Weg im engeren Sinn und ein Großteil davon führt über offene Flüsse und Sümpfe. Wenn ich bis März warten könnte, würden die großen Flüsse, Meeresbuchten, Marschgebiete, Berge und Sümpfe zugefroren oder von Schneemobilen geebnet und die Strecke insgesamt sicherer sein. Aber ich kann nicht so lange warten und muss es riskieren, sie jetzt zu laufen. Ich habe noch immer einen solch weiten Weg vor mir. Ich weiß, dass es heimtückisch und halb gefroren sein wird, aber Carolyns und Wills Informationen und Ratschläge könnten es möglich machen.

»Wir haben ein Netzwerk von Freunden überall an den Wegen«, verspricht Carolyn, »und wir werden dich im Auge behalten.« Will schreibt einen detaillierten Wegweiser für mich, mit Telefonnummern und Kontakten in allen von der Straße abgelegenen Dörfern längs der Iditarod-Route, und fügt Wegpunkte auf meinem GPS ein, die die Wildnis-Schutzhütten und besonders gefährliche Gebiete zwischen Nome und Anchorage anzeigen.

Das DHL-Büro wird zur Schnittstelle zwischen Ost und West. Am 4. Oktober trifft Hercules triumphierend aus Russland ein und ich fühle mich, als würde ich mit einem alten Freund wiedervereint werden. Geoff, die Leute bei Saucony, PHD und andere schicken mir Pakete aus England, darunter die ausgebesserten und gereinigten Extremwetterschlafsäcke und die starke PHD-Mustagh-Daunenjacke. Mein dritter Winter auf dem Lauf naht. Ich kann es kaum glauben.

Am nächsten Tag kommt Carolyn mit wundervollen Neuigkeiten zum Campingplatz heruntergetänzelt. »Es läuft alles noch besser, als ich je gedacht hätte«, verkündet sie. Ihr guter Freund, Dr. Adrian Ryan, hat sie angerufen. Dr. Ryan, ein orthopädischer Chirurg und Ureinwohner Alaskas aus Unalakleet, das auf halbem Weg nach Wales liegt, hat gesagt, dass er in ein paar Tagen mit seiner Piper Navajo nach Unalakleet fliegen wird, um seine Mum zu besuchen. Ob Rosie und Hercules mitkommen wollen? Eines meiner großen Probleme besteht darin, für den Beginn meines Laufs zur Beringstraße zu kommen. Carolyn hat nach einer Möglichkeit gesucht, mich dorthin zu bringen. Meine Reise hat wirklich Schutzengel.

Ich nehme Abschied von meinen Campingplatz-Freunden und ziehe für die letzten paar Tage hektischer Vorbereitungen in das Zuhause von Carolyns Schwester Shannon und ihrem Mann Charlie Bader, die zusammen mit ihrer Mum Ella ebenfalls zu tollen Verbündeten werden. Während ich packe, ruft ein japanischer Radiosender immer wieder an und bittet um ein Interview mit »Miss Rosie«. Alles fügt sich wunderbar. Charlie hatte sich vorgenommen, Hercules zu überholen, aber jetzt bleibt nicht mehr viel Zeit. Er tut, was er kann, flickt die großen Löcher, die die sibirischen Holzklötze und Steine in Hercules gerissen haben, und streicht ihn mit Epoxidharz. Als letzten Schliff klebt Will einen Aufkleber auf Hercules' Hinterteil, auf dem steht: »ALASKA GIRLS KICK ASS!« Und dann sind wir startklar.

Freitag, der 7. Oktober, ein wunderschöner und klarer Tag; der erste Frost glitzert auf dem Gras und den gefallenen Blättern, während Hercules verladen wird, um erneut zum Flughafen gebracht zu werden.

Als Finale dreht Charlie ein Video für meine Familie. »Woher kommst du?«, fragt er, während ich in die Kamera spreche.

»Wales.«

»Und wohin fährst du jetzt?«

»*Wales!*«

Das kleine Flugzeug, das Adrian, mit seinem Sohn Jonathan als Copiloten, steuert, fliegt hoch über die Alaska Range und neigt sich dann, um den Blick über die endlose Landschaft freizugeben. Die riesige, blendende, faszinierende Wildnis, die Berge, Täler und Flüsse meiden dich und rufen dich, steigen in deinen Geist und deine Seele auf, allein schon, wenn du auf sie hinuntersiehst. Ich kann so vieles auf einmal sehen. In dieser einen Hinsicht ist es anders als Sibirien, wo ich nie eine Vogelperspektive einnehmen konnte. Aber während ich auf das alles hinuntersehe, verspüre ich hier auch ein Gefühl von Freiheit und Kampf, so völlig anders als Sibirien, nicht den Schmerz, nicht die Gefangenenlager, obwohl geografisch so nah.

In diesem Moment habe ich, ganz gleich, was vor mir liegt, das Gefühl, dass mir hier irgendetwas widerfahren wird, das meine Denkweise über das Leben für immer verändern wird. Noch während ich denke: *Wie soll ich das schaffen, wie soll ich es wirklich zu Fuß durchqueren?*, weiß ich, dass der Preis nicht zu hoch sein wird, denn das kann kein Preis sein. In diesem Augenblick verliebe ich mich in Alaska.

Wir landen bei Sonnenuntergang auf dem kleinen Flughafen von Unalakleet; purpur- und scharlachrote Lichter erstrecken sich in atemberaubender Schönheit über den Norton Sound und die Beringsee.

Eva, Adrians Mutter, ist klein und zierlich und sprüht vor Energie. Viele Familienangehörige und Kinder sind da, Wärme strömt aus ihren Herzen und dem Feuer. Auf dem Tisch steht traditionelles Essen: Elcheintopf, Lachs, im Sommer gefangen und für später geräuchert, Brot und Kekse, selbst gebacken. Außerdem gibt es chinesische Nudeln von dem kleinen Laden in der Stadt, da die Kinder sie so sehr lieben.

Adrians Schwester, Ferno Tweto, eine lebhafte, attraktive, fit aussehende Frau mit kurzen Haaren und einem schelmischen Zwinkern, ist eine berühmte Läuferin. »Frauen wie du und ich sind völlig verrückt«, versichert sie mir. Alle sind zu Scherzen aufgelegt und sprühen vor guter Laune. Überwältigt von alledem und von Müdigkeit übermannt, liege ich bald im Bett, unter einem seidenen Federbett in einem hübschen Zimmer.

Auf meinem Weg die Beringstraße hinunter werde ich später durch Unalakleet laufen, daher lasse ich einige der Karten und andere Ausrüstungsgegenstände, die ich nicht sofort brauche, hier. Am nächsten Morgen fliegen Adrian und Jonathan mich nach Wales – 224 Meilen weiter nördlich. Adrian will nicht einmal Geld für diesen teuren, komplizierten Flug annehmen.

Der Wind bläst mit dreißig Meilen pro Stunde, als wir auf der Landepiste in Wales aufsetzen. Das Flugzeug ruckelt auf dem windigen Rollfeld, während Hercules und ich rasch von Bord gehen. Adrian schenkt mir seine Pilotenhandschuhe als Talisman und damit sie mir Wärme und Glück bringen. Augenblicke später sind meine Helfer wieder in der Luft. Ich winke, bis sie nur noch ein Punkt hoch über dem Kap Prince of Wales sind. Zum Meer hin deutlich zu sehen sind die Kleine Diomedes-Insel, Teil der USA, mit der Großen Diomedes-Insel dahinter, die zu Russland gehört. Nur zwei Meilen trennen sie. Dazwischen verlaufen die Internationale Datumsgrenze und die US-amerikanisch-russische Grenze. Damit ist die Große Diomedes-Insel nur dreißig Meilen von Wales entfernt; das Ostkap in Sibirien nur 55 Meilen. Alles ist auf einmal so nah.

Schwarze Wolken hängen über den Inseln. Das Licht eines eisigen Sonnenstrahls schimmert von irgendwo unter diesen Wolken hoch und beleuchtet ihre Umrisse. Ich denke: *Eines Tages werde ich über die Beringstraße nach Sibirien zurückkehren.* Aber ich schwöre mir, dass ich, wenn ich mit meinem Lauf fertig bin, ein Sponsoring organisieren und wie die asiatischen Stämme und ein oder zwei wagemutige moderne Reisende heutzutage diese Expedition als Nächstes versuchen werde. Ich hätte die Straße der Knochen für nichts aufgegeben, aber man muss immer einen unvollendeten Traum im Herzen tragen und die Sehnsucht nach dem nächsten Abenteuer.

Der wilde Strand erstreckt sich bis ins dahinterliegende Flachland, aber hinter mir, im Windschatten der Felsen, ist die kleine Ansammlung von Gebäuden, die das Dorf Wales und das Zuhause von 152 Einwohnern bildet; die westlichste bewohnte »Stadt« auf dem nordamerikanischen Kontinent.

Von der Landepiste gehe ich die einzige Straße des Dorfs hinunter, in der es zwei niedrig gelegene kleine Häuser, eine kleine weiße Kirche und eine Kingikmuit-Schule gibt. Adrian hat mir erzählt, dass sie nur 48 Schüler bis zur zwölften Klasse hat. Ich glaube nicht, dass ich erwartet werde, aber vielleicht haben die Leute irgendetwas über ihre Funkgeräte, das Radio oder das Internet mitbekommen – oder über den Buschfunk! Eine Frau schießt in einem Geländebuggy, ähnlich wie ein Golfwagen, auf mich zu, ein integraler Bestandteil des modernen Lebens in Wales, mit mehreren Kindern, die sich an das waghalsige Gefährt klammern. Lena begrüßt mich überschwänglich, mit dunkelbraunen Augen, die als einziger Teil ihres Gesichts zu sehen sind, da sie eine große Mütze und mehrere Schals trägt. Auf einmal tauchen aus heiterem Himmel immer mehr Menschen auf und versammeln sich um mich. Lena und Marie und ein paar andere freundliche Einwohner bitten mich, zu bleiben. Außerstande, mich zu entscheiden, und weil es das ist, was ich am liebsten tun will, erkläre ich, dass ich gern an der Küste schlafen würde, da ich schon immer auf die Diomedes-Inseln hinaussehen wollte. Sie laden mich ein, das Zelt aufzuschlagen, wo immer ich will. Ich zelte am wilden Strand. Der Wind heult noch immer, aber das Zelt ist geschützt hinter einer Sanddüne. In der Nacht wache ich auf, lausche dem Schlagen der Wellen und spreche einen Dank dafür aus, dass ich es bis hierher geschafft habe. Und dann schlafe ich wieder ein, zwischen dem süßlichen Geruch der Tundra und der Moose unter der dünnen Schneeschicht. Um diese Jahreszeit hat das richtig kalte Wetter noch nicht eingesetzt und es sind nur zehn Grad minus.

Außer zwei der hiesigen Bewohner sind alle Menschen Inuquik-Eskimos. Es ist ein harter Ort zum Leben. Es wächst kein Gemüse und kein Baum. Jagen und Fischen sind die einzigen Nahrungsquellen, abgesehen von Vorräten, die eingeflogen werden, und alles ist sehr teuer. Von den Dorfbewohnern erfahre ich, dass der Wind nie aufhört. Letztes Jahr verließ ein Mann am ersten Weihnachtsfeiertag im Sturm sein Zuhause, um nur hundert Meter weit zu einem anderen Haus im Dorf zu gehen, und wurde aufs Meer hinausgeweht. Sein Leichnam wurde nie gefunden. Und doch ist das Leben einfallsreich organisiert. Es gibt eine kleine Gesundheitsklinik, sogar einen Waschsalon, im Winter mit Schneewasser betrieben, das vom Elektrizitätswerk geschmolzen wird, Strom von einer Windkraftanlage, ein Gemeindezentrum und einen kleinen Laden. Vieles ist geschlossen, da morgen Sonntag und am Montag Kolumbus-Tag ist. Man führt mich durch die Kingikmuit-Schule; die Schüler unterzeichnen meine Flagge mit dem roten Drachen und malen Bilder von Hercules und mir, um mich zu inspirieren. Ein Lehrer macht Fotos und schickt sie per Mail an James, sodass Wales (in England) sich prompt daran erfreuen kann. Pastor Matt spricht Gebete für mich und leiht mir, als zusätzliche Vorsichtsmaßnahme, eine Smith & Wesson, um Bären zu verscheuchen. Dann, am nächsten Tag, dem 12. Oktober, breche ich auf, um meinen Weg über die York Mountains nach Brevig Mission fortzusetzen.

Wie Carolyn und Will mich gewarnt haben, ist es eine harte Jahreszeit. Von Wales muss ich nach Brevig und dann weiter nach Teller und Nome laufen, wo ich auf die Iditarod-Route stoßen werde. Von Wales nach Brevig gelangt man normalerweise, abgesehen vom Luftweg, mit dem Boot oder mit dem Schneemobil übers Meereis, was gut für mich gewesen wäre, aber das Meer ist noch nicht zugefroren. Deshalb muss ich den Weg über die York Mountains und durch das Kandugak-Tal nehmen. Nach den ersten paar Meilen hinter der Radarstation Tin City endet das Küstenvorland und die Berge fallen zum Meer hin steil ab, was diese Inlandsroute zur einzigen Möglichkeit macht. Sie existiert, sagen die Dorfbewohner, aber sie ist schwierig und wird selten, falls überhaupt je, begangen.

Die tatsächliche Entfernung von Wales nach Brevig beträgt nur sechzig Meilen. Ich habe geschätzt, dass ich sieben bis acht Tage dafür brauchen werde, aber stattdessen dauert es 16. Jede Hoffnung, dass Alaska einfacher sein könnte als Sibirien, schwindet. Es ist eine schöne Strecke, aber ein Kampf.

Die erste Etappe ist leicht: Nach elf Meilen auf einer unbefestigten Straße erreiche ich die US-Radarstation Tin City. Die Funker verwöhnen mich. Ich kann duschen und bekomme eine köstliche Mahlzeit und dann mache ich mich wieder auf den Weg, da es erst früher Nachmittag ist. Ich laufe weiter am Küstenvorland entlang, da es hinter Tin City keine Wege mehr gibt, und später zelte ich zwischen dem Treibholz und den Bergen von weichem Schnee, während ich zusehe, wie ein riesiger orangefarbener Märchenmond aufgeht und über verschneiten Hügeln schwebt.

Am nächsten Morgen, noch bevor ich viel weiter gekommen bin, ruft eine Stimme hinter mir: »Hi, hier kommt Essen auf Rädern!« Ein Geländebuggy taucht über den Dünen auf. Es ist Ben, einer der Tin-City-Funker, der mir eiserne Rationen der Armee bringt. Lena und Larry aus Wales kommen mit einem Glas Robbentran und einem Snack aus selbst gemachten Lachs-Sticks und wollen noch einmal nach mir sehen, bevor ich in die Wildnis der Berge und Täler außerhalb der Reichweite ihrer Geländebuggys verschwinde. Sie versichern mir, dass sie auf Nachrichten über das Satellitentelefon warten werden. »Vergiss nicht, das hier ist Alaska. Wir werden dir Hilfe besorgen, wenn du sie brauchst.« Die Bewohner von Alaska tun wirklich alles, was sie können.

In den nächsten zehn Tagen bekomme ich keinen anderen Menschen zu Gesicht. Ich schleppe Hercules über die Kuppe des ersten Hügels, fort vom Meer, und steige in endlose Täler hinab, mit unzähligen Wildnisflüssen, die ich überqueren muss, hauptsächlich, indem ich wate und mir einen Weg durch das Eis bahne, das noch nicht dick ist. Das Wasser ist kalt, wenn auch noch nicht vollständig gefroren. Wie in Russland trage ich Neopren-Tauchsocken, um mich zu schützen. Zumindest in dieser Hinsicht ist es eine Welt: Es klappt mit derselben Ausrüstung.

Die Berge ragen zu beiden Seiten steil hinauf. Im Kandugak River Valley türmen sich Eisblöcke bis zu meinen Knien, streckenweise mit scharfen Gesteinsbrocken dazwischen, sodass ich nur langsam vorankomme. Mit den Rädern an dem Anhänger kann ich mich kaum vorwärtsbewegen und ohne sie auch nicht, da Hercules' Hinterteil wieder beschädigt wird und es hier schwerer ist, ihn als Schlitten zu ziehen. Mit durchgefrorenen Fingern muss ich die Räder immer wieder an- und abschrauben. Es erfordert viel Konzentration, die Radkappen nicht zu verlieren, aber auch die Räder danach wieder richtig anzubringen. Wenn ich es nicht tue, werden die Kugellager beschädigt werden. Während ich wieder bergauf steige, auf einen Pass zu, den ich durchqueren muss, betrete ich eine Welt aus purem Schnee und Eis, mit majestätischen Bergen, die sich zu beiden Seiten erheben, eine Welt, in der ich mich auf einmal sehr klein und demütig fühle. In der Tundra habe ich bislang nur zwei Grizzlybären gesehen und sie sind mir ebenso misstrauisch begegnet wie ich ihnen. Den Knall der Pistole des Pastors musste ich noch nicht ausprobieren. Jetzt gibt es nur prächtige Weißkopfseeadler, die hoch über den Bergen kreisen und auf mich hinuntersehen, auf wundervollen Flügeln, von denen ich wünschte, ich hätte sie. Ich liebe es, zu ihnen hochzustarren. Es fällt mir schwer zu begreifen, dass ich völlig allein in dieser seltenen und wunderschönen Natur bin. Es ist den Kampf eindeutig wert.

Es gibt so viele Bäche. Die dritte Abzweigung links führt nach Rapid Creek und ich darf sie nicht verpassen. Es gibt nichts als Weiße und die verwaschenen Umrisse der Berge, da es zu schneien begonnen hat. *Bleib nicht zu lange auf demselben Kompasskurs,* denke ich. *Verpass die Abzweigung nicht.* Ich folge den GPS-Weglinien, aber die Karten sind alt. Es gibt Steilhänge und gewaltige Eisbrocken, wie eingestürzte Eisberge, die von dem Felsvorsprung über der GPS-Weglinie herabgebrochen sind. Wie Wüstensand verändert sich die verschneite Wildnis ständig und verbirgt ihre Vergangenheit. Ich komme nur langsam voran, aber das GPS führt mich weiter in die richtige Richtung.

Auf einmal zieht sich das Wetter zu und ich muss mich für zwei Tage im Zelt verkriechen, um zu warten, bis es vorbei ist. Die starken Winde und Schneestürme sind unerbittlich, aber das Zelt ist fantastisch. Es ist ein erstklassiges Bergzelt. Über das Satellitentelefon rufe ich in Wales und Tin City an, um Bescheid zu geben, dass alles in Ordnung ist, ich aber später als erwartet in Brevig ankommen werde. Ich nutze die Zeit, um mich auszuruhen und um mich zu kümmern und weiter jeden Schritt auf den Karten vorauszuplanen. In dieser Phase zählt jedes Gramm Gewicht – ich trage kein Buch, keinen iPod oder Ähnliches bei mir. Es ist schon anstrengend genug, das GPS mit Batterien zu betreiben und das schwere Solarladegerät zu tragen. Wenn das Wetter eine kurze Verschnaufpause einlegt, stelle ich es jedes Mal auf, um das Satellitentelefon mit Notstrom zu versorgen.

Schließlich klart das Wetter auf, aber der Aufstieg zum Pass ist sehr steil. Ich muss Hercules entladen, genau wie damals, als ich die Flüsse durchquerte, und die Taschen voraustragen, wofür ich meine ganze Energie verbrauche.

Ich fühle mich fantastisch, als ich es am 24. Oktober schließlich über den höchsten Pass schaffe und mit dem Abstieg zum Lost River beginne. Ich kann das Meer und die Küste wieder sehen. Das Gelände geht in Tundra, Sumpfgebiete und Strände über und scheint leichter zu überwinden zu sein als die Berge, aber es gibt viele halb zugefrorene Bäche. Die meisten Bäche haben an beiden Ufern eine starke, ein bis zwei Meter breite Eisschicht und rauschendes Wasser in der Mitte.

Die einzige Möglichkeit, auf die andere Seite zu gelangen, besteht darin, über das Eis zu rutschen, da es zu hart ist, um zu brechen, und den Schlitten hinter mir herzuschleifen. Auf allen vieren klappt es am besten, da ich so ein besseres Gleichgewicht habe – von Huskys können wir ein, zwei Dinge lernen. Ich werfe ein Stück Stoff oder einen Lappen vor mir her, um meinen Knien mehr Halt zu geben, aber letztendlich fällt der Anhänger in der Mitte des Bachs jedes Mal ins Wasser und ich muss ihn auf der anderen Seite wieder herauszerren. Es ist anstrengend und dauert eine Ewigkeit. Hercules, der mit der ganzen Ausrüstung ungefähr zweihundert Pfund wiegt, treibt nicht mehr an der Oberfläche – vielleicht macht ihm das Eis zu sehr zu schaffen, er wird allmählich alt.

Mein Essen geht noch vor dem Ende dieser Etappe, trotz der eisernen Rationen, zur Neige, da das Wetter mich aufgehalten hat. Zum Glück trage ich jede Menge rein natürlicher Vitamine von sehr hoher Qualität bei mir, die Brian Welsby mir geschickt hat und die ein Teil des Ernährungsprogramms seiner Olympia-Athleten sind. Ich koche die Vitamine mit Wasser zu einer Suppe und trinke dieses Gebräu immer wieder mit Robbentran. Es schmeckt wie Lebertran mit einer ganz eigenen Note, aber es ist ein starkes Zeug und sehr gesund. Ich finde noch ein anderes Eskimo-Geschenk in meinem Gepäck verstaut: einen kleinen Beutel mit Stücken von Walrossspeck, der mir gut bekommt. Das Fett sorgt dafür, dass ich mich nicht allzu hungrig fühle, obwohl ich eigentlich nicht viele Kalorien zu mir nehme.

Die große Angst, wenn man allein ist, ist immer, dass man durchdrehen könnte, wie so mancher Marathonläufer, der sich zu viel zugemutet hat. Ich kann es mir einfach nicht leisten, es so weit kommen zu lassen, da ich völlig allein bin. Während eines Sturms in einem ziemlich ungeschützten Teil des Küstenvorlands bricht eine der Zeltstangen. Es ist eine lange Nacht, in der das Zelt einfach um mich gewickelt ist. Ich fröstele und zittere. Ich kann es nicht reparieren, bevor sich das Wetter am nächsten Morgen beruhigt hat. In der Zwischenzeit breche ich früh in den Sturm auf, da die Anstrengung mich aufwärmen wird. Wenn eine Sache schiefgeht, besteht immer die Gefahr, dass dies einen Dominoeffekt auslösen könnte. Vielleicht liegt es daran, dass mir so kalt ist, als ich aufbreche. Auf einmal tue ich einen falschen Tritt und falle unerwartet hart auf den Boden. Ich spüre einen brennenden Schmerz und denke, dass ich mir eine Rippe gebrochen haben muss. Ich wickele mir einen Schal um die Rippen und der Schmerz wird erträglich. Vielleicht ist sie ja nur angeknackst. Ich sage mir immer wieder, dass ich kräftig vom Ziehen des schweren Anhängers bin. Meine Muskeln sind gut und das hilft dabei, die Rippe stabil zu halten. Ich bin fest entschlossen, Hercules bis nach Brevig zu ziehen, jetzt, wo ich meinem Ziel schon so nah bin. Ich muss die Zähne ein bisschen zusammenbeißen, aber es stimmt, was alle weisen Menschen sagen – wenn es wichtig genug ist, dann kann man durchhalten, egal, was passiert. Ich passe die Gurtriemen so an, dass sie um meine Taille anstatt meine Seiten verlaufen, was weniger unangenehm ist. Ich brauche nur zwei Tage, um nach Brevig zu gelangen, und bis zum 27. bin ich so erfüllt von Aufregung und Adrenalinschüben, dass ich überhaupt kein Unbehagen mehr verspüre, denn ich bin *nur noch drei Meilen vom Ende dieser Etappe entfernt!* Es war eine ganz besondere Strecke. Ich war langsam, aber es ist alles gut gegangen.

Es ist ein herrlich klarer Tag. Ich schlage wieder den Weg zur Küste ein, nachdem ich zunächst eine sumpfige Inlandsroute an der Brevig Lagoon entlang genommen habe. Ich halte Ausschau nach den ersten Umrissen des Dorfes, nach einer Lücke in den Dünen und nach Menschen. Die Adler kreisen hoch oben am Himmel. Ich komme an einer großen Herde zotteliger Moschusochsen vorbei, die in dem eisigen Sonnenschein der Tundra seelenruhig herumstehen und mich über die Dünen hinweg beäugen.

Auf einmal sehe ich einen alten Mann und einen kleinen Jungen vor mir am Strand. Die ersten Menschen seit zehn Tagen. Er stellt sich mit einem feierlichen Händedruck vor. Henry Olanna, der mit seinem Neffen Treibholz fürs Feuer sammelt. Er betrachtet mich mit ungläubiger Miene. Dann bietet er mir eine Mitfahrgelegenheit auf seinem Geländebuggy an, die ich dankend ablehne, da es nur noch eine Meile ist. Ich bin überglücklich, angekommen zu sein. Henry kommt wieder, als ich das Dorf erreiche.

»Meine Frau sagt, ich soll sie *nach Hause* bringen!«

KAPITEL 25

Wie zu Hause in Nome

Alaska, November 2005

»Ich bin ja so froh, dass sie heil angekommen ist«, ruft ein Dorfbewohner, während er auf mich zustürzt. »Die letzte Frau, die es allein zu Fuß durchs Kandugak-Tal geschafft hat, war Mrs. Tocktoo, die im Jahr 1916 vor ihrem Ehemann geflüchtet ist.«

Der Wind hat wieder aufgefrischt und heult jetzt laut; schwarze Wolken hängen tief über den winzigen Blechhütten, einer klapperigen Brücke, dem durchhängenden Kabel eines fragilen Stromnetzes und einem Postamt, das nur ein roter Metallkasten ist. Es gibt Eis, Schnee und Sümpfe. Wie Wales ist auch Brevig ein Ort, zu dem keine Straßen führen, und es gibt kaum Fahrzeuge. Es hätte keinen Sinn; es gibt nur Schneemobile, Geländebuggys, eine Schule, eine Kirche und so weiter. Das Leben hier ist ziemlich schlicht.

Ich bin völlig verblüfft, dass die Menschen hier, inmitten ihrer eigenen schwierigen Existenz, mein Vorankommen in den Bergen durch meine kurzen Satellitenanrufe in Wales und Tin City, die an sie weitergeleitet wurden, verfolgt haben.

Ich habe vor, zu zelten, aber Rita Olanna schlingt die Arme um mich und zieht mich ins Haus. »Wir haben uns schon Sorgen um Sie gemacht, während der Stürme«, sagt sie. »Sie haben zwar gesagt, dass es Ihnen gut geht, aber wenn Sie in den nächsten zwei Tagen nicht angekommen wären, wäre Henry losgezogen, um Sie zu suchen. Jetzt glauben wir, dass Sie jedes Wetter überleben können.«

Mein erster Eindruck dieser herzlichen und freundlichen Familie wird nochmals bestätigt, als meine Schlafsäcke und Kleider neben dem Holzofen zum Trocknen aufgehängt werden und es eine reichhaltige, nahrhafte Mahlzeit gibt. Die Ureinwohner Alaskas leben hier, wie auch in Wales, vom Jagen und Fischen und das seit Generationen. Es gibt einen Laden, aber sein Angebot ist begrenzt, erklärt Rita. Wir essen Maisbrot, Walrossspeck, Elcheintopf, Robbentran und Cranberrys, die den Sommer über in der Tundra gesammelt und eingemacht wurden. Danach geben die Olannas mir Schmerzmittel für meine Rippe und ein schönes weiches Bett zum Schlafen. Es fällt mir schwerer, aus diesem Bett zu steigen, als aus meinem Schlafsack im Zelt zu kriechen, das völlig unter frischem Schnee begraben ist.

Am nächsten Morgen fühle ich mich viel besser. Ich bin entschlossen, so bald wie möglich wieder aufzubrechen. Die Neunzig-Meilen-Strecke nach Nome führt zum Teil über eine Wildnisstraße. Sie ist aufgrund extrem gefährlicher Wetterbedingungen bereits für den Winter gesperrt, aber die Einheimischen sagen, dass es machbar ist und nicht so schwer sein wird wie der Lauf von Wales nach Brevig. Die härteste Etappe der Wildnis wird nach Nome kommen. Ich muss die letzten Vorbereitungen und logistischen Details in Nome abklären und in Gedanken bin ich bereits dort. Ich suche die Klinik auf, wo die Schwester sagt, dass die Rippe gebrochen ist, aber nicht an einer gefährlichen Stelle. Ich rufe Carolyn in Anchorage an, nachdem ich mir eine Telefonkarte gekauft habe, und kaufe Dörrfisch von Henry und Spaghetti und Kaffee in dem kleinen Laden und ich besuche Pastor Crockett, um wie versprochen die Pistole des Pastors in Wales zurückzugeben. Pastor Brian Crockett hat ein Husky-Team und leiht mir einen seiner Hunde, eine pensionierte kleine, alte Hundedame namens Sandy, zehn Jahre alt, mit gelbbraunem Fell, weichen Ohren und sanften Augen, für einen Teil der Strecke. Ich werde Hercules selbst ziehen, aber Sandy haben, damit sie mich über das schwierige Gelände führt. Sie wird sich an der Küste einen Weg durch das Eis bahnen, um zu verhindern, dass ich noch einmal stürze.

Ich laufe zunächst sechs Meilen an einem schmalen Strandabschnitt entlang bis zur Mündung des Nook- und Imuruk-Beckens in die Beringsee. Die Imuruk-Mündung ist ein wilder, wogender Seeweg, fünfhundert Meter breit, mit tiefem, tosendem Wasser. Zwischen Nook und Teller auf der anderen Seite gibt es keinen Weg hinüber außer mit dem Boot, es sei denn, die Mündung ist zugefroren. Man hat mir gesagt, dass ich hier warten soll, bis ein Fischerboot auftaucht, und es dann heranwinken und sie bezahlen soll, damit sie mich ans andere Ufer bringen. Bald kommen Eskimo-Robbenjäger vom Meer her tuckernd in Sicht, in einem verbeulten alten Blechboot, das sie geschickt durch die starken Strömungen steuern. Sie waren zwei Tage fort, um zu fischen und zu jagen, ohne großen Erfolg, wie sie sagen. Am Steuer steht ein alter Mann mit einem verträumten Seefahrerblick, wie aus der *Ballade vom alten Seemann,* nur dass er ein alaskischer Ureinwohner ist. Er hat einen kleinen Jungen als Crew, der Hercules, Sandy und mich problemlos an Bord balanciert.

Die Straße ist wild. Keine Telegrafenmasten, Zäune oder Kreuzungen, nur pure Wildnis, windgepeitschte offene Tundra. Ich habe Sandy nur für zwei Tage. Sobald ich auf der Straße bin, ist das Gelände sehr hart für ihre Pfoten. Sie ist alt und nicht im Training. Obwohl ich ihre Gesellschaft schätze und sie süß und gutmütig ist, liegt mir daran, Sandy gesund nach Hause zu bringen, bevor ich zu weit laufe. Wir haben Glück, denn nach zwei Tagen schlechtem Wetter, als sich das erste robuste Geländefahrzeug durch die Schneestürme kämpft, sitzen darin gute Freunde von Joe Garnie, dem legendären Husky-Schlittenführer, den ich in Teller kennengelernt habe und der zufällig auch ein Freund von Brian ist. Und so wird Sandy erst zu Joe und dann von ihm weiter nach Brevig gebracht. Später rufe ich über das Satellitentelefon an, um mich zu vergewissern, dass sie gut nach Hause gekommen ist, und höre, dass sie glücklich ist und gut frisst.

Ich brauche neun Tage, um nach Nome zu gelangen. Die meiste Zeit bin ich extrem einsam, aber jedes Fahrzeug, das vorbeikommt, bringt eine neue Geschichte mit sich, wie zum Beispiel an dem Tag, an dem ich den Bürgermeister von Teller kennenlerne. Zu Alaskas schönsten Traditionen gehören die Wildnis-Schutzhütten, die für

Reisende unverschlossen gelassen werden. Dort sind immer Lebensmittel, Streichhölzer und Kerzen hinterlegt. Jeder, der ankommt, kann benutzen, was immer er benötigt. Der Brauch sieht vor, dass man gehacktes Brennholz und Lebensmittel und alles andere, was man sonst nicht benötigt, für die nächste Person dalässt, die es brauchen könnte. Ich übernachte einmal in einer der beiden Schutzhütten auf meiner Route. Sie ist gemütlich, aber ein bisschen unordentlich hinterlassen worden, daher nehme ich einen Sack Abfälle, der Nagetiere anlocken könnte, und wuchte ihn auf Hercules. Aber was ich als Nächstes damit tun soll, ist ein Problem. Ich bin noch immer weit entfernt von Nome. Aber das Schicksal ist auf meiner Seite: Der erste Wagen seit zwei Tagen kommt in Sicht, bald nachdem ich aufgebrochen bin, und hält an.

»Könnten Sie bitte meinen Abfall für mich mitnehmen?«, bitte ich den lächelnden Fahrer. Ich erkläre, was ich tue und dass ich ihn nicht bis nach Nome mitschleppen kann.

»Sehr gern!«, ruft er, springt aus dem Wagen und verbeugt sich fast. »Ich bin Ken Hughes, der Bürgermeister von Teller. Ich sammele immer den Abfall ein.«

Andere fabelhafte Leute sind die TelAlaska-Ingenieure, die bei jedem Wetter draußen unterwegs sind: Sie müssen die Telefonmasten hochklettern und die Anlage reparieren, selbst bei vierzig oder fünfzig Grad minus. Die meisten von ihnen, wie zum Beispiel Andy, sind tatsächlich Bergsteiger. Andy und sein Boss Roger sagen, dass ich im TelAlaska-Gästehaus wohnen kann, wenn ich nach Nome komme.

Am 5. November fühle ich mich ziemlich mitgenommen. Meine Rippe schmerzt wieder und in den letzten paar Tagen habe ich immer nur sechs Meilen am Tag geschafft. Ich befinde mich in einem Whiteout, mit Temperaturen unter dem Gefrierpunkt und unaufhörlichem Schneetreiben. Das Gefährliche an diesem Wetterphänomen ist, dass die Umgebung um einen herum jegliche Konturen verliert. Der Horizont gerät außer Sicht und alles um einen herum erscheint gleichmäßig weiß. Man verliert jeglichen Orientierungspunkt und kann leicht verloren gehen, was bei diesen Bedingungen lebensgefährlich enden kann. Ich ziehe Hercules einen steilen Hügel hinauf, als plötzlich ein Fahrzeug neben mir hält. Darin sitzen zwei charmante Männer, der Fahrer, John Earthman, und sein Beifahrer, Bob Collins, und ein wunderschöner großer Falke, den sie haben fliegen lassen. Sie fragen mich, ob es mir gut geht, und ich fasse für sie kurz zusammen, was ich tue. Nach einer Weile lädt mich John zu einem Abendessen ein, das seine Frau bei ihnen zu Hause zubereitet, zwanzig Meilen weiter auf meiner Route, in der Nähe des Snake River.

»Ich nehme die Einladung im Geiste an«, erwidere ich, »und es ist sehr freundlich von Ihnen, mich zu fragen, aber ich glaube nicht, dass ich es rechtzeitig schaffen werde.«

Das muss man sich mal vorstellen: mitten in einem Whiteout auf einer Wildnisstraße zum Abendessen eingeladen zu werden.

Nachdem ich mit ihnen geredet habe, fühle ich mich besser und beschließe, ihre Einladung doch anzunehmen – und ich schaffe es tatsächlich rechtzeitig zum Abendessen, nachdem ich Hercules durch weitere tiefe Schneewehen auf der Straße gezogen habe. Als ich schließlich ankomme, ist Johns Frau Marguerite so freundlich, meine nasse Kleidung zum Trocknen aufzuhängen. Ich kann mich waschen und dann esse ich mit ihnen Pizza. Es ist toll, mit Johns Familie und Bob und ihren Freunden, Dave und Seeni Holly, zusammen zu sein. John und Bob sind Falknermeister, die für die Wildnis leben und so viel darüber wissen. Der Peregrine Fund/World Center for Birds of Prey (eine gemeinnützige Organisation zum Schutz von Greifvögeln) in Boise, Idaho, hat den Wanderfalken und viele andere Arten, darunter den Mauritiusfalken und den Kalifornischen Kondor, vor dem Aussterben bewahrt. Bei der Falknerei dreht sich alles um den Schutz und Respekt vor der Natur. Zu den größten Problemen der wilden Tierwelt überall gehören die bedrohten Lebensräume und das Versprühen von Chemikalien in Ländern der Dritten Welt, mit weitreichenden Folgen für die Vögel.

Bob macht sich zum Aufbruch bereit. »Ich muss mich um meine Mädchen kümmern«, sagt er. Er meint seine drei Setterhündinnen. »Sie halten mich auf Trab.«

Da er in Nome lebt, sagt er, dass ich ihn anrufen soll, wenn ich irgendetwas brauche. Es ist ein großes Privileg, von diesem außergewöhnlichen Mann unterstützt zu werden. Sein Vater starb an Prostatakrebs, was ihn dazu bewegt hat, das »ehrenamtliche Alaska-Hauptquartier« auf meinem Lauf zu werden. Sein kluges Denken und seine Großzügigkeit retten mir nicht nur einmal, sondern viele Male das Leben. Auch wenn er selbst es nicht so sehen würde – er würde einfach sagen: »Da haben wir sie wieder.«

Am nächsten Morgen laufe ich endlich in Nome ein. Es ist ein schöner, strahlender Sonntag; zwar kalt, etwa zwanzig Grad minus, aber freundlich und klar. Während ich von Norden hereinkomme, sehe ich eine kleine Gruppe von Gebäuden, eine Kirchturmspitze, wildes Meer und die schnee- und eisbedeckte Landschaft dahinter. Es ist so seltsam und verblüffend. Ich erreiche die erste Stadt auf dem nordamerikanischen Kontinent. Eine Stadt, die mit keiner anderen durch ein Straßennetz verbunden ist, die älteste Stadt Alaskas. Auf einem Schild steht: »WILLKOMMEN IN NOME, GEGR. 1901«. Im Jahr 1898 stießen »Drei glückliche Schweden« im nahe gelegenen Anvil Creek auf Gold. Rasch wurden zwanzigtausend Menschen vom Goldrausch angelockt. Heute hat Nome eine Bevölkerung von rund viertausend Einwohnern, sieht aber noch immer aus wie eine Pionierstadt. Ich laufe die Front Street hinunter, vorbei am Board of Trade Saloon, dem ältesten Saloon in Alaska, und dem Zeitungsbüro der Nome Nugget, um das TelAlaska House fast am anderen Ende der Stadt zu erreichen.

In den nächsten acht Tagen reißt sich jeder ein Bein aus, um mir zu helfen. Hercules wird in der beheizten Garage untergebracht und Chuck Titus, Andy Hennings und die anderen TeleAlaska-Männer reparieren ihn und rüsten ihn um und malen sogar den Namen »HERCULES« darauf. Chuck, der für die Pfadfinder Wildnis-

Überlebenskurse gibt, leiht mir seine Schutzbrille, Handschuhe und Stollen und der Operationsleiter Roger Meeks bietet mir einen Survival-Anzug von unschätzbarem Wert, ein Notrufgerät, eine Stroboskopleuchte und vieles mehr an.

Am nächsten Tag kommt Bob vorbei und fährt mich in die Stadt, um nach einer dicken, wasserdichten Sturmhose zu suchen, die ich zusammen mit meinen Daunenhosen verwenden kann. Bald wird es *sehr kalt* werden. Er ist mir eine große Hilfe dabei, Lebensmittel und Landkarten zu besorgen und über Ausrüstung zu diskutieren. Ich habe Geoff gebeten, mir noch einen Biwaksack von Terra Nova zu besorgen. Es ist ein hübscher, starker roter Biwaksack und er kommt wohlbehalten an. Es ist schwer zu entscheiden, ob ich den Biwaksack mitnehmen soll, der leichter ist, oder das Zelt, das bequemer ist; denn mein Gepäck ist mittlerweile zu einem beachtlichen Berg herangewachsen und extrem schwer. Ich muss zusätzliches Essen, Batterien und Vorräte mitnehmen, da vermutlich eine der härtesten Etappen des Laufs um die Welt vor mir liegt. Es gibt viele Fragen bezüglich der Karten, der logistischen Ausrüstung und der Überlegung darüber, wie viel Hilfe ich von den entlegenen, straßenlosen Eskimodörfern bekommen könnte, die ich mit allen diskutieren muss.

Die State Troopers in Nome sind extrem hilfsbereit. Ich nehme mir ihren Rat, wachsam zu sein, sehr zu Herzen. Sie bestätigen mir, was ich bereits weiß, nämlich dass die Bedingungen in der winterlichen Wildnis lebensbedrohlich sind. Ich bin fest entschlossen, auf dem Weg so gut wie möglich auf mich aufzupassen. Es gibt viel zu organisieren. Die sehr charmante Dr. Lew im Norton Sound Regional Hospital führt einen Check-up bei mir durch und erklärt, dass mein Gesundheitszustand ausgezeichnet sei. Mein einziges Problem, verkündet sie mit einem ironischen Lächeln, sei, dass ich halb Sibirien in den Ohren habe und dass es ein Wunder sei, dass ich überhaupt noch etwas hören könne. Sie verbringt fast eine Stunde damit, meine Ohren auszuspülen, bis sie sich wie rauschende Wasserfälle anfühlen.

An dem Tag, an dem ich in Nome ankam, flogen die Journalistin Marijke Engel und der Fotograf Jörg Modrow von Deutschland hierher, um für die *Brigitte* über meinen Lauf zu berichten. Marijke hatte mich über die Website kontaktiert. Ein japanischer Radiosender versucht mich zu erreichen und dank James gab es Tausende von Besuchern auf der Website. Es kommt völlig unerwartet. Ich bin im Begriff, in die Wildnis loszustürmen, und James sagt: »Die Leute halten den Atem an, um zu sehen, was los ist.« Ich wundere mich, dass das Interesse so groß ist, und auf einmal wird mir bewusst, dass es bei diesem Lauf nicht länger nur um mich geht.

Nome hat während des Goldrauschs Träume wahr gemacht, daher ist es nur passend, dass ein anderer Traum hier Wirklichkeit geworden ist. Marijke hat zwei Jahre dafür gekämpft, über meine Reise schreiben zu können, und hat nun zusammen mit Jörg endlich den Auftrag bekommen. Beide sind ganz besondere Menschen, passen genau zu dem »Nome-A-Team« und werden ein Teil davon. Sie borgen sich sogar mein Zelt und kommen in der bitteren Kälte mit zum Zelten, während ich den Biwaksack teste. An ihrem letzten Abend kocht Marijke im TelAlaska House ein Abendessen, um sich bei allen zu bedanken, und serviert eine köstliche Kürbissuppe. Da es nicht viel frisches Gemüse gibt, kann niemand verstehen, wie sie es geschafft hat, die Zutaten zu bekommen.

Schließlich ist alles bereit und nachdem ich mich von Freunden, die ich nie vergessen werde, verabschiedet habe, breche ich von Nome aus auf. Die Eskimos an der alaskischen Küste, die mich mit meiner Ausrüstung sehen, fragen mich voller Neugier, ob ich auf der Flucht vor der Polizei sei.

»Noch nicht«, antworte ich. »Die State Troopers waren alle wundervoll. Ich laufe aus einem anderen Grund.«

KAPITEL 26

Überleben in Alaska

Alaska, November 2005

Hallo, James. Deine Mutter ist gestern Mittag, am 14. November, von Nome aufgebrochen. Sie ist auf der Iditarod-Route auf dem Weg nach White Mountain. Gestern Abend und heute Morgen betrug die Temperatur ungefähr dreißig Grad minus mit Windchill. Deine Mutter geht an der Küste der Beringsee entlang, die kaum einen natürlichen Schutz vor dem Wind bietet. Sie hat mich gebeten, ihre Gedanken für dich wiederzugeben, während sie diese nächste Etappe ihrer Reise antritt. Sie muss sich absolut konzentrieren. Kleine Fehler würden ernste Auswirkungen haben. Sie ist jetzt besser als je zuvor auf einen weiteren arktischen Winter vorbereitet. Hercules wurde weiter umgerüstet, dank der freundlichen Leute von TelAlaska. Sie hat ein Survival-Kit und eine Notrufleuchte. Sie wollte sich bei allen bedanken und ihre Liebe für ihre Familie zum Ausdruck bringen. Sie entschuldigt sich dafür, dass sie sich bei euch allen nicht so oft gemeldet hat, wie sie es gern wollte. Sie brauchte ihre Zeit in Nome, um sich auf die sehr schwierige nächste Etappe vorzubereiten. Sie bleibt ihrer Familie und ihren Freunden und den Anliegen, an die sie glaubt, nach wie vor aus tiefstem Herzen verbunden.

Bob Collins

Die nächsten Monate sind die härtesten meines Laufs. Zu keiner Zeit will ich aufgeben, aber oft denke ich, dass ich nicht mehr weiterlaufen kann und dass ich nicht überleben werde; wenn mir so kalt ist, dass ich Angst davor habe, einzuschlafen, und fast am Verhungern bin. Und doch steht die Gefahr im

Schatten der logistischen Anstrengungen all derer, die mich nach wie vor unterstützen. Ich widme diese folgenden Kapitel euch. Ich habe noch nie zuvor eine solche Fürsorge erlebt und es stimmt: Liebe besiegt jeden Widerstand.

Von Anfang an habe ich das Gefühl, dass es hier um mehr geht als nur die harte physische Reise und die eisige Kälte. Meine Eindrücke auf der Straße an der Küste hinter Nome sind geprägt von gestrandeten Fischerbooten, tosendem Wind, Treibholz, das wie ein Elchgeweih aus dem Schnee aufragt, einem Schild, auf dem »REISEN ÜBER DIESEN PUNKT HINAUS NICHT EMPFOHLEN« steht, und Millie (die Ehefrau des TelAlaska-Ingenieurs Andy Hennings), die durch eine eineinhalb Meter hohe Schneewehe auf der Straße fährt, um mir einen Becher mit heißer Schokolade zu bringen und mich zu umarmen.

Drei Tage später, nachdem ich nur sehr langsam vorangekommen bin, befinde ich mich noch immer auf meinen ersten 22 Kilometern auf einem offenen Landstreifen zwischen der stürmischen, eisigen Weite des Safety Sound und der Beringsee; der Wind peitscht von beiden Seiten über die Straße, als würde er auf seinem eigenen Freeway dahinsausen. Oft kann ich mich in den Böen nicht aufrecht halten. Ich suche mit dem Biwaksack Schutz zwischen Treibholz, als Bob auftaucht, nachdem er sein Fahrzeug mit großer Vorsicht über die Straße gesteuert hat. Es ist wundervoll, ihn zu sehen. Trotz der Paparazzi gibt es absolut keine Aufzeichnungen von den harten Etappen meines Laufs und er ist entschlossen, ein Video für meine Familie zu drehen.

An diesem Morgen sind es 32 Grad minus. Ich weiß nicht, wie er überhaupt die Kamera halten kann – es ist eine Qual, auch nur die Lasche des Biwaksacks zu öffnen, da der Schnee das Innere binnen Sekunden zuschüttet. Auf dem Objektiv muss es mehr Kleckse als Bildausschnitte geben. Es hat ohnehin nicht viel Sinn, sich über »mein bestes Profil« den Kopf zu zerbrechen, da zwei Zentimeter Gesicht alles sind, was zu sehen ist. Aber zum Glück hören die Sturmböen (»Blaslöcher«) ebenso plötzlich auf, wie sie angefangen haben, und er kann dramatische, aber *etwas* ruhigere Aufnahmen machen und filmt mich dabei, wie ich auf der Straße zum Safety Roadhouse laufe, einer Landmarke, die geschlossen und mit Brettern vernagelt ist, mir aber dennoch außerhalb ihrer Wände einen gewissen Schutz bietet. Er schickt den Film an ITV Wales, damit die Menschen in Tenby ihn sehen können. Ich weiß nicht, wie seine Hände die ganze Filmarbeit überhaupt aushalten. Er lächelt nur aufmunternd und sagt: »Nase ins Objektiv, so ist's gut«, als wäre ich ein Filmstar. Dinge wie diese bauen mich mehr auf als irgendetwas anderes auf der Welt.

Aufgrund des Wetters stecke ich drei Tage vor dem Safety Roadhouse fest. Unter den beengten Verhältnissen im Biwaksack, in tiefem Eis und Schnee, lässt es sich nur schwer aushalten und der Wind ist zu stark, um es zu riskieren, es zu verlassen. Es wäre viel zu gefährlich, zu versuchen, in den Wind hinauszugehen. Es sind dreißig Grad minus, viel kälter als in meinem ersten Jahr in der Nähe von Riga, als ich bei ungefähr zwanzig Grad minus im Biwakzelt lebte. Jetzt ist es zu kalt, um auch nur die Lasche zu öffnen, und ich fühle mich, als würde ich unter Eis und Schnee in einem Leichensack liegen. Der Biwaksack ist vielleicht leicht und tief liegend, aber ich träume von meinem Zelt und ich bin so froh, dass es repariert und nach Unalakleet, 280 Meilen weiter, vorausgeschickt wird.

Am 19. November lässt der Wind nach und ich nehme entschlossen den Weg über die Safety Bridge, während ich denke: *Das hier ist mein allerletztes Stück Straße für die nächsten eintausend Meilen.*

Auf den letzten acht Meilen Straße treffe ich auf ein paar Leute, die mitten in der winterlichen Wildnis in der Nähe des Solomon River in einer Hütte leben. Sie wundern sich, mich zu sehen, und bitten mich herein. Die Frau nimmt meinen Schlafsack von Hercules und will ihn trocknen (sie haben einen Generator) und sagt, dass sie ihn in den Trockner stecken wird. Während sie Tee macht, sehe ich nach dem Schlafsack. Als ich die Tür des Trockners öffne, sind überall Federn: Der Schlafsack ist verkohlt, mit einem halben Meter großen Loch darin. Ich *kann* sie einfach nicht wissen lassen, was passiert ist. Sie wäre am Boden zerstört. Ich schnappe mir einen schwarzen Sack von meiner Ausrüstung und stopfe das ganze Teil, mit Federn und allem, hinein und sammele die ganzen Federn ein, die überall verstreut liegen. Ich überlege, wie ich jetzt zurechtkommen soll, während ich meinen Tee trinke. Ich bin so froh, dass die Leute nichts davon mitbekommen haben. Ich danke ihnen für ihre Freundlichkeit und breche etwa eine halbe Stunde später auf, da ich die Dinge regeln muss, bevor es dunkel wird.

Ich habe noch zwei andere Schlafsäcke, aber sie sind nicht so warm und in dieser Nacht ist mir kalt. Der Biwaksack wird vom Wind hin und her geworfen und ich stoße mir immer wieder den Kopf an, sodass Eis auf mich herunterregnet, während ich versuche, das Loch in meinem Schlafsack zu flicken. Schließlich gelingt es mir mithilfe von Klebeband, Alaskas Lösung für alles.

Das Satellitentelefon ist meine Rettungsleine. Die Batterien müssen immer wieder aufgeladen werden, da das Solarpanel bei schlechtem Wetter nicht funktioniert, aber es ist so eingerichtet, dass es sparsame E-Mails von bis zu sechzig Zeichen versenden kann, und ist von unschätzbarem Wert.

Ich erfahre, dass Bob das Zelt während einer raschen Geschäftsreise nach Anchorage zur Eilreparatur gebracht hat und versuchen wird, es mir zu bringen, falls er kann, falls die Straße offen ist. Intuitiv hat er meine Gedanken und meine Zweifel gelesen, meine Lebensbedingungen im Biwaksack beobachtet und die Initiative ergriffen. Ich bin so dankbar.

Zu meiner Verblüffung schafft er es, obwohl sich der Zustand der Straße verschlechtert hat, und kommt wie der Weihnachtsmann persönlich, genau wie Geoff damals in Riga, und bringt mir das Zelt, perfekt repariert. Außerdem hat er mir Handschuhe, fünf Paar Eisstollen für meine Schuhe, herrlich trockene Schlafsäcke – die schnee- und wasserdicht sind – und viele andere Dinge gekauft. Geoff, Bob und Peter Hutchinson haben offenbar ebenfalls dringende E-Mails ausgetauscht, nachdem sie sehr besorgt wegen meines verkohlten

Schlafsacks waren, und Peter ist dabei, einen neuen zu machen. Sie sind alle einfach fabelhaft. Bob ist der letzte Mensch, den ich für die nächsten 13 Tage sehe, aber ich habe sein ironisches Lächeln über meine Reaktion auf seine Ankunft noch immer vor Augen.

Am nächsten Morgen muss ich eine breite, offene, beängstigend aussehende Eisfläche überqueren, die über den Abfluss des Solomon River und von der Küste über den Rand des Safety Sound landeinwärts führt. Zwischen dem Eis sind überall Wasserflächen, manche über Wasserfällen, manche sehr tief. Solange man nicht nah genug an sie herankommt, kann man unmöglich sagen, was was ist, daher ist die Situation wahnsinnig gefährlich. Ich bin nur eine Meile von der Straße entfernt, aber es könnten einhundert Meilen sein, so abgeschieden, wie ich mich hier fühle.

Auf einmal erhebt sich ein ohrenbetäubender Wind, von nichts auf 75 Meilen pro Stunde. Ich stürze, klammere mich an Hercules und bleibe, wo ich bin. Ich kann kaum die Hand vor den Augen sehen, nur das Tosen des Windes hören. Ich vergrabe den Kopf in meiner Kapuze und meinen Schals, preise die starke Khumbu-Gortex- und die dicke Daunenjacke dafür, dass sie wie immer auf mich aufpassen, und die Tatsache, dass ich mit Daunenjacke und -hose und einer wasserdichten dicken Sturmhose so warm angezogen bin. Ich hasse es zu frieren und ich übertreibe immer mit warmer Kleidung, aber jetzt bin ich einfach so froh darüber. Die großen, trockenen Schlafsäcke in meiner Ausrüstung sind ebenfalls sehr praktisch, da Wasser durch das Eis aufsteigt und zwischen dem Schneetreiben hochspritzt. Ich bete, dass ich nicht zu nah an offenem, tiefem Wasser bin. Ich zittere vor Schock und Angst, aber ich habe schon vor langer Zeit in Russland festgestellt, dass Angst keine Rolle spielt, solange man weiter tut, was man tun muss. Ich muss bleiben, wo ich bin.

Der Sturm tobt; Schnee türmt sich an Hercules auf und bietet ein wenig Schutz. Ich rolle mich einfach zu einer Kugel zusammen und warte ab. Ich denke an die Geschichten, die ich gehört habe. Zum Beispiel die eines Mannes in Solomon, der mitten in einem Whiteout zu seinem Schuppen ging, um Holz zu holen, und die Orientierung verlor. Sein Leichnam wurde nur 75 Meter von seinem Zuhause entfernt gefunden.

Eine Stunde später, ebenso plötzlich, wie er begonnen hat, hört der Sturm auf. Topkok ist berüchtigt für seine Blaslöcher. Das flache Gebiet vom Strand her, auf dem ich mich jetzt befinde, ist einer der gefährlichsten Abschnitte des Iditarod, aber es gibt keinen anderen Weg. Es ist eine gute Lektion. Das Eis ist an manchen Stellen rissig und ich bewege mich sehr, sehr langsam vorwärts. Jetzt kann ich wieder klar sehen und ich kann im Zickzack gehen, um die Gefahrenstellen zu meiden. Die neuen Stollen machen einen Riesenunterschied und helfen mir, auf dem Eis Halt zu finden. Es ist schwer, das ganze Gepäck zu ziehen, aber wir haben das erste Blasloch unversehrt überstanden. Vor meinem geistigen Auge sehe ich den tapferen Hercules, der mich durch ganz Russland gebracht hat, auf dem schimmernden Eis dieses Kontinents, ein stolzer Anblick in dem wunderschönen Abendlicht, das sich auf einmal über dem Himmel ausgebreitet hat. Es war sein Moment des Triumphs im winterlichen Alaska.

Kurz vor Einbruch der Dunkelheit erreiche ich endlich den Hauptteil des Festlandes. Erschöpft schlage ich das Zelt im Tiefschnee auf. Es ist eine solche Zuflucht – es fühlt sich an wie eine Festung verglichen mit dem Biwaksack – und ich sinke in einem Kokon aus Komfort in den Schlaf, obwohl es minus dreißig Grad sind.

KAPITEL 27

Topkok

Alaska, November–Dezember 2005

Eine absolut atemberaubende, blendende, wunderschöne Wildnis umgibt die Landspitze Topkok Headland. Bald verschwinde ich bis zur Taille in den gewaltigen Verwehungen aus weichem Puderschnee und Hercules versinkt in tiefem Schnee. Sein Eisengestell macht es mir hier unter diesen Bedingungen fast unmöglich, ihn zu bewegen. Hercules hat mich zehntausend Meilen weit gebracht, aber dieses Gelände hier ist anders als alles, was er in Russland kennengelernt hat, und er ist nicht dafür gebaut. Ich kämpfe jeden Tag darum, einhundert Meter zu schaffen, und White Mountain ist noch immer dreißig Meilen weit entfernt. Ich muss Hercules entladen und die Taschen eine nach der anderen voraustragen. Ich bin erschöpft und sehr besorgt.

Tag für Tag kämpfe ich mich vorwärts, baue das Zelt auf und ab und schleppe mich dann wieder hundert Meter weiter. Ich werde die gelben Iditarod-Wegweiser nie vergessen, die nach den Whiteouts auftauchen; jeder einzelne, den ich erreiche, fühlt sich wie die Eroberung einer Festung nach gewonnener Schlacht an. Es sind 25 bis dreißig Grad minus, die Erschöpfung lässt mich die Kälte bitter spüren und das Zelt rettet mir immer wieder das Leben. Ich schaffe es, mit meinen gefrorenen, nassen Kleidern hineinzukriechen, und dann breche ich in den Schlafsäcken zusammen, schmelze auf dem Kocher Schneewasser und stürze es hinunter, da ich immer so großen Durst habe. Ich komme leicht durcheinander: Eines Tages, als ich mir eine Mahlzeit zubereiten will, gebe ich nicht genügend Schnee in den Topf, um die Spaghetti zu kochen, und sie bleiben im Topf kleben und sind fast roh, aber ich esse sie trotzdem.

Ich habe meine Koordinaten über das Satellitentelefon an Bob geschickt, der mir per SMS Wettervorhersagen von unschätzbarem Wert sendet. Ich schreibe ihm eine E-Mail, dass Hercules Probleme mit dem Gelände hat und dass Will Peterson angeboten hat, einen Schlitten für mich zu finden, sollte ich einen benötigen. Ich hoffe, dass ich ab White Mountain einen Schlitten haben werde, aber Bob, der weiß, dass ich nicht vorwärtskomme, sagt: »Nicht viele Menschen verstehen, dass Nordalaska Sibirien *ist.*« Der Wind heult über die Beringsee. Es ist fast Dezember und extrem gefährlich. Ich bin in der offenen Wildnis und komme kaum vorwärts, daher setzt er alles in Bewegung, um mir den Schlitten schon jetzt zukommen zu lassen.

Binnen eines Tages, mithilfe eines unglaublichen logistischen Aufwands und fürsorglichster Großzügigkeit, ruft Bob Will an, der den bekannten Läufer Denis Douglas kontaktiert, der mir prompt seinen Schlitten leiht. Mit einem komplizierten Flugplan, der zwei oder drei verschiedene Umstiege beinhaltet, wird der Schlitten nach Nome geschickt. Geoff und Bob garantieren, dass der Schlitten, sollte ich ihn beschädigen oder verlieren, ersetzt werden wird. Bob verfrachtet ihn in ein kleines Flugzeug nach White Mountain und heuert zwei Männer an, die erfahren im Umgang mit GPS-Navigation sind, damit sie mit Schneemobilen am Flughafen warten und mir auf meinem Weg entgegenkommen.

Hercules' Zustand hat sich verschlechtert. Ich war entschlossen, es irgendwie mit ihm zusammen zu schaffen, aber Tatsache ist, dass wir noch immer nur einhundert Meter am Tag zurücklegen. Bob hat riesige Anstrengungen unternommen, um mir zu helfen, meinen Weg fortzusetzen. Er hat das ganze Projekt gerettet. Ich *muss* zu Fuß nach White Mountain kommen und mein Versprechen nach Clives Tod, einmal um die Welt zu laufen, um das Bewusstsein für den Krebs zu schärfen und die Menschen aufzurütteln, halten.

Die Zeiten, in denen ich mich am einsamsten fühle und mich am meisten nach meiner Familie und meinen Freunden sehne, sind dann, wenn ich mich für ein paar Tage ausruhe. Wie alle erfahrenen Abenteurer – und wie damals, als ich ums Kap Hoorn segelte oder allein den Atlantik überquerte – muss ich mich auch jetzt ausschließlich darauf konzentrieren, zurechtzukommen und zu überleben. Angst ist ein Luxus: In einer wirklich gefährlichen Situation darf man sich nicht zu sehr einschüchtern lassen, denn dann kann man nicht mehr klar denken und das kann einen das Leben kosten. Das sind die ganz persönlichen Lektionen, die ich auf meinem Lauf lerne, aber es sind auch allgemeine Regeln des gesunden Menschenverstandes. Jeder, der vor einem größeren Problem steht, kennt das.

Es ist der Vormittag des 30. November. Ich höre sie, lange bevor ich sie sehe. Es ist das schrille Kreischen der Schneemobile und dann sehe ich sie auf mich zuschießen. Augenblicke später sind Dean Pushruk und Chris Nassuk aus White Mountain an meiner Seite und sagen strahlend: »Hallo, Lady, wie geht's Ihnen?«

Es ist aufregend, sie zu sehen. Sie sagen, dass sie acht Stunden gebraucht haben, um hierherzukommen, über ein Gelände, das sie als sehr rau und unwirtlich beschreiben. Einer von ihnen hat dabei die Kette an seinem Schneemobil beschädigt und seinen Gesichtsschutz und seine Schutzbrille verloren. Das Vorankommen ist extrem beschwerlich. Dean sagt, dass dieselbe Strecke, später im Winter, auf einem bereits befahrenen, geebneten Weg unternommen, normalerweise etwa eine Dreiviertelstunde dauern würde.

Sie heben den Schlitten von ihrem Anhänger. Er sieht hübsch aus, mit einem gelben Verdeck, und ich kann mich in ihm ausruhen, schlafen und leben. Neben dem Schlitten haben Dean und Chris auch Brennstoff für meinen kleinen Kocher, zusätzliche Lebensmittel und ein CB-Handfunkgerät mitgebracht, die standardmäßige Kommunikationsform zwischen Dörfern und Menschen auf dieser Route. Fred Ross, Lehrer an der White Mountain School, leiht mir seine Schneeschuhe. Sie sagen mir, dass alle 250 Einwohner des Dorfs von meinem Lauf wissen und es kaum erwarten können, mich kennenzulernen.

Sie brechen wieder auf, nehmen Hercules und neunzig Pfund Ausrüstung mit zurück nach White Mountain. Da das neue System einfacher ist, habe ich das große Zelt jetzt nicht mehr, ebenso wenig die Matten, Unterlagen, Planen und Ähnliches. Ich habe nur noch die kleinen trockenen Schlafsäcke, da meine großen, schweren nicht in den Schlitten passen würden und ich sie auch gar nicht mehr brauche. Nichts wird aus dem Zelt herausgenommen, da es auf dem Schlitten liegt und dort einfach so wie immer bleibt. Aerodynamisch ist es sehr gut, wie ich bald feststelle: Der Wind fegt einfach darüber hinweg wie über einen Flugzeugflügel. Während meines ganzen Laufs habe ich eine Sache gelernt: dass das Wetter absolut unerbittlich sein kann. Das Biwakzelt hat mir das Leben gerettet, wie auch das Quasar-Zelt, vor allem in den vergangenen paar Tagen. Aber jetzt kann ich die Schlafsäcke ausgerollt auf der Ladefläche des Schlittens liegen lassen und einfach hineinklettern, ohne mir erst mühsam und mit durchgefrorenen Händen, oder wenn ich erschöpft bin, meine Schutzbehausung aufzubauen. Obwohl der Schlitten klein ist, nur etwa einen Meter achtzig lang und achtzig Zentimeter breit, kann ich mich darin der Länge nach ausstrecken.

Die Route um die Schlucht ist steil, mit Steigungen und Gefällen, durch Wasserrinnen und über zugefrorene Bäche und schwierige Stellen mit Weidengestrüpp zwischen den Schneeverwehungen. Der Schlitten folgt mir einigermaßen bereitwillig und ich kann ihn sogar über einige der schwersten Hindernisse heben. Ich schaffe etwa vier Meilen am Tag – was im Vergleich zu meinem bisherigen Vorankommen wie *Fliegen* ist.

Nach fünf Tagen nähere ich mich dem Dorf White Mountain auf einem zugefrorenen Fluss. Es sieht düster aus. Hoch oben am Ufer kann ich gerade so ein paar kleine Gebäude erkennen. Dann entdecke ich ein kleines Mädchen in einem leuchtend roten Schneeanzug, allein auf dem Flusseis. Ich frage mich, was sie ganz für sich allein dort draußen tut. Sie sieht mich an und lächelt und dann hebt sie die Hand und winkt.

Auf einmal stürzt ein Haufen Kinder, lachend und jubelnd, aus allen Winkeln hervor, in denen sie sich versteckt haben, um mich zu überraschen. Sie halten ein riesiges Banner hoch, auf dem steht: »WHITE MOUNTAIN, ALASKA – WILLKOMMEN, ROSIE!«

KAPITEL 28

White Mountain

Alaska, Dezember 2005

Die Kinder wollen, dass ich durch das Banner laufe wie bei dem Band am Ende eines Marathons, aber dafür ist es viel zu schön und ich werde es immer in Ehren halten.

White Mountain ist magisch, genau wie sein Name. Ich verbringe hier drei glückliche Tage. Andy Haviland, der Schulleiter, und die Dorfbewohner könnten nicht mehr für mich tun. Ich kann meine ganze Ausrüstung überprüfen und meine Schneeschuhe und die Eisschaufel abholen, die mir hierhergeschickt wurden, und Bee Gee, eine Rentierhirtin, schenkt mir ein Rentierfell für den Schlitten. Die Schule erklärt sich außerdem bereit, Hercules in ihrer beheizten Werkstatt aufzubewahren, damit er mir später nachgeschickt werden kann, wenn ich das Straßennetz wieder erreiche.

Bevor ich aufbreche, sagt Joanna Wassillie, eine der Lehrerinnen: »Rosie, wenn du einen Stern siehst, dann denk daran, dass es dieselben Sterne sind, die wir ansehen, und dass wir an dich denken. Auf diese Weise wirst du immer wissen, dass du nicht allein bist.« Das Skiteam der Schule begleitet mich zum Fluss hinunter, bevor es sich verabschiedet. Die Eskimodörfer an der Küste der Beringsee, die sich über die nächsten zweihundert Meilen erstreckt – Golovin, Elim, Shaktoolik, Unalakleet –, haben etwas ganz Besonderes an sich. Es hängt mit ihrem stark ausgeprägten Sinn für Gemeinschaft und Fürsorge zusammen. In einer derart widrigen und abgeschiedenen Umgebung, in der Menschen nur wenige Meter von ihrem Zuhause entfernt in der Kälte sterben können, ist eine Meile ein langer Weg und die vierzig bis sechzig Meilen zwischen Dörfern können einem wie tausend Meilen vorkommen.

Die Leute hier verlassen sich aufeinander, weil sie es müssen. Sie haben in materieller Hinsicht mehr als die Russen, aber das ändert nichts an den Klimabedingungen, die noch härter sind. Hier ist das Gelände neun oder zehn Monate im Jahr unpassierbar. Die Dörfer sind Inseln inmitten von Eis und Stürmen im Winter und zwischen Sümpfen und Tundra im Sommer. Der einzige Weg hinaus gelingt im Allgemeinen auf dem Luftweg, wenn das Wetter es dann zulässt. Ohne diese enge Verbundenheit der Gemeinschaft könnten die Menschen nicht überleben und ein Fremder wie ich wird, auch wenn er nur für kurze Zeit hier ist, mit offenen Armen darin aufgenommen. Die Erinnerung daran hilft mir über die Einsamkeit in der Wildnis hinweg.

Ich laufe ein paar Meilen über das feste Eis der Golovin Bay und steige dann auf einem Winterweg über eine große Landspitze in die Berge hinauf, um zum Norton Sound zu gelangen.

Vier Tage später fegen Böen mit einer Windgeschwindigkeit von sechzig bis siebzig Meilen pro Stunde über mich hinweg. Der Wind ist wie eine Wand, die mich mit voller Härte trifft. Ich schlittere nach hinten, werde in einen Haufen aus Schneeverwehungen und Gestrüpp geschleudert – und bleibe vier Tage dort. Ich krieche in den Schlitten. Ich kann nicht vor und nicht zurück. Ich grabe den Schlitten in regelmäßigen Abständen immer wieder aus, denn sonst würde ich in der Schneewehe nicht nur begraben, sondern fest zusammengedrückt werden, da der Schnee wild und dicht ist und mit Wucht über mich hereinbricht. Ich liege einfach nur da, mehr kann ich nicht tun. Später erfahre ich, dass dieser Sturm den ganzen Bundesstaat heimgesucht hat. Ich lerne, meinen Kocher in dem winzigen Schlitten sehr vorsichtig zu benutzen: Ich muss Schnee schmelzen, um etwas zu essen und zu trinken zu haben, da das draußen nun unmöglich geworden ist. Meine ganze Konzentration gilt der kleinen Flamme. Meine Kost besteht aus Tee und Spaghetti mit Rentierhaaren, da mein Rentierfell zu haaren beginnt und ich nie alle herausfischen kann. Aber es scheint meinen Eingeweiden nicht zu schaden, soweit ich sagen kann. Es wird noch ein Rezept für mein Kochbuch werden.

Als der Sturm ungefähr am 19. Dezember endet, breche ich auf zu den letzten paar Meilen bis zum Norton Sound. Einen Tag später steige ich zur Küste hinab und starre auf das schier endlose Eis der großen Bucht. Ich fühle mich fast wie eine Forschungsreisende aus alten Zeiten, als ob ich nicht nur von der Golovin Bay herübergekommen wäre, sondern vielleicht von einem ganz anderen Kontinent und aus einer ganz anderen Epoche. Ich denke, dass ich in dem Sturm vielleicht den Verstand verloren habe. In den elf Tagen seit White Mountain habe ich nur vierzig Meilen zurückgelegt. Wales und die Beringstraße liegen immer noch nur 290 Meilen zurück und ich habe über zwei Monate dafür gebraucht.

Es gibt eine gute Route übers Meereis nach Elim und nach der letzten Nachricht aus Elim auf dem Zwei-Wege-Funkgerät ist das Eis auch nach dem Sturm noch immer fest. Doch auf einmal habe ich ein sehr ungutes Gefühl. Ich habe seit mehreren Tagen nichts mehr gehört. Das Funkgerät hat keinen Empfang und das Satellitentelefon ist tot (die Batterien haben in der Kälte den Geist aufgegeben). Jetzt ist der Himmel aufgeklart, daher hole ich das Solarpanel heraus, setze mich an die Küste und lade das Telefon auf; nach einer Stunde erscheint ein erster Balken auf der Batterie und ich sehe eine dringende Nachricht. Bob hat mir eine E-Mail geschickt: Die Einheimischen haben mehrmals versucht, mich auf dem Zwei-Wege-Funkgerät zu erreichen, um mich zu warnen, dass das Meereis »hinausgeweht« und vom Küsteneis getrennt wurde. Wenn ich noch weiter gehe, werde ich auf einem Eisberg oder einer Scholle treiben, losgelöst von der Hauptmasse des Eises, ohne Möglichkeit zur Umkehr.

Auf einem Abenteuer oder in einer Schlacht gibt es keine Atheisten. Ich nehme an, es ist an der Zeit, einen Dank auszusprechen – an Gott, an all jene, die sich um mich kümmern, und nicht zuletzt an das Satellitentelefon von *Runner's World,* das mich gerettet hat und ganz bestimmt wieder retten wird.

KAPITEL 29

Das Eis brechen

Alaska, Dezember 2005–Januar 2006

Hinter Haystack Mountain finde ich einen Weg durchs Landesinnere. Zwischen den ganzen Strapazen verbringe ich eine kurze weihnachtliche Verschnaufpause und ein paar ruhige Tage in dem Dorf Elim. Ich werde immer an diese besondere Weihnachtszeit zurückdenken: Die Menschen hier bringen ihre Geschenke in die Kirche, um sie gemeinsam auszupacken – ein Brauch der Ureinwohner Alaskas –, die großen Augen der Kinder, die Tatsache, dass ich meinen vierjährigen Enkel Michael über Elims winzige Telefonvermittlung auf dem Festnetz anrufen kann, wie Andrea und May, zwei junge Mädchen, einen kleinen Baum zu meiner Hütte bringen, ein zwei Wochen alter Husky-Welpe, der sich allein in den Schnee aufmacht und wieder nach Hause zurückgebracht wird, und schließlich das Frühstück an meinem letzten Tag mit einem Dorfbewohner namens Oscar, seiner Frau und ihren zehn Kindern.

Es ist mein drittes Weihnachten fern von zu Hause. Nach all dieser Zeit denke ich nicht mehr an verlorene Weihnachtsfeste – ich denke an die Zukunft. Und an die Tatsache, dass all die Menschen, denen ich begegne und die so vieles mit mir teilen, in all den Jahren, die vielleicht noch vor uns liegen, auch ein Teil meines und des Lebens meiner Familie sein werden.

Danach geht es ziemlich unkompliziert 48 Meilen weit auf einer einfachen Strecke Küsteneis nach Koyuk, wo das Neujahrsfest eine weitere glückliche Erinnerung für mich bereithält. Wayne kommt mir auf seinem Schneemobil entgegen, als ich mich dem Dorf nähere, bringt heiße Suppe und Eintopf von seiner Frau Fanny und ebnet für mich den Weg, sodass ich leichter bis ins Dorf laufen kann.

Sie laden mich ein, am Neujahrsgottesdienst teilzunehmen, und ich schlafe für eineinhalb Stunden hinter einer Kirchenbank ein. Fanny bereitet mir mit einer Jacke ein Bett auf dem Boden, da die Predigt drei Stunden dauert. Danach muss ich es dem Pastor beichten, aber er ist sehr versöhnlich und vergibt mir.

Am 2. Januar breche ich zu den nächsten 55 Meilen auf, die mich hauptsächlich übers Meereis nach Shaktoolik führen werden, um von dort weiter nach Unalakleet zu gelangen, der einzige Weg dorthin. Ich laufe nun vor allem nachts, wenn der Wind abflaut. Obwohl sich der Wind gelegt hat, bebt das Eis unter dem Widerhall meiner Schritte, die wie kleine Donnerschläge klingen. Hinzu kommt das Krachen des Eises, das irgendwo draußen in der Bucht aneinanderprallt. Es ist ein urtümliches, beängstigendes Geräusch, ohrenbetäubend, selbst aus der Ferne. In dieser dunklen Nacht kann ich nichts sehen, während ich mit der Taschenlampe vor mir her leuchte und vorsichtig einen Schritt vor den anderen setze, da ein weiteres Whiteout wie eine Wand in der Dunkelheit vor mir herschwebt. Aber es ist das Geräusch, das meine Gedanken beherrscht. Nach der Wettervorhersage wird der Wind das Eis nach Norden wehen, nicht auf mich zu. Ich *komme* voran. Sicherheit gibt es für niemanden, der auf diesem Eis unterwegs ist: Es kann dich jederzeit erwischen, aber ich bin so sicher, wie man in dieser Situation nur sein kann. Ich verdanke alles den Menschen von Koyuk, die mir eine vorsichtige Route übers Eis aufgezeichnet haben, nicht zu weit draußen in der Bucht.

»Der Wind von Sibirien schiebt und drückt das Meereis gegen das Küsteneis«, sagt man mir. Es türmt sich einfach übereinander, bis zu einhundert Meter hoch. Das Meereis zerdrückt das Küsteneis und die verschiedenen Eisplatten bewegen sich über die Oberfläche und krachen aneinander. Wenn man dort draußen ist, lässt sich nur schwer sagen, was schlimmer wäre: mit einer Eisscholle abzubrechen und aufs Meer hinauszutreiben, in der Hoffnung, dass man wieder zurückgetrieben wird, oder erwischt zu werden, wenn es sich über einem auftürmt.

Bei Tagesanbruch beginnt der Wind hereinzupeitschen. Es wäre eine Verschwendung meiner Energiereserven, zu versuchen, mich weiter vorwärtszukämpfen, und ich muss ohnehin etwas Schlaf bekommen, um in der nächsten Nacht wieder weiterlaufen zu können. Es ist Schichtarbeit. Ich muss mir überlegen, wie ich verhindern kann, dass ich zusammen mit dem Schlitten aufs Meer hinausgetrieben werden, während ich darin schlafe. Er ist so leicht und es gibt nichts, um ihn festzubinden. Ich bin draußen auf dem ungeschützten, offenen Meer.

Glücklicherweise ist der Schlitten ein kleines aerodynamisches Wunder, was ich mir nun zunutze mache, um ihn still zu halten. Er kann gewissermaßen »beigedreht« werden, wie ein kleines Boot auf einer Seereise. Ich wende ungefähr dieselbe Methode an und ziehe den Schlitten mit der Nase in den Wind, lege dann zur Sicherheit auch noch die Taschen mit der Ausrüstung rings um ihn herum und binde sie mit einem Seil zusammen, sodass der Schnee vielleicht hängen bleiben und sich um uns herum zu einer Schneewehe auftürmen kann. Auf diese Weise steht der winzige Schlitten einfach nur da, selbst bei einer Windgeschwindigkeit von fünfzig Meilen pro Stunde. Ich kann es einfach nicht glauben. Es macht den entscheidenden Unterschied, denn andernfalls könnte ich nicht schlafen oder mich ausruhen oder kochen und meine Navigation planen.

Ich ermittle immer vor der »Schlafenszeit« meine Koordinaten auf dem GPS und überprüfe meine Position, wenn ich aufwache, in der verzweifelten Hoffnung, dass ich nicht bis nach Sibirien zurückgetrieben wurde.

Später werde ich gefragt: »Wie haben Sie es nur geschafft, all diese Stunden allein in dem Schlitten zuzubringen? Haben Sie ein gutes Buch gelesen? Haben Sie Musik gehört? Die Stunden müssen Ihnen ja wie eine Ewigkeit vorgekommen sein.«

Aber so ist es überhaupt nicht. Es ist ein Kampf, all die Dinge zu erledigen, die ich erledigen muss. Ganz abgesehen von den besonderen Herausforderungen, auf dem Eismeer unterwegs zu sein, sind es noch immer 35 Grad minus, daher muss ich auf meine Hände achten, was wie üblich alles verlangsamt. Ich erledige die Dinge wieder wie in Zeitlupe, denn in der Kälte bin ich ungeschickt und es ist sehr schwer, während der Wind gegen die Plane peitscht, die alltäglichen Aufgaben und Pflichten zu erledigen: das Solarpanel in klaren, ruhigen Momenten aufzubauen, auf dem Satellitentelefon die Wettervorhersagen von Bob abzuhören, sie ins Logbuch einzutragen, zu versuchen, auf dem Zwei-Wege-Funkgerät Berichte zu empfangen, die Ausrüstung sauber zu halten und gelegentlich auszubessern und so weiter. Die restliche Zeit schlafe ich, da das alles sehr anstrengend ist. Das heißt, selbst tosender Wind und krachendes Eis zu allen Tages- und Nachtzeiten können nicht verhindern, dass ich schlafe wie ein Stein.

Eine der Funkmeldungen berichtet von Rettungshubschraubern, die von ein paar Menschen gerufen wurden, die weiter draußen in der Bucht auf einer Scholle ins Meer getrieben wurden. Als die Rettungskräfte eintrafen, wurde die Eisscholle bereits wieder herangetrieben und den Leuten ging es gut, aber es muss eine grauenhafte Erfahrung gewesen sein.

Schließlich, am 6. Januar, erreiche ich das andere Ufer der Bucht. Ich ziehe meinen Schlitten in die gefrorenen Weiten der Tundra. Wieder festen Boden unter den Füßen, könnte ich vor Freude in die Luft springen.

KAPITEL 30

Verrücktes Huhn

Alaska, Januar–Februar 2006

»Toll, dich wiederzusehen, du verrücktes Huhn!«, ruft Ferno liebevoll. Sie ist herausgestürzt, um mich zu begrüßen, als ich Unalakleet erreiche. »Endlich mal jemand, der noch verrückter ist als ich.«

Es kommt mir vor wie eine Ewigkeit, seit ich auf dem Weg nach Wales mit Fernos Bruder, Dr. Adrian Ryan, hier war. Auf meinem Lauf nehme ich ständig Abschied von Leuten, daher ist es toll, Eva und Ferno und ihre Familie wiederzusehen. Ich denke, ich werde diesen ganzen Lauf noch einmal machen, nur um alle wiederzusehen – ich bin wirklich ein verrücktes Huhn.

Nach über dreihundert Meilen entlang der Küste verabschiede ich mich nun auch von der Beringsee. Am 12. Januar breche ich landeinwärts auf zum alten Kaltag Portage Trail, der auf einer Strecke von neunzig Meilen durch die Berge führt und die Beringsee mit dem Yukon River verbindet. Man hat mich gewarnt, dass es im Landesinneren deutlich kälter sein wird.

Zwei Tage nachdem ich Unalakleet verlassen habe, bricht eine außergewöhnliche Kältewelle von sechzig bis 65 Grad minus herein, die neun Tage anhält.

15. Januar. Die Kälte ist unheimlich. Nichts rührt sich. Kein Geräusch ist zu hören. Seit Tagen habe ich keinen Vogel, kein Lebewesen gesehen. Nichts ist unterwegs, wenn es so kalt ist. Es gibt auch keinen Schneemobilverkehr von den Dörfern aus, da die Motoren bei diesen Temperaturen einfrieren würden. Selbst der Wind hat sich ergeben, als wäre er gefroren oder vor Ehrfurcht erstarrt. Die Stille ist surreal. Eine eisige Weiße hat sich über die ganze Welt gelegt.

Das Überleben nimmt meine ganze Zeit in Anspruch. Das hier ist wieder eine dieser Situationen, die zu ernst sind, um sich von Angst beherrschen zu lassen. Ich muss klar denken. Ich werde nie vergessen, wie ich das erste Mal in dem Schlitten aufwache, mit hämmerndem Herzen, ohne zu wissen, warum. Mir wird bewusst, dass ich auch zittere. Es ist *sehr kalt.* Ich richte den Strahl der Taschenlampe auf das Thermometer und die Temperatur drinnen beträgt 62 Grad minus. Ich *darf* nicht einschlafen, bevor mir wärmer geworden ist.

Tagsüber geht es einfach so langsam voran. Der Schnee ist tief und gegen ein Uhr mittags sinkt die Temperatur drastisch ab. Es ist so verlockend, weiterzugehen, aber der Unterschied zwischen einem Zurechtkommen in normaler Kälte und unter diesen Bedingungen ist, dass selbst fünf zusätzliche Minuten draußen im Schnee den schmalen Grat zwischen Leben und Tod ausmachen können.

Wenn es so kalt ist, kann man seine Hände nicht mehr unter Kontrolle halten und dann kann man *gar* nichts tun. Bei diesen Temperaturen sind die Hände ebenso wichtig wie die Füße. Wenn man sie nicht benutzen kann, ist man völlig hilflos.

Und so entwickele ich eine Routine, die wie folgt aussieht: Ich ziehe den Schlitten am Rand des Weges in den Tiefschnee, greife nach dem Reißverschluss des Zelteingangs und schaffe es irgendwie, ihn aufzuziehen, löse die Riemen meiner Schneeschuhe und stürze mich dann mit einem Satz hinein und ziehe die Lasche zu. Alles im Schlitten ist hart gefroren und beginnt mit meiner Körperwärme bald zu schmelzen. Ich kämpfe mit meinen Stiefeln, um sie auszuziehen, reibe meine Füße, so fest ich kann, und krieche dann in die Schlafsäcke. Sie sind nass, durchweicht und eisig kalt. Die Rettung sind die zwei schönen gegerbten Rentierfelle, die mein Freund Bob für mich nach Unalakleet geschickt hat. Sie sind für die Ureinwohner Alaskas seit Jahrhunderten das Geheimnis des Überlebens. Sie sind feucht, aber ich hänge sie für einen Moment draußen in der Kälte auf. Die Haare gefrieren und dann kann ich die Tropfen von

Hand abschlagen und das Fell ist wieder trocken. Ich wickele mich in den Schlafsäcken in eines der Felle und breite das andere unter mir aus.

Die dringlichste Aufgabe ist es, mir etwas Heißes zu essen und zu trinken zu machen. Der einzige Unterschied zu normalen Zeiten ist, dass ich zuerst eine kleine Kerze entfachen muss, bevor ich den Kocher anwerfen kann - ein hochriskantes Manöver, da all meine Habseligkeiten bereits den Großteil des winzigen Raums einnehmen, aber absolut notwendig. Wie auch immer, ich habe wundervollen Kaffee und köstliche Spaghetti, die auf mich warten.

Mir ist noch immer sehr kalt, aber schließlich bauschen sich die Schlafsäcke und mir ist so warm, dass ich meine feuchten Socken und Einlegesohlen in den Schlafsack legen kann, um sie für den nächsten Morgen zu trocknen. Dann schlafe ich, um für den nächsten Tag bereit zu sein.

Es ist ein schöner Weg, noch immer völlig abgeschieden, doch an dem Tag, bevor ich nach Kaltag komme, hüpft ein Vogel - etwa so groß wie eine Drossel - von einem Baum vor mir herunter. Es ist das erste lebende Geschöpf, das ich seit sechs Tagen zu Gesicht bekomme. Es bedeutet, dass die schlimmste Kälte erst einmal vorbei ist.

Es ist ein wundervoller Moment, als ich endlich das westliche Ufer des Yukon River erreiche, der weitaus breiter ist, als ich erwartet habe. Es beginnt zu schneien und ich kann keines der beiden Ufer erkennen, aber vor mir tauchen plötzlich große Inseln in der Mitte des Flusses auf, als wären sie eben erst hier angekommen und nicht ich. Der Schnee über dem Eis ist tief, aber ich finde ein paar alte Schneemobilspuren, auf denen ich meinen Schlitten leichter ziehen kann. Die Temperatur ist auf ungefähr dreißig Grad minus gestiegen. Der Weg ist nachts härter gefroren und eignet sich besser zum Weiterlaufen. Ich gehe nach Einbruch der Dunkelheit noch lange weiter und schiebe wieder eine Nachtschicht.

Am 2. Februar erreiche ich das Dorf Nulato der athabaskischen Ureinwohner Alaskas. Es schneit kräftig und kurz vor Einbruch der Dunkelheit ziehe ich den Schlitten die kleine Straße hinunter, nicht sicher, wohin ich gehen soll, als ein Mann vor der Kirche auf mich zukommt, um mich zu begrüßen. Es ist, wie sich herausstellt, der Franziskanermönch Bruder Bob. Binnen Minuten kümmert er sich um den Schlitten und zieht ihn einfach in die kleine Kirche hinein. Zwei andere ziemlich alte Männer, die auf den Gottesdienst warten, nehmen meine muffige und durchweichte Ausrüstung, die Schlafsäcke und die Rentierfelle von dem Schlitten und hängen alles über den Kirchenbänken zum Trocknen auf.

Der Schlitten bleibt die ganze Zeit in der Kirche, solange ich im Dorf bin. Es ist wirklich großzügig, mir dies zu gestatten. Bruder Bob wird von allen im Dorf geliebt, selbst von denen, die nicht in die Kirche gehen. Und er schneidet auch Haare. Er ist sehr stolz auf das »Frisör-Kit«, das sein Bruder ihm aus Connecticut geschickt hat. Am nächsten Tag stehen die Leute Schlange, um sich die Haare schneiden zu lassen, und ich denke: *Ach, ich werde mir auch die Spitzen schneiden lassen.* Sein Umgang mit der Schere ist nicht zimperlich. Er wirft nur einen Blick auf meine zotteligen Locken und ab sind sie. Ich sehe in den kleinen Spiegel in meinem Kulturbeutel und komme zu dem Schluss, dass ich sicher keine Anrufe von der *Vogue* bekommen werde.

Steven Seaton ist von England herübergeflogen, um nach mir zu sehen und Fotos zu machen. Das letzte Mal gesehen habe ich ihn vor eineinhalb Jahren in Omsk. Meine Route nimmt Gestalt an und ich beschließe, den River Yukon hinunter nach Tanana und dann in Richtung Fairbanks zu laufen anstatt nach Süden und von Anchorage wieder hoch, da es der direktere Weg ist.

Die alten athabaskischen Indianer, die ich in Nulato kennenlerne, erklären mir, dass das Herz nicht zur Ruhe kommen wird, wenn es so kalt ist wie jetzt. Auf einmal verstehe ich, warum mein Herz so gehämmert hat, als ich in dieser bitteren Kälte im Schlitten aufgewacht bin: Es war die Art der Natur, mich wachzuhalten, für den Fall, dass ich nicht mehr aufwache. Die Männer zeigen mir, wie ich mir ein paar Handvoll getrocknetes Gras, im Sommer gesammelt, vorn in die Kleidung stopfen soll, als zusätzliche Wärmeschicht, und empfehlen mir, literweise Fischöl zu trinken, um mich warm zu halten, und ansonsten einfach weiterzuleben. Es sind hartgesottene Menschen – Nulato, weit abgelegen von allen Straßen, ist bekannt für seine Wildheit und seine Schießereien –, aber sehr gastfreundlich. Loyalität ist der Leitgedanke ihres Zusammenlebens.

KAPITEL 31

Die Rückkehr

Alaska, Februar–April 2006

Es hat die ganze Nacht kräftig geschneit. Der Schlitten ist halb begraben – und ich mit ihm –, aber es ist kein Problem für mich, ihn mit meiner getreuen Eisschaufel wieder auszugraben.

Extreme Kälte von bis zu sechzig Grad minus wechselt sich nun mit milderen Temperaturen von 15 und zwanzig Grad minus ab und bedeutet, dass die Bedingungen auf meiner Route nun noch gefährlicher werden. Richard Strick aus der Gemeinde Ruby, einem Dorf, durch das ich vor einer Woche kam, wurde von einer Lawine getötet, ausgelöst durch instabilen Schnee, während er in den Bergen einen Weg für das bevorstehende Iron Dog Race ebnete, ein bedeutendes Schneemobilrennen, das in Alaska stattfindet. Es ist furchtbar und ich widme diesen Teil des Laufes ihm.

Weit unter den Lasten aus tiefem, weichem Schnee und festsitzenden, spitzen Eisbergen ist das Eis lebendig. Es kann sich aus eigenem Antrieb bewegen. Eine Route, die heute sicher ist, kann morgen ein katastrophales Ende nehmen. Der Yukon ist hier eine Meile breit, aber bei schlechter Sicht könnte er genauso gut so groß wie ein Ozean sein; und die wilden, unbewohnten Inseln, Tümpel und Nebenflüsse sind undeutliche Schemen, die auf meinem Weg kommen und gehen.

Schließlich halte ich an, nachdem ich es von Hardluck Island – der Name hätte mir eine Warnung sein sollen! – nach Florence Island geschafft habe. Mir ist sofort klar, dass irgendetwas absolut nicht stimmt. Als ich versuche, meine Stiefel auszuziehen, nachdem ich in den Schlitten getaumelt bin, gelingt es mir trotz großer Anstrengung nicht. Das Eis um meinen linken Fuß sitzt so fest, dass ich mein Messer benutzen muss, um die Socke abzuhacken. Wasser ist in die Stiefel eingedrungen und an meinen Füßen wieder gefroren.

Der rechte Fuß ist okay, aber die große Zehe an meinem linken Fuß ist tiefviolett verfärbt, mit einer Blase, die doppelt so groß ist wie die Zehe selbst. Ich bin wütend auf mich selbst. Meine absolute Überzeugung, mein *Gesetz,* fast meine Religion vom ersten Moment meiner Reise an, war es, Verletzungen zu vermeiden. Ich war in dem Punkt fast fanatisch.

Dann denke ich: *Vielleicht ist es ja gar nicht so schlimm.* Ich rufe Bob an und erkläre ihm, dass ich eine kleinere Erfrierung habe. Er ist sehr besorgt, aber ich sage ihm, dass es mir gut geht. Er liest mir über die knisternde Satellitenverbindung die Erste-Hilfe-Anweisungen für die Behandlung von Erfrierungen aus seinem Medizinhandbuch vor. Hauptsächlich geht es darum, was man *nicht* tun sollte:

Nicht reiben.
Vor allem nicht langsam auftauen.
Erfrierungen müssen schnell aufgetaut werden …

Es wird empfohlen, die Zehe oder den geschädigten Bereich in warmes Wasser (40-42 Grad) zu legen.

Ich schmelze den Schnee, vergesse das mit dem Kaffee, erwärme das Wasser und stecke meine Zehe in den Kochtopf. Ich schicke Bob eine E-Mail, um ihm zu sagen, dass alles gut ist. Die Zehe tut jetzt, wo sie aufgetaut ist, höllisch weh, was ich als gutes Zeichen auffasse. Ich schlucke Ibuprofen, was ich fast nie nehme. Damit schlafe ich tief und fest, mit oder ohne Schmerzen. Am nächsten Morgen ist der Fuß noch immer warm. Er ist nicht wieder gefroren, auch wenn die Blase groß ist und ekelhaft aussieht, als ob sich ein Blutegel, riesig und tiefviolett, an meine Zehe geheftet hat.

»Erfrierung der großen Zehe noch da, aber nicht schlimmer geworden«, maile ich. »Füße in Fell und Trockenbeutel in Native-

Mukluk-Stiefeln gewickelt. Entschlossen, nach Tanana zu kommen.«

Ich *muss* losgehen. Es sind achtzig bis hundert Meilen bis zu dem Dorf, aber ich denke, ich kann es schaffen, langsam, mit nur ein paar Meilen am Tag. Ich wickele den Fuß unter meinen Socken und Stiefeln in Fell, um zu verhindern, dass die Blase aufplatzt, und mache mich auf den Weg.

Es schneit wieder kräftig. Es ist kein Weg in Sicht, nur tiefer Schnee, aber ich kann weitergehen und das tue ich die nächsten zwei Tage auch. »Geh fünf Schritte. *Stopp!* Geh zehn Schritte. *Stopp!* Denk an deine Familie. Sing *All Things Bright and Beautiful.*« Wenn ich auch keine Behandlung für die Erfrierung brauche, werde ich sie eindeutig für meinen Kopf brauchen.

Es ist eine tolle Abwechslung, am 24. Februar ein Schneemobil zu sehen, das ein Team zur Vorbereitung auf den Serum-Lauf navigiert, um den Weg zu ebnen. Der Serum-Lauf ist ein alljährlicher Hundeteam-Lauf mit Schneemobil-Unterstützung über 786 Meilen von Nenana nach Nome, um die tapferen Schlittenführer und ihre Hunde zu ehren, die 1925 während einer Diphterie-Epidemie das überlebenswichtige Serum nach Nome brachten und so die Bevölkerung retteten.

Es ist ein spektakulärer Anblick, die wunderschönen Huskys nun auf mich zustürmen zu sehen. Kurt, der Schlittenführer, hält seine Hunde an und sagt lächelnd Hallo. Wir beginnen zu plaudern.

»Sie sollten besser nicht stehen bleiben, um mit mir zu reden«, sage ich. »Sie liegen in *Führung.*«

»Das hier ist kein Rennen«, entgegnet er. »Es ist mehr als das.« Er erzählt mir, dass viele der Schlittenführer bei dem ursprünglichen Lauf Erfrierungen erlitten und dass einige der Hunde starben, das Serum aber dank ihres Heldenmuts ankam.

Ich erkläre, was ich tue. Dann kommen alle Teams in Sicht und halten an, reichen mir Kekse und Schokolade aus den Latztaschen, die sie um den Hals tragen. Die Huskys tragen warme Fleece-Booties an den Pfoten, um sie zu schützen, und wollen schnell weiter.

Vor zwei Wochen habe ich in Ruby Emmitt Peters kennengelernt, den »Yukon-Fuchs«, der das Iditarod als Anfänger gewann, da seine Hunde, angeführt von seinem Leithund Nugget, weiterliefen, selbst nachdem er in einem Sturm auf halbem Weg über den Norton Sound vor Erschöpfung eingeschlafen war. Diese erstaunlichen Tiere erfreuen mein Herz auf unbeschreibliche Art und Weise.

Es stellt sich heraus, dass eine weibliche Schlittenführerin in der Gruppe Krankenschwester ist, die sich meine Erfrierung ansehen will. Doch im Freien und bei dem Schneetreiben ist das unmöglich. »Passen Sie gut auf sich auf«, sagt sie. Sie fragt mich, ob ich Antibiotika dabeihabe. Ich antworte, dass ich Amoxillin bei mir trage, doch sie meint, dass das nicht gut bei Erfrierungen sei und dass ich, wenn es schlecht zu riechen anfange, unbedingt Hilfe rufen solle. Ich hoffe, dass ich die Erfrierung im nächsten Dorf behandeln lassen kann. Tanana ist jetzt nur noch 55 Meilen entfernt. Der Weg, den die Schlitten und Schneemobile geebnet haben, ist ein toller Auftrieb, ein fantastisches Geschenk für meine Füße. Jetzt sollte ich es problemlos nach Tanana schaffen.

Glücklich und ermutigt lege ich mich schlafen. Ich höre nicht, wie der Sturm einsetzt. Am Morgen sind eineinhalb Meter Neuschnee gefallen und es herrschen 55 Grad minus. Es gibt keinen noch so kleinen Hinweis mehr auf einen Weg oder darauf, dass die Hundeführer je hier vorbeigekommen sind. Ich gehe noch einen Tag weiter, denke, dass jede Meile einen Unterschied macht, aber bald muss ich lange anhalten, da der Sturm so heftig tobt. Ich nehme an, dass die Ruhepause im Schlitten dem Fuß sowieso guttun wird.

Aber am nächsten Tag wird die Zehe noch viel schlimmer. Am Tag darauf kann ich überhaupt nicht mehr gehen, da sie zu geschwollen ist, um meinen Stiefel anziehen zu können. Ich habe keine sauberen Verbände mehr, alles wird völlig chaotisch: An den Verbänden kleben Rentierhaare. Ich wage es nicht, einen Schritt ins Freie zu tun und den Fuß zu belasten, da ein Ausschlag – ein Hinweis auf einen möglichen Wundbrand – entstanden ist und die Blase tropft und aufzuplatzen beginnt.

Ich kontaktiere Bob und gebe meinen Koordinaten durch, aber er ist weitaus beunruhigter wegen der Zehe. Er kann mich auf meinem Satellitentelefon nicht anrufen, bittet mich aber um Rückruf. Die Ärzte, die er konsultiert hat, sind extrem besorgt, dass ich Gefahr laufe, meine Zehe, den Fuß oder sogar das ganze Bein zu verlieren. Ich will abwarten, bis es der Zehe besser geht, aber Tatsache ist, dass ich das nicht kann.

Wir erörtern, ob ich Hilfe oder Medizin aus Tanana bekommen kann, doch der Sturm macht es gerade jetzt extrem gefährlich für die Schneemobile der Dorfbewohner. Er tobt einfach immer heftiger. Jetzt verstehe ich, warum man Dinge aufschiebt, warum man versucht, sie zu ignorieren und wie gewohnt weiterzumachen, bis es nicht mehr anders geht. Ich hasse es, so viel Hilfe in Anspruch nehmen zu müssen. Wenn ich in Russland in der Wildnis gestorben wäre, dann wäre das Pech gewesen; ich hatte Beeren und Baumrinde gegessen, um zu überleben. Jetzt, wo ich eine Möglichkeit habe, zu überleben und die Reise zu Ende zu bringen, indem ich die notwendige medizinische Behandlung erhalte, muss ich es tun. So einfach ist das, auch wenn mir falscher Stolz im Wege steht.

Ich habe nie um Hilfe gebeten, nicht einmal, als ich vor Jahren allein über den Atlantik gesegelt bin und das Boot um ein Haar gekentert wäre, aber wenn ich jetzt nicht die richtige Entscheidung treffe, werde ich selbst für das Scheitern meines Laufs verantwortlich sein. Ich werde mich in Gedanken für immer als Feigling beschimpfen, wenn ich jetzt so dumm bin und mir die Grenzen meiner körperlichen Belastbarkeit nicht eingestehe. Alles, was jetzt folgt, verdanke ich Bob und der Alaska National Guard. Ich rechne es Bob enorm hoch an, dass er mich dazu gebracht hat, zuzuhören. So quälend, wie die Vorstellung auch ist, wenn ich meine Reise fortsetzen will, muss ich mir meine Schwäche jetzt eingestehen und meinen Fuß retten.

Ich stelle meine Stroboskopleuchte auf und gebe Bob und dem Team der Alaska National Air Guard meine genauen Koordinaten durch. Ich habe mein Lager neben einer weiteren unbewohnten Insel namens Henry Island bei N64 00. 946 W154 02.455 aufgeschlagen. Sie sind in neunzig Minuten da. Ich spreche mit den Männern, die mich retten kommen, über das Satellitentelefon, höre ihre Stimmen und dann das Dröhnen des Hubschraubers über mir. Der arktische Sturm tobt die ganze Zeit. Der Hubschrauber landet und die Männer kommen herübergelaufen, um mich zu holen. Bald blicke ich in die freundlichen, lächelnden Gesichter von John Romspert und seinem Team.

Sie bringen mich und den Schlitten nach Anchorage, was eine Luftbetankung des Hubschraubers bei orkanartigen Winden erfordert, bevor sie in Galena landen und in eine Hercules-Maschine wechseln müssen, da das Unwetter so stark ist, dass sie mich so nicht nach Fairbanks bringen können. Sie sind fantastisch. Im Hubschrauber bekomme ich mehr medizinische Aufmerksamkeit als je zuvor in meinem Leben. Sie kümmern sich nonstop um mich, packen meinen Fuß in Wärmebeutel, legen mir eine Kochsalzinfusion in den Arm, bieten mir Morphin an, messen ständig meinen Blutdruck und vieles mehr. Sie sind fürsorglich, tapfer und galant. Ich werde den Piloten und das Team, John, Steven, Romero und Mario, nie vergessen.

»Selbst ein Rennwagen braucht einen Pitstopp«, begrüßt mich Major Mike Haller, als wir Anchorage erreichen. Die moderne Ausrüstung, das Zwei-Wege-Funkgerät, das Satellitentelefon und das GPS haben ihnen den Job in dem verheerenden Unwetter »leicht« gemacht. Mein Versicherungsagent, Joshua Weinstein in Anchorage, ruft an, um zu sagen, dass ich vollständig versichert bin, aber trotz all der außergewöhnlichen Anstrengungen, die sie unternommen haben, will die Alaska National Air Guard kein Geld annehmen. Sie sagen, dass es eine »Trainingsübung« war. *Eine schöne Trainingsübung.* Wenn mein Pech und die Publicity eine Gelegenheit sind, mich angemessen bei ihnen zu bedanken und die Tatsache zu unterstreichen, dass diese wundervollen Menschen jeden Tag für andere ihr Leben riskieren und dass wir ihnen dankbar sein müssen, nicht nur in dem Moment, in dem wir sie brauchen, dann wird sich meine Erfrierung gelohnt haben.

Der Spezialist für Erfrierungen im Providence Hospital sagt, dass ich mindestens sechs Monate nicht weiterlaufen kann: Ich könnte die große Zehe verlieren. »Da gibt es sehr gute Schuhe«, ergänzt er. »Niemand wird es wissen.« Es ist sehr deprimierend.

Ich bin entschlossen, nach all der Hilfe, die ich bekommen habe, zu den Koordinaten zurückzukehren, an denen ich abgeholt wurde, und meinen Lauf von dort aus fortzusetzen und meinen Versprechen treu zu bleiben, vor allem, da ich die persönliche Fürsorge der Alaska National Air Guard meinem speziellen Anliegen hinzugefügt habe. Das große Problem ist, dass ich zum Yukon zurückkehren muss, bevor in fünf Wochen das Eis aufbricht, oder dass ich es ein Jahr später erneut versuchen müsste, da das Gelände an den Ufern unpassierbar sein wird.

Es scheint unmöglich, aber ich schaffe es tatsächlich in vier Wochen zurück – dank der außergewöhnlichen, fachmännischen Pflege, die ich von den Menschen hier erhalte, darunter Dr. Carolyn Craig. Die Ratschläge der Mediziner der National Guard motivieren mich, da sie Hindernisse nicht auf dieselbe Weise sehen wie alle anderen. Meine Zehe kann tatsächlich gerettet werden.

Am 2. April, während mein Fuß vorsichtshalber noch immer mit Verbänden umwickelt ist, nehme ich mit dem Schlitten einen Linienflug nach Fairbanks und von dort aus ein anderes kleines Flugzeug nach Tanana. Das Eis ist noch immer intakt und das Wetter hat sich gebessert. Die Dorfbewohner von Tanana, die mit Leib und Seele für mich da sind, arrangieren, dass jemand den Schlitten und mich mit einem Schneemobil diese 55 entscheidenden Meilen zurück nach Henry Island bringt.

Am 4. April um zwei Uhr nachmittags erreiche ich Henry Island. Wir fahren noch eine Meile weiter hinter meinen Ausgangspunkt zurück, als Glücksbringer. Der freundliche Dorfbewohner unterzeichnet ein Blatt Papier, um die Uhrzeit, das Datum und den Ort zu bestätigen, und überreicht mir eine Tüte mit köstlichen geräucherten Lachsstücken. Bald ist er nur noch ein kleiner Punkt am Horizont und ich bin wieder allein.

Die Strecke von hier nach Tanana, die mir unter den Schmerzen der Erfrierung unendlich vorkam, ist jetzt ziemlich einfach zu bewältigen. Ich schaffe ungefähr zehn Meilen am Tag, was mich wundert, da ich noch immer einen leichten Verband um den Fuß trage. Aber der Schlitten ist nicht so schwer wie sonst, da ich für diese kurze Entfernung nicht so viele Vorräte brauche.

Ich laufe nachts unter dem Licht der Aurora Borealis. Auf der Eisschicht des Flusses spiegeln sich die prachtvollen Farben der Polarlichter in Orange, Grün, Scharlachrot und Aquamarin. Die Wölfe heulen von den Ufern des Yukon, als hätten die tänzelnden Lichter am Nachthimmel uralte Gefühle geweckt. Ich denke an die Wölfe in Sibirien und wie glücklich ich mich schätzen kann, all das auf meinem Lauf kennengelernt zu haben. Nach der Erfrierung habe ich eine zweite Chance bekommen. Ich werde das Beste daraus machen und weiterhin mein Äußerstes geben. Ich werde nie verstehen, warum die Leute immer so gut zu mir sind.

Am fünften Tag sehe ich schwarze Punkte aus der Ferne auf mich zueilen. Es sind die Dorfbewohner, die mir auf ihren Schneemobilen entgegenkommen. Sie nehmen mir den Schlitten für die letzten paar Meilen ab. Inzwischen habe ich die Verbände von meinem Fuß entfernen können, sodass ich zum ersten Mal seit Monaten *frei laufe*. Auf diesen letzten Meilen nach Tanana sprinte ich fast durch den Schnee. Es ist unglaublich, dass ich es geschafft habe, bevor das Eis aufbricht.

Tanana ist ebenfalls ein Dorf mit einer Schule, zwei Kirchen und einem kleinen Laden, der Cynthia und Dale gehört. Was es so besonders für mich macht, ist die Tatsache, dass es das letzte Dorf auf meinem Lauf ist, das nicht an das Straßennetz angeschlossen ist. All die kleinen Dörfer und ihre Bewohner auf diesem Teil meiner Reise werden für immer einen Platz in meinem Herzen haben.

Kurz bevor ich das Ende der letzten Etappe über den Yukon, den Tanana River und den Fish Creek erreiche, stürze ich erneut und breche mir mehrere Rippen. Verglichen mit der Erfrierung ist es nichts. Die Strapazen der Reise ändern meine Sichtweise auf Hindernisse, lassen sie kleiner erscheinen, aber vor allem rufen sie mir in Erinnerung, dass der eigentliche Kampf des Lebens viel größer ist. Er wird von Menschen wie Clive, Menschen mit unheilbaren Krankheiten oder den Waisenkindern in Kitezh geführt. Ich erzähle *jedem* von meiner Mission, wohin ich auch gehe, und ich hoffe, dass es hilft. Mir ist abermals überdeutlich bewusst, dass mein Lauf zwar *für* Clive ist, sich aber nicht allein *um* Clive dreht. Er hat mir mein Leben zurückgegeben und das hier ist die beste Art, ihm Respekt, Ehre und Liebe zu erweisen.

Auf einmal, am 12. April, in der Nähe einer winzigen Goldmine, die auf der Karte als Tofty gekennzeichnet ist, befinde ich mich in einer anderen Welt. Ich erreiche eine *Straße.* Endlich.

KAPITEL 32

Wiedersehen

Alaska–Kanada, Mai–Juni 2006

Anstelle von Eis, Schnee und Trostlosigkeit, blendenden Whiteouts und Temperaturen von sechzig Grad minus herrscht nun das Fieber des kurzen, glühenden Sommers von Alaska. Im Juni bin ich auf dem Alaska Highway nahe der kanadischen Grenze unterwegs und blicke dem schönsten Moment meiner Reise entgegen. Ich werde meinen Sohn sehen. Ich werde James in die Arme nehmen, mit ihm reden können. Nach diesem Lauf werde ich Dinge wie diese nie wieder als selbstverständlich betrachten. Ich habe ihn nicht mehr gesehen seit dem Tag, an dem ich Tenby verließ, vor zweieinhalb Jahren, dem Tag des ersten Schritts, der schließlich in die Steinplatte meines Hauseingangs eingraviert wurde. Es kommt mir vor wie eine Ewigkeit und zugleich wie gestern. Die Aufregung ist unerträglich ...

Runner's World hat James' Besuch gesponsert. Es ist nur eines ihrer außerordentlichen Geschenke. Am 12. Juni weiß ich kaum, was ich mit mir anfangen soll.

Der große Moment naht gegen Mittag. Ich bin in der Nähe einer Stadt namens Tok und mein Herz schlägt Purzelbäume; jede Minute kommt mir vor wie eine Ewigkeit. Ich habe Luftballons an den Anhänger gebunden und ein großes »ROSIE IST HIER!«-Schild. Ich *darf* nicht zulassen, dass sie mich verpassen. Auf einmal kommt ein Wagen in Sicht, hält an und James steigt aus. Er sieht so aus wie immer, groß und schön. Er ist von schmalem Körperbau, mit sanften Manieren und Umgangsformen, aber unermüdlicher, eiserner Entschlossenheit kombiniert mit einem trockenen Humor. James und Eve waren auf der ganzen Reise in

Gedanken bei mir. Ich kann nicht glauben, dass er nun hier vor mir steht.

Bei James im Wagen ist Abigail Neal, eine junge Reporterin von BBC Wales, die hart dafür gekämpft hat, mit James hierherzukommen. Offenbar waren viele Menschen in Wales besorgt wegen meiner Erfrierung. Die Menschen in Tok haben einen wundervollen Empfang mit einem traditionellen Konzert, vorgetragen von großartigen einheimischen Sängern, vorbereitet. Wir übernachten auf dem Campingplatz von Don und Barb Abbott, dem Tundra RV Park, und Abigail kommt auch mit zum Zelten. Wir verbringen einen glücklichen Abend unter den Bäumen, kochen ein Abendessen auf dem Campingkocher und tauschen alle Neuigkeiten aus. Allein schon Fotos von Michael und Familienangehörigen und Freunden zu sehen und Geschichten aus Tenby zu hören, führt mir vor Augen, wie schmerzlich ich die Neuigkeiten von zu Hause vermisst habe. In dieser Nacht bin ich viel zu aufgeregt, um zu schlafen, und gehe in Gedanken die letzten sechs Wochen durch.

Der Schlitten war endgültig zum Erliegen gekommen, als ich die Straße erreichte. Er war mir ein treuer Freund und Wegbegleiter gewesen und ich würde es nicht riskieren, ihn auch nur eine Meile weit über den körnigen Seitenstreifen der geräumten Straße zu ziehen und ihn zu beschädigen. In Tofty traf ich Bunny, einen einsamen Goldgräber. Er brachte den Schlitten und meine Ausrüstung zu seinem Haus in Manley, zwanzig Meilen weiter. Von dort wurde er mit meinem herzlichen Dank zu Denis Douglas zurückgebracht.

Bunnys Freundin Carole, eine Gesundheitsassistentin in Manley, untersuchte die dunkelblau geschwollene Prellung an meiner Seite, wo die Rippen gebrochen waren. Man konnte sehen, wie die Enden der Rippen wackelten. Ich war es leid, verletzt zu sein. Auf die Straße zu kommen, war mein großes Ziel gewesen. »Die Strapazen von gestern sind das Betäubungsmittel von heute.« Ich blieb mehrere Tage bei ihnen, mit einem Eisbeutel auf den Rippen. Bunny richtete einen alten Kinderwagen her, befestigte eine Eisenstange als Deichsel, damit ich ihn von Manley nach Fairbanks ziehen konnte. Carole gab mir ein Schaffell, um es um die Stange zu wickeln, damit es nicht so wehtun würde, und noch eine Packung Schmerzmittel und ich brach langsam auf in Richtung Stadt, wo ich am 5. Mai ankam. In Fairbanks wurde mir die großzügige Gastfreundschaft von Bruder Bobs Freundinnen zuteil, den Ehrwürdigen Schwestern der Diözese Fairbanks, die sich um mich kümmerten, während meine Rippen heilten. Ich erinnere mich an die Güte von Schwester Dorothy, bekannt als »Prinzessin Polarbär«, die die Wildnis und die Wölfe liebt, und an viele andere.

Ich hatte das Privileg, Karl Bushby und Dimitri Kieffer kurz nach ihrer spektakulären Überquerung der Beringstraße kennenzulernen. Ich hätte Karl beinahe in der Norton Bay getroffen, wo wir uns wegen des schlechten Wetters verpassten und wie Schiffe in der Nacht aneinander vorbeizogen. Aber sie kamen mit dem Auto her, um mich in der Nähe von Fairbanks zu treffen. Sie haben mich noch mehr dazu inspiriert, selbst einmal die Beringstraße auf dem Eis zu überqueren – mein nächster Traum.

Hercules hätte weiter mit mir um die Welt reisen können, jetzt, wo ich wieder auf der Straße unterwegs war, aber das eingebaute Zelt des Schlittens hatte sich als riesiger Vorteil erwiesen. Daher beauftragte *Runner's World* Steve Holland und Giles Dyson, einen neuen Buggy, mit Verdeck und allem, für mich zu bauen. Die Silver Dream Machine wurde am Tag, bevor James und ich ankamen, nach Tok geliefert. Wir holen den Buggy an unserem ersten Tag zusammen ab und packen ihn aus. Zusammen mit meinen Habseligkeiten bringt er 252 Pfund auf die Waage, aber das Design ist tadellos. Er sieht spektakulär aus, silbern glitzernd im Sonnenschein, aus Verbundwerkstoffen gebaut, mit einer großen Stange ringsum, drei Rädern und einem niedlichen grünen Zelt obenauf. Man muss sich erst einmal daran gewöhnen, aber das Drei-Räder-System ist wundervoll, da es das Gewicht von meinen Schultern nimmt. Die Campingplatz-Besitzer haben angeboten, Hercules sicher nach Anchorage zu Bobs Hütte in Wasilla zu bringen – er geht in seinen wohlverdienten Ruhestand.

Ich gehe mit James und Abigail weiter in Richtung kanadische Grenze und als Abigail nach Wales zurückkehren muss, übernimmt James ihren Mietwagen und wir verbringen noch 14 wundervolle Tage zusammen. Während ich den ganzen Tag laufe, unternimmt James Ausflüge und fährt mehrmals nach Fairbanks, um Ausrüstung und andere Dinge zu holen. Jeden Abend kommt er zurück, um zu kochen. Es ist so schön, aufzuwachen und mit einem anderen Menschen, erst recht mit meinem Sohn, sprechen zu können: »Guten Morgen, wie hast du geschlafen?« Über den Tag zu diskutieren, über die wunderschöne Landschaft zu reden, während wir nach Kanada kommen, kleine, alltägliche Dinge zu teilen, all das bedeutet mir so viel.

James ist ein toller Koch. Jeden Tag, während ich auf der Straße laufe, freue ich mich so darauf, ihn gegen Mittag am Straßenrand warten zu sehen, vor sich einen dampfenden Topf auf dem Campingkocher, während er wieder eine köstliche Mahlzeit zubereitet. In diesen zwei Wochen bin ich durchtrainierter und kräftiger geworden als je zuvor. Ich bin sicher, ich habe drei Kilo zugenommen.

James' Besuch hat mir so viel mentale Kraft gegeben und nachdem er nach England zurückgekehrt ist, laufe ich den Sommer über mit dem Wissen weiter, dass er in jeder Hinsicht bei mir ist und sich unermüdlich um die Website kümmert. Durch seinen Besuch, die Bilder, das Video meines Enkels und unsere Gespräche ist die ganze Familie, sind wir alle jetzt noch enger verbunden.

KAPITEL 33

Die Ballade der roten Zehennägel

Kanada–USA, Juli 2006–Juni 2007

Die nächsten Monate sind geprägt von einem langen, leichten Lauf am Alcan Highway entlang durch Kanada, bei herrlichem Sommerwetter, und ich lege im Durchschnitt etwa 16 Meilen am Tag zurück. Ich komme an den Liard Hot Springs vorbei, mit warmem, sprudelndem Mineralwasser, freundlichen Reisenden und Schildern wie dem ironischen Moskito-Wunsch: »Bitte schick mehr Touristen, die letzten waren köstlich.« Ich sehe zottelige Büffelherden und Grizzlybären seelenruhig durch den Wald marschieren, nicht weit vom Straßenrand, wo sie oft ganz friedlich von wilden Beeren naschen und sich hin und wieder auf die Hinterbeine stellen und zu ihrer vollen, imposanten Größe aufrichten. Sie gähnen träge, zeigen Zähne, die mehrere Zentimeter lang sind, genau wie ihre Klauen. Dass sie an Menschen gewöhnt sind, macht sie nicht weniger gefährlich, aber es sind prächtige Tiere und sie greifen meistens nur dann an, wenn sie erschreckt werden. Das ist der Grund, weshalb Wanderer Bärenglöckchen tragen, aber ich habe meinen kleinen Kassettenrekorder und unterhalte die Grizzlys mit Strauss und Billy Joel.

Ich folge meinen Regeln der Wildnis: »Ich kann« zu sagen, erfordert nicht mehr Atem, als »Ich kann nicht« zu sagen. Halte nie auf halbem Weg einen Hügel hoch an – erst wenn du über die Kuppe bist. Spare etwas Energie, um mit unerwarteten Zwischenfällen umzugehen. Wenn die Zeiten schwierig sind, denk an etwas, das dir viel bedeutet: In Gedanken kannst du davon träumen, der dekadenteste

Mensch der Welt zu sein und Schokolade zu essen oder mit jemandem unterwegs zu sein, den du liebst. Wenn du schwer damit zu kämpfen hast, bei fünfzig Grad minus zu überleben, helfen dir solche Gedanken, um weiter durchzuhalten.

Am Rande der Rockies geht es steil und gebirgig weiter. Hin und wieder muss ich mich an Bäumen festklammern, um nicht mitsamt der Ausrüstung rückwärts hinunterzurollen, aber der Lauf ist, verglichen mit der Vergangenheit, relativ einfach. Und doch ist es manchmal »schwer, wenn es leicht ist«, wenn man viel Zeit zum Nachdenken hat. Immer wieder denke ich: *Hilfe! Ich laufe jetzt schon seit drei Jahren nonstop um die Welt!* Ich habe noch immer einen solch weiten Weg vor mir. Aber ich glaube, wenn man in einer schwierigen Situation seine Kraft beibehalten kann, dann wird diese Kraft für immer bei einem sein, wenn man sie braucht.

Eine große Hilfe ist mir außerdem der Geist der menschlichen Güte, der mir überallhin folgt und zu unerwarteten Erlebnissen führt. Die Handelskammern sowohl von Fort St. John als auch von Dawson Creek laden mich ein, mir ein paar Tage freizunehmen, um am 22. Oktober für einen guten Zweck am Chicago-Marathon teilzunehmen. Ich kann nicht widerstehen. Ich muss zwanzig Meilen am Tag laufen – mehr, als ich gewohnt bin –, um zum Flughafen von Edmonton zu kommen, um das Flugzeug zu erreichen, aber ich schaffe es und lasse die Silver Dream Machine, die inzwischen den Spitznamen Charlie trägt, in sicherer Verwahrung in Edmonton zurück.

Der Chicago-Marathon ist eine Erfahrung weit jenseits meiner Vorstellungskraft, vor allem, da Bob Collins' Familie in Oak Park nahe Chicago so gut zu mir ist. Seine Schwester und sein Schwager, Nancy und Victor Rodriguez, bringen mich vom Flughafen zu ihnen nach Hause, um seine andere wundervolle Schwester Patty Agostinelli und ihren Ehemann Rich kennenzulernen. Sie verwöhnen mich nach Strich und Faden. Nancy lädt mich zu einer kompletten Rundumerneuerung im Park Avenue Hair Studio ein: Haare schneiden, Maniküre, meine erste Pediküre seit Jahren. Die Kosmetikerin Florence Doherty lackiert meine Nägel in einem »Na los, lauf schneller«-Rotton.

Die vielen Meilen sind nun wie weggeblasen, sagt Nancy. Bob Collins hat meinen Fuß vor dem Erfrieren gerettet – und jetzt lackiert seine Schwester die Zehen, die er gerettet hat.

Vor zwei Monaten habe ich eine wundervolle persönliche Neuigkeit erfahren: Eve und Pete werden meine erste Enkeltochter bekommen. Ich wäre sofort nach Hause gekommen, um bei Eve zu sein. Nichts zählt verglichen mit ihr und dem Rest meiner Familie. Ich weiß, wie sehr sie mich liebt, aber sie sagt, ihr größter Wunsch ist es, dass ich weiterlaufe und meine Reise für sie alle zu Ende bringe; und ich weiß, dass Eve die andere entzückende Großmutter der Kinder, Maureen, und Pete und die ganze Familie um sich hat und dass es ihr gut gehen wird. Ich bin jetzt ständig über das Handy mit ihnen in Verbindung und ich werde den Marathon morgen zu Ehren meines künftigen Enkelkindes laufen.

Am nächsten Tag laufe ich neben 34.000 anderen Läufern. Die Strecke führt an der Seepromenade entlang, durchs Zentrum und 15 verschiedene Stadtteile, darunter die chinesischen und hispanischen Viertel. Ich habe so viel Spaß und laufe in meiner Altersklasse auf dem 15. Platz ein, bestimmt verdanke ich dies dem »Lauf schneller«-Nagellack.

Ich habe den Anhänger bei Fred und Susie Grafton in Edmonton zurückgelassen. Fred und seine Freunde haben die fragilen Zeltstangen durch stabile, rippenförmige Stangen ersetzt, sodass Charlies Oberseite jetzt irgendwie einem Planwagen aus Kanadas und Amerikas alten Tagen ähnelt. Er wird für den Winter weitaus robuster sein. Außerdem ist Florin Man, ein auf Krebs spezialisierter Krankenpfleger, der in einem Krankenhaus in Calgary nicht selten Zwölf-Stunden-Schichten schiebt, hier. Als ich ihn vor einer Weile kennenlernte, sagte er, er würde sich informieren, welches Handy am besten für meine Zwecke geeignet sei. Doch stattdessen hat er den Chef von Rogers Communications Canada persönlich angerufen und erreicht, dass dieser mich mit einem BlackBerry sponsert. Jetzt fällt es mir deutlich leichter, weiter an meinem Buch zu schreiben und mit James in Verbindung zu bleiben. Heute Abend ist Florin bewundernswerterweise zweihundert Meilen weit gefahren, um es mir zu bringen.

Es ist wieder Winter. Anfang November tosen Schneestürme und auf den Prärien wird es sehr kalt. Ich kaufe strapazierfähiges Material und lasse daraus eine kleine Plane anfertigen, da das ursprüngliche Zelt nicht auf die neuen Rippen meines Buggys passt. Eine kleine Polsterei in Mundare näht die rote Plane über Nacht und befestigt sie mit Klettband an Charlie, da sie so leicht ist. Klettband wurde auch bei meinem Schlitten in Alaska verwendet, aber er hatte zusätzliche Riemen. Eines Morgens, während ich Charlie bei starkem Gegenwind hinter mir herziehe, werfe ich eben noch rechtzeitig einen Blick hinter mich, um zu sehen, wie die neue Plane über die Prärien davonflattert, dicht gefolgt von zweien meiner Hosen. Charlie ist den Elementen völlig schutzlos ausgesetzt. Ich jage den Sachen über das bereits gefrorene Brachland nach und kann sie zum Glück einholen. Ich zurre die Plane wieder fest und dann kehre ich noch einmal nach Mundare zurück, um sie mit Flügelmuttern befestigen zu lassen, sodass sie nie wieder davonfliegt.

Es ist Weihnachten. Charlie hat einen vorübergehenden Stellplatz zwischen den alten Flugzeugen und Dampfmotoren im Western Development Museum in Al Capones Rückzugsort Moose Jaw nahe der US-amerikanischen Grenze gefunden. Eine Sammelbüchse wurde von der örtlichen Gemeinde vor ihm aufgestellt, um Spenden für die Mammografie-Einheit von Moose Jaw zu sammeln. In der Zwischenzeit wird mir von dem Dessousgeschäft Pillow Talk in Moose ein ziemlich gewagter »Weihnachtsmannanzug« überreicht, den ich tragen soll, während ich in einem Fischrestaurant einen Vortrag zugunsten der örtlichen Kampagne für die Mammografie-Einheit halte.

Der Fisch-und-Chips-Teller schmeckt köstlich und alle sind sehr freundlich. Ich kann verstehen, warum Al Capone Moose Jaw mochte. Ich verbringe Weihnachten in aller Stille mit Freunden, in Gedanken bei meiner Familie, und an Silvester bin ich wieder unter den Sternen auf der Straße unterwegs, während um mich herum die Kojoten heulen und die Eulen wachsam von den Bäumen hinunterspähen.

Es ist 2007, ein brandneues Jahr, aber wenn man nachts am Straßenrand zeltet, fühlt es sich eher an wie vor zweihundert Jahren. Nachts gehört die Prärie noch immer ihren wilden Tieren. Von Zeit zu Zeit donnern Trucks vorbei, beleuchtet wie riesige Schiffe, aber ich gehöre jetzt zu der geheimen Welt der Geschöpfe um mich herum. Ich mache das jetzt schon so lange, meine Lebensweise ist zu meiner zweiten Natur geworden und am Straßenrand oder im Wald zu schlafen, gehört zu meiner neuen Routine; ich frage mich, ob ich je wieder dieselbe sein werde, wenn ich nach Hause zurückgekehrt bin. Ich glaube nicht.

Am 13. Januar wird Lucy Stanway, meine geliebte Enkelin, geboren. Wie sehr wünschte ich, ich könnte bei Eve, Pete, Michael und Lucy sein, aber ich trage sie alle in meinem Herzen, als ich zwei Tage später, am 15. Januar, die Grenze zu den USA überquere. Es ist ein bewegender Moment. Ich will das echte Amerika entdecken, will auf meiner Route durch North Dakota, Minnesota, Wisconsin, Illinois, Indiana, Ohio, Pennsylvania, New Jersey, New York und Maine etwas über die kleinen Gemeinden und Lebensweisen lernen. Und ich tue es.

Ich habe höllische Zahnschmerzen und sie werden immer schlimmer. In Minot, einer größeren Stadt in North Dakota, gehe ich zu einem Zahnarzt, der eine kaputte Füllung repariert, dann aber kopfschüttelnd sagt, dass das alles gar nicht gut aussieht. Unter meinen Kronen sind Löcher.

»Kaufen Sie sich ein scharfes Messer und schneiden Sie Ihr Essen klein«, empfiehlt er mitfühlend. Es gibt bei all meinen Zähnen ernste Probleme, da sie in Sibirien vernachlässigt wurden und ich mich die meiste Zeit schlecht ernährt habe. Zähne waren noch nie meine Stärke. Ich hätte sie fast verloren, als ich zwölf war. Der Schulzahnarzt, Ronnie Hackett, wollte sie mir damals alle ziehen, aber meine Großmutter bekam einen Anfall und schickte mich zu einem anderen Zahnarzt in Irland, dem es gelang, sie zu retten. Ich musste ein Jahr lang jeden Montag zu ihm gehen und seiner grimmigen Arbeit durch die Spiegelung in seinen Brillengläsern zusehen.

Der Zahnarzt in Minot nennt mir die Adresse eines Spezialisten in Minnesota und sagt, dass ich mich entscheiden muss und mir überlegen sollte, dass ein so umfangreicher Eingriff so teuer werden könnte, dass ich eine Hypothek auf mein Haus aufnehmen müsste. Der Spezialist wird meine Zähne vielleicht trotzdem ziehen müssen.

Ich bin sehr bedrückt – aber das Glück ist auf meiner Seite. Van Larson, Erfinder der »Get a Grip«-Eisstollen von Sure Foot, den ich in Grande Prairie kennengelernt habe, macht mich mit Dr. Jay Jorgenson bekannt. Mein erster Termin ist am 26. Februar. Ich muss 28 Meilen nonstop durch einen Schneesturm laufen, um pünktlich anzukommen.

Dr. Jorgenson ist ein begeisterter, sportlich aussehender Triathlet – vielleicht ist das der Grund, weshalb er immer wieder über vermeintliche Grenzen hinausgeht. Er untersucht meinen Mund und sagt: »Es würde Spaß machen, das in Ordnung zu bringen.« Er ist der erste Zahnarzt, der das über meinen Mund sagt.

Es ist eine Herausforderung, sagt er. Er und sein Team gehören zu den hingebungsvollsten Menschen, denen ich je begegnet bin. Stunde um Stunde, während ich dort sitze, entfernt er meine Füllungen und Kronen, eine nach der anderen, und behandelt die Probleme darunter. Manchmal verbringe ich fünf Stunden am Stück auf dem Zahnarztstuhl.

»Rosie«, sagt er, »Sie haben eine hohe Schmerzgrenze«, aber es sind Dr. Jorgenson und sein Team, die die Ausdauer haben. Durch seine heldenhaften Bemühungen rettet er Zähne, die niemand sonst hätte retten können – und er bewahrt mich vor entsetzlichen Schmerzen.

Zwischen Februar und Juni rettet er *26* meiner Zähne, in einem unglaublichen Großprojekt, ohne irgendetwas dafür zu berechnen.

Das Einzige, was ich bezahle, sind die Laborkosten, wofür ich einem lieben Freund in England danken muss, der mich gesponsert hat. Je tiefer ich in der Schuld für all diese Güte stehe, desto entschlossener bin ich, meinen Lauf zu einem Erfolg zu machen.

Während der Zahnarzt seine Arbeit macht, laufe ich weiter durch Amerika. Ich halte an, parke Charlie, wenn ein Termin ansteht, markiere den Punkt auf der Karte und fahre per Anhalter oder Bus zurück nach Park Rapids zu meiner nächsten Zahnbehandlung, bevor ich meinen Lauf fortsetze. Ich werde nie vergessen, wie mir alle dabei geholfen haben, das zu tun. Die ganze Stadt Park Rapids steht auf meiner Seite, lässt mich bei sich kampieren, lädt mich ein. Park Rapids könnte kaum unterschiedlicher als White Mountain sein, aber ihr Gemeinschaftsgeist rührt mich und ich werde diese kleine Stadt immer lieben. Zwischen den Terminen im Frühjahr und Sommer kann ich weiterhin rund 15 bis zwanzig Meilen am Tag zurücklegen.

Im Juni erreiche ich wieder Chicago, diesmal zu Fuß.

KAPITEL 34

Das Leben ist ein Marathon

USA, Juni 2007

Am 4. Juni ziehe ich Charlie triumphierend in das Zuhause von Nancy und Victor Rodriguez in Oak Park, überglücklich, wieder bei ihnen zu sein. Ich bin wie eine Besessene gelaufen, um dorthin zu kommen, und auf den letzten paar Meilen nach Chicago dachte ich, ich hätte mir einen Magenmuskel gezerrt. Nancy ist einer der entzückendsten Menschen, die ich kenne. Es ist nur eine Kleinigkeit, aber Nancy will mich nicht weiterlaufen lassen, ohne es zuerst von jemandem ansehen zu lassen. Sie vereinbart bei ihrer Ärztin, Karen Weinstein vom West Suburban Medical Center, einen Termin für mich, um das Problem mit meinem Magen untersuchen und dabei auch gleich einen vollständigen Gesundheits-Check-up vornehmen zu lassen. Selbst Charlie bekam in regelmäßigen Abständen einen Check-up, daher bin jetzt ich an der Reihe.

Dr. Weinstein bestätigt, dass mein Magen nur leicht überdehnt ist, hat bei ihrem Check-up jedoch einen Knoten in meiner Brust entdeckt und einen Termin für eine Mammografie im Brustzentrum River Forest für mich vereinbart. Das Mammogramm zeigt, dass der Knoten, den sie gefunden haben, nichts ist. Sie finden jedoch einen winzigen anderen Knoten, viel zu klein, als dass er ohne die Mammografie hätte entdeckt werden können. Sie vereinbaren eine Nadelbiopsie für den 12. Juli. Wenn es etwas ist, wird die erforderliche Operation hoffentlich klein ausfallen.

Ich bin so froh, dass ich eine solch exzellente Behandlung und Vorsorgeuntersuchung erhalten habe, und ich bete, dass es nichts ist. In der Zwischenzeit muss ich einfach zusehen, dass ich weiterlaufe. Und doch berührt es mich zutiefst, dass die eine Botschaft, die ich während des ganzen Laufs immer verbreiten wollte, wiederum lautet, früh zu Vorsorgeuntersuchungen zu gehen. Der größte Marathon ist das Leben selbst.

Gary, Indiana, zerrissen von Gewalt und Armut, wird, wie ich erfahre, oft die »US-Hauptstadt der Morde« genannt. Während ich meinen Anhänger ziehe, kann ich mir die Orte nicht danach aussuchen, ob sie schön oder sicher sind – Magie und Mühsal der Reise bestehen darin, dass ich zu Fuß überall durch muss.

Es heißt, dass die Menschen in Gary sehr gefährlich sind und dass man mit verriegelten Autotüren durch die Stadt fahren sollte. Aber ich habe gelernt, dass, wenn man sich einem Ort mit einem offenen Herzen – wenn auch immer im Bewusstsein der Realität – nähert, alles gut gehen wird.

Ich verbringe drei Tage damit, mit Charlie durch Gary zu laufen. Ich bin entspannt in meinem Lieblings-Sport-BH und meinen Laufshorts unterwegs, sage zu allen Hallo und die Leute sind so interessiert an meinem Lauf, trotz all ihrer Schwierigkeiten. Menschen, die angeblich Socken verkaufen, um sich Drogen zu beschaffen, versuchen sogar, mir Socken zu geben, und ich muss dankend ablehnen. Als ich Lebensmittel kaufe, die sich auf 21 Dollar belaufen, und der jungen Kassiererin einen Zwanzigdollarschein reiche, sagt sie: »Schon gut – ich lege den Dollar drauf.«

Die Menschen überhäufen mich mit Geschichten, wie ihre Liebsten Krebs bekommen haben. Nur weil es hier viele andere Probleme gibt, heißt das nicht, dass sie weniger leiden. Ich schlafe in meinem Zelt auf der Straße und niemand tut mir etwas. Aber es ist mehr als das. Ich spüre eine große Freundlichkeit unter denen, mit denen es das Schicksal nicht gut gemeint hat. Ein Obdachloser bittet mich um zwei Dollar und als ich sie ihm gebe, bemerkt er das Krebsvorsorge-Schild auf Charlie und will mir das Geld wiedergeben.

»Sie sehen ein bisschen dünn aus«, sagt er. »Ich könnte Sie zu einem Frauenhaus bringen. Da gibt man Ihnen zu essen.«

Das und Eves bevorstehende Hochzeit rücken meine Brustprobleme in eine andere Perspektive. Ich habe beschlossen, zu Eves Hochzeit zu fahren – sie hatte ursprünglich gehofft, sie nach meiner Rückkehr zu feiern, aber dieser Lauf zieht sich jetzt schon so viel länger hin, als es sich irgendjemand hätte träumen lassen. Ich denke, wie oft Menschen doch nach Hause fahren, um aus traurigen Gründen zusammenzukommen – wie sie es bei Clive getan haben –, und wie wichtig es ist, zu einem solch glücklichen Anlass zusammenzukommen. Eve und Pete sind seit 17 Jahren zusammen und sie lieben sich so sehr.

KAPITEL 35

Ich bin die Tierwelt

USA, Juli 2007

Es wird allmählich sehr schwül, während ich auf dem Highway 20 laufe. Auf dem Weg durch Indiana nach South Bend gebe ich genug Schweiß ab, um den Lake Michigan zu füllen. Alles ist durchnässt von mir und von den Gewittern, aber das ist es alles wert.

Am 4. Juli, kurz vor Einbruch der Dunkelheit, brauche ich eine Pause. Ich ziehe meinen Anhänger vom Highway, schlafe die nächsten fünf Stunden – und wache zu einem blendenden Feuerwerk auf, das von der Stadt kommt, in einer Symphonie mit den Milliarden von Glühwürmchen, die rings um meinen Anhänger am Himmel umherhuschen. Es ist magisch, wie ein gutes Omen für einen bevorstehenden, glücklichen Tag.

Um vier Uhr morgens ist es Zeit zu gehen. Die Straße ist frei, schimmert im Mondlicht. Manchmal ist es klug, loszulaufen, bevor dein Körper begreift, worum du ihn bittest; und sobald du losgelaufen bist, ist es zu spät, um dich wieder in deinem Schlafsack zusammenzurollen.

Der Höhepunkt ist es, zu Mike und Joanne Jones zum Übernachten eingeladen zu werden, als ich nach South Bend komme. Mike ist Falkner und nimmt mich mit, um die wilden Wanderfalken zu beobachten, die hoch oben bei dem Wolkenkratzer The Tower im Zentrum von South Bend nisten. Außergewöhnlicherweise haben sie in diesem Jahr vier Küken bekommen. Es ist ein solches Privileg, mit Mike und seinen Freunden an diesem Abend zum »Wanderfalken-Beobachten« zu gehen. Die Wanderfalken fühlen sich völlig zu Hause zwischen den Gebäuden, da sie wissen, dass sie dort in Sicherheit sind.

Mike Jones arbeitet mit Carole Riewe zusammen, die als Greifvogelretterin bekannt ist. Sie haben über zwanzig gerettete oder verletzte Eulen und Rotschwanzbussarde, um die sie sich kümmern. Caroles Lebensaufgabe ist es, ihre tierischen Gäste zu retten, die ihr verletzt oder in gefährlichen Situationen aufgefunden gebracht werden. Sie pflegt sie, bis sie wieder gesund und selbstständig sind, und entlässt sie dann wieder in die Freiheit.

All das ist ein leuchtendes Beispiel dafür, dass das Gute stärker ist als das Schlechte, sowohl in der menschlichen als auch in der tierischen Welt. Eines meiner Lieblingsbücher als Kind war Gerald Durrells *Meine Familie und anderes Getier.* Menschen *sind* Tiere, im positivsten Sinne. Das habe ich in Alaska nie vergessen, als ich zu den Bären und Wölfen sagte: »Bitte respektiert die Tierwelt. Ich *bin* die Tierwelt, bitte fresst mich nicht.« Ich bewundere die Arbeit von Mike und Carole so sehr. Die Tierwelt braucht und verdient unseren Schutz, aber wenn unsere Welt überleben soll, brauchen auch wir Menschen die wilden Vögel und Geschöpfe dort draußen.

Ich unterbreche meinen Lauf, um zu Petes und Eves Hochzeit in der Grafschaft Limerick in Südirland zu fliegen. Es ist der schönste Moment meines Lebens. Es ist eine Freude, sie umarmen und fest an mich drücken zu können, meine wunderschöne Enkelin, die nun schon sechs Monate alte Lucy, kennenzulernen und mit Eve, Pete, Jim und Mikie und so vielen meiner Familienangehörigen und Freunden Neuigkeiten auszutauschen. Es ist nur ein sehr kurzer Besuch für ein paar Tage und ich fahre nicht bis England und nach Hause. Um mir dieses Privileg zu verdienen, muss ich zuerst meinen Lauf zu Ende bringen.

Es ist der Morgen des 13. Juli und ich bin in einer Situation, die schon Tausende von Frauen erlebt haben: Ich warte darauf, das Ergebnis meiner Brustbiopsie zu erfahren. Selbst wenn ich Krebs haben sollte, weiß ich, dass ich im Krebszentrum von Goshen bei Dr.

Laura Morris und ihrem Team in den besten Händen sein werde. Der Fokus liegt darauf, die Brust so weit wie möglich zu retten. Die Bestrahlung ist haargenau, um zu verhindern, dass zusätzliches Gewebe zerstört wird oder Probleme durch die Strahlen entstehen. Ich schätze mich so glücklich, von ihr behandelt worden zu sein, und ich bin irgendwie auch froh, dass ich diesen Knoten habe, da ich jetzt verstehe, wie sich Menschen in dieser Situation fühlen. Ich bin so erleichtert, als sie mir sagt, dass mein Knoten gutartig ist. Die Ergebnisse sind schnell gekommen, aber trotzdem war das Warten eine Qual. Diese ganze Erfahrung bestärkt mich in meinem Entschluss, den Menschen vor Augen zu führen, unbedingt zu Vorsorgeuntersuchungen zu gehen. Wenn sich herausgestellt hätte, dass ich Krebs habe, dann wäre die Operation an meiner Brust nicht allzu schlimm gewesen, da der Knoten noch klein war. Eine frühe Diagnose ist entscheidend. Wie Clive es aus tiefstem, tapferem Herzen gewollt hätte, bin ich jetzt entschlossener als je zuvor, meine Botschaft zu verbreiten: *Eine frühe Krebserkennung rettet Leben!*

Die nächste Stadt nach Goshen ist Shipshewana, wo eine Amish-Gemeinde lebt. Die Amish verwenden nur Pferde und Fahrräder als Transportmittel, aber ihre Pferde ähneln denen in Trabrennen und laufen schneller als der Großstadtverkehr. Wenn sie nach Einbruch der Dunkelheit mit ihren hell erleuchteten Wagen dahinjagen, sehen die Tiere wie Phantome aus, einem Traum entstiegen. Die Amish-Philosophie ist etwas ganz Besonderes. Es sind zurückhaltende Menschen, die viel mit einem lachen, wenn man sich mit ihnen anfreundet. Sie sind großzügig und freundlich, eine aufrichtige, fleißige, eng verbundene Gemeinschaft, die ein schlichtes, beschauliches Dasein führt.

Das abgenutzte Gurtwerk und die Deichselbeschläge meines Anhängers werden von einer klugen Amish-Geschirrmacherin namens Sue und ihrem Team brillant ausgebessert und umgearbeitet. Ich hüpfe vor Aufregung auf und ab und Sue sagt: »Dieses Pferd will einfach nicht stillhalten.«

Die Amish-Leute lassen sich normalerweise nicht fotografieren und die Tatsache, dass Sue sich mit mir zusammen fotografieren lässt, ist etwas ganz Besonderes.

Gestern habe ich die bundesstaatliche Grenze nach Ohio überquert, wo der grüne Mais höher zu wachsen scheint als die Farmhäuser und wo herrliche, leuchtend blaue Kornblumen den Straßenrand säumen. Obwohl der Mais so hoch steht und die Gewitter überstanden hat, stehen viele der Häuser leer oder zum Verkauf. Das Amish-Land liegt hinter mir. Mein Traum ist es, bis September nach New York zu kommen und zu Weihnachten in Island zu sein. Die nächste Stadt ist Cleveland, 114 Meilen entfernt.

KAPITEL 36

Gegen den Strom laufen

USA, August–September 2007

Morgen, am 26. August, ist ein denkwürdiger Tag. Es wird etwas ganz Besonderes sein, Steven Seaton wiederzutreffen, der mich von Anfang an so überaus großzügig unterstützt hat.

Das letzte Mal gesehen habe ich Steven 16 Monate zuvor in der Wildnis Alaskas, nachdem ich bei Temperaturen von 62 Grad minus meinen Schlitten den zugefrorenen Yukon River hochgezogen hatte. Jetzt, Tausende von Meilen und eine Welt entfernt, als ich nach Cincinnati komme, um ihn zu treffen, sind die Temperaturen in die Höhe geschnellt. Es ist der heißeste Tag seit 1948. Die Schulen haben wegen der extremen Hitze früher geschlossen. Ich habe Charlie bereits in Clarion, tief in Pennsylvania, zurückgelassen, um den eineinhalbtägigen Ausflug nach Cincinnati zu unternehmen und Steven zu treffen. Mein Lauf ist leicht verglichen mit dem Leben vieler Menschen in der Gegend hier. Im Frühsommer hat eine Dürre die Heuernte vernichtet. Die Regenfälle kamen zu spät, um sie zu retten, dafür hat es in letzter Zeit kaum noch aufgehört zu regnen. In den Nachrichten hört man viel von der Verzweiflung der Menschen, die nach der Flut ihr Zuhause verloren haben: Über 4200 Menschen sind allein in Minnesota obdachlos und der Notstand wurde ausgerufen.

Der Himmel schenkt mir etliche kostenlose sintflutartige Duschen. Eines Abends, als ich mich schlafen lege, höre ich die Frösche draußen laut quaken und denke: *Das ist ja seltsam, ich bin doch auf einem Hügel,* und als ich am nächsten Morgen die Augen aufschlage, sehe ich, dass Charlie auf Wasser treibt und fast ein Boot geworden ist. Verglichen mit den meisten Menschen hier habe ich wirklich großes Glück, dass mein Haus herumgezogen werden kann. Die Menschen, die alles verloren haben, tun mir so leid.

Oft laufe ich Hügel hoch und stelle fest, dass ich »gegen den Strom« laufe, da mir das Wasser gegen die Beine peitscht und an mir hinunterströmt, während ich hinaufzusteigen versuche. Wenn ich stehen bleiben will, um Atem zu schöpfen, muss ich mich an Bäumen oder einem Zaun festklammern, sonst würde ich einfach weggespült werden.

Jetzt fühle ich mich meinem Zuhause so nahe. BBC Radio Five Live sendet alle paar Wochen Beiträge über mein Vorankommen und es macht so viel Spaß, schon jetzt mit Leuten in England zu reden.

Beim Marathon des Sables, dem ersten Langstreckenrennen, das ich je mit einem Rucksack lief, sagten uns die Organisatoren: »Ihr lauft mit euren Füßen, aber es ist euer Kopf, mit dem ihr die Strecke bewältigt.« Das ist für mich jetzt so wahr wie noch nie zuvor. In erster Linie läuft man mit dem Herzen, aus Liebe zum Laufen oder wie ich aus Liebe zum Grund des Laufens. Die Erinnerung an Clives Mut wird mich immer begleiten.

Heute Abend sehen ein Vollmond und Sterne auf das Feld hinunter, das sich zwischen hohen Wäldern entlangschmiegt. Während ich Hügel um Hügel erklimme, ist der Himmel klar. Und doch gibt es unheimliche Nebelschwaden, vom Mondlicht erhellt, die über den Feldern liegen, als wäre der Himmel auf die Erde gefallen. Die Plätze der Moskitos wurden von Tausenden kleinen Motten eingenommen, die im Mondlicht umherschwirren.

Es ist typisch Steven, dass er Tausende von Meilen herfliegt, um nach mir zu sehen, mir Ausrüstung zu bringen und mir für die letzte Etappe des Laufs Mut zuzusprechen. Als er ankommt, sieht er aus wie ein Grubenpferd, mit vielen Gegenständen von unschätzbarem Wert beladen, darunter zwei neue Paar Saucony-Schuhe. Bis jetzt habe ich schon 39 Paar Schuhe durchgelaufen. Dank meiner Freunde hatte ich auch an den entlegensten Orten Zugang zu Ausrüstung, aber manchmal musste ich mir in Erinnerung rufen, dass die »Kunst des Zurechtkommens« auch ein Freund sein kann.

Ein Paar Schuhe hielt in Ostsibirien 1500 Meilen, in jenem unvergesslichen Sommer auf der Straße der Knochen. Ich werde es nie wieder als selbstverständlich betrachten, neue Schuhe zu haben.

Jetzt gibt es keinen Verkehrslärm mehr, nur noch Vogelgesang. Ich laufe vor mich hin, während ich denke, wie schön und friedlich das alles ist, als ich auf einmal vor Schreck fast aus der Haut fahre. Der erste Schwarzbär, den ich seit Alaska sehe, taucht auf, überquert genau vor mir die Straße. Man hat mich gewarnt, dass ich wieder im Bärenland bin, aber mit einem so schnellen Wiedersehen hätte ich nie gerechnet. Am Straßenrand hält er inne, um an ein paar Blumen zu schnuppern, bevor er in den Wald davontappt. Vielleicht sollte ich mich geschmeichelt fühlen, dass seine feine Nase keine Notiz von mir nimmt.

Die Blätter verfärben sich purpurrot und golden. Vögel sind in andere Gebiete gezogen und der Bär sieht verschlafen aus, als ich ihn am nächsten Tag wiedersehe. Nachts wird es jetzt kühler. Es fällt mir schwer zu glauben, dass der vierte Jahrestag meines Aufbruchs von zu Hause rasch näher rückt. So vieles ist passiert.

In Franklin lerne ich Gwen kennen, eine Frau mit einem entzückenden Gesicht und ziemlich grauen Haaren, die sagt, dass sie 71 ist, obwohl sie bedeutend jünger aussieht. Sie lädt mich zu sich nach Hause ein, wo sie einen kleinen Laden führt, in dem sie natürliche Shaklee-Nahrungsergänzungsmittel verkauft. Sie will mich großzügig mit einigen dieser Produkte sponsern, um mich auf meinem Weg zu unterstützen.

Gwen und ihr Mann Bill sind entzückend. Als ich meinen Lauf für zwei Tage unterbreche, fahren sie die ganze Nacht, um mich um halb zwei Uhr morgens in Pittsburgh am Bus abzuholen, als ich aus Cincinnati zurückkomme. Nachdem sie mich für ein paar Stunden ins Bett gesteckt haben, fahren sie mich am nächsten Morgen nach Clarion, wo ich meinen Lauf unterbrochen habe. Ich freue mich, mit Charlie wiedervereint zu werden, der von Homer und Mary Lou Watson wunderbar betreut wurde. Ich habe die beiden am Straßenrand kennengelernt und sie haben Charlie eingeladen, in ihrer geräumigen Garage zu bleiben. All meine Kleider wurden ebenfalls zum Lüften in der Garage aufgehängt.

Die Watsons besitzen eine familieneigene Druckerei und sie haben mir ein paar schöne neue Krebsvorsorge-Schilder für den Anhänger und neue Flyer gemacht, die ich verteilen kann. Ich sammele ständig neue Freunde und Unterstützer, während mein Lauf vorankommt, aber ein bestimmter Fan in Pennsylvania überrumpelt mich völlig ...

Am 12. September bin ich auf dem Weg nach Danville, eine hübsche Stadt auf zwei Dritteln meiner Strecke durch Pennsylvania. Ich freue mich schon darauf, dort anzukommen. Regen ist durch mein Zelt getropft und ich habe das BlackBerry liebevoll abgewischt und gebetet, dass es weiterhin funktionieren wird, obwohl es ein bisschen feucht geworden ist. Heute Nacht werde ich in einem Bett schlafen und den Luxus eines Bads genießen, dank der Gastfreundschaft des Pine Barn Inn in Danville.

Charlie ist noch immer die meiste Zeit mein Zuhause: Das ist für mich die einzige Möglichkeit, so viele Meilen effektiv und im Rahmen meines Budgets zurückzulegen. Es ist von entscheidender Bedeutung, konzentriert und organisiert zu bleiben, und wenn ich in Charlie lebe, kann ich, wie bei einer Nachtwache auf See, abwechselnd vier Stunden laufen, vier Stunden schlafen und so weiter. Ein neuer Fahrradcomputer, den ich mir gekauft habe, und ein leuchtendes Rücklicht, ein Geschenk Stans vom State College, sind eine große Hilfe bei meiner Nachtarbeit. Es ist so schön, gut sichtbar zu sein und den Meilenstand leichter mitverfolgen zu können.

Dann, am 22. September, stelle ich fest, dass ich einen blinden Passagier habe, den neuesten auf einer Liste von Charakteren, die Lust hatten, sich meiner Reise anzuschließen. Das ist gar nicht so schwer. Ein Zelt kann man nicht abschließen. Die unerschrockenen goldgelben Waldmäuse in Sibirien haben sich gern einen Weg hineingeknabbert und wenn sie feststellten, dass das Essen für sie unerreichbar in einer Blechbüchse war, haben sie sich stattdessen genussvoll an meinen Kleidern gütlich getan. In jüngerer Zeit, als ich den Anhänger einmal in einer Garage parkte, bevor ich zum Zahnarzt ging, sprang eine winzige Spitzmaus heraus, huschte davon und erschreckte die freundliche Dame, die sich um Charlie kümmern wollte, fast zu Tode. Ich werde nie erfahren, wie lange sie bei mir mitgefahren ist.

Draußen herrscht eine pechschwarze, mondlose Nacht; kein Rascheln, kein Quaken. Selbst der Wind schläft auf dieser kleinen Lichtung im Wald, nicht weit von der Grenze zu New Jersey. Wenn es in Irland vierzig verschiedene Arten von Grün gibt, so gibt es in den wilden Wäldern vierzig verschiedene Arten von Stille. Die Ruhe ist tief. Es ist kalt, die kühlste Septembernacht bis jetzt. Im Schein der Taschenlampe ist das Kondenswasser im Zelt zu eisigen Diamanten gefroren. Man bekommt erst dann wirklich mit, wie früh der Herbst kommt, wenn man in einem Zelt schläft.

Es sollte völlige Stille herrschen und doch bin ich auf einmal aufgewacht, überzeugt, dass ich nicht länger allein bin. Dann sehe ich sie. Ich werde lautlos beobachtet von einer Schlange, die gemütlich zusammengerollt in einer Falte meines Lieblingsschlafsacks, des Peter Hutchinson Design Minimus, liegt. Diese Schlange hat einen ausgezeichneten Geschmack. Sie ist schlank, knapp einen Meter lang, mit einer kleinen, flackernden Zunge, hellen Augen und blattgrüner Haut.

Es ist keine gefährliche Schlange – die einzigen gefährlichen Schlangen in dieser Gegend sind Klapperschlangen –, aber mein Herz hämmert trotzdem wie wild.

Ich bin besorgt, dass sie hereingekommen sein könnte, weil es draußen für diese Jahreszeit ungewöhnlich kalt ist. Es könnte eine junge Schlange ohne Erfahrung sein. Aber sie kann auf keinen Fall bleiben. Ich muss sie dazu bringen, zu gehen und zu ihrem natürlichen Lebensraum im Wald zurückzukehren, bevor ich den Anhänger wieder auf die Straße ziehe, sonst könnte sie womöglich später hinausschlüpfen, wenn es wärmer wird, und vom Verkehr überfahren werden. Ich glaube, sie hat meine Gedanken gelesen und eindeutig nicht die Absicht zu gehen. Sie sieht entspannt aus, fast zahm, verschwindet aber wie ein geölter Blitz in den Tiefen des Schlafsacks, als ich sie einzufangen versuche. Das ist aus ihrer Position gesehen ein Fehler, denn ich kann den Schlafsack oben zuziehen und dann habe ich sie. Ich hole eine kleine Kiste und baue aus einem alten T-Shirt und ein paar Papierservietten ein kleines Nest. Ich lasse die Schlange sanft aus dem Schlafsack in die Kiste gleiten, schließe sie und binde sie, so schnell ich kann, fest zu. Dann gehe ich mit der Kiste und meiner Taschenlampe in den Wald hinaus.

Ich stolpere über Farne, Büsche und tiefe Moosflecken, während ich mich daran erinnere, dass meine Großmutter mich als Kind immer ermuntert hat, ein Buch über die Tiere zu schreiben, die mich großgezogen haben, meine geliebten Haustiere, aber über die Schlange hätte selbst sie sich gewundert. Ich trage sie eine Meile weit in die Dunkelheit. Ich baue ihr einen Unterschlupf aus Stöcken und Blättern, öffne die Kiste, um sie freizulassen, aber sie rührt sich nicht. Vermutlich ist es eine Gartenschlange und als ich später noch einmal nachsehe, ist sie in diesen wilden Garten verschwunden.

Von hier aus mache ich mich auf den Weg zur Grenze nach New Jersey und weiter zum Big Apple.

KAPITEL 37

New York, New York

USA, Oktober 2007

Drei Bilder werden sich mir für immer einprägen: mein erster Anblick der Freiheitsstatue seit 24 Jahren, Ellis Island und Charlie, der um ein Haar baden geht.

Es ist der 3. Oktober. Ich laufe, so schnell ich kann, über eine Brücke von Newark nach Jersey City. Wie so oft ist Charlie zu dick, um auf den Fußgängerübergang zu passen. Stattdessen muss er ein »Fahrzeug« sein, auch wenn seine einzigen Motoren meine Beine sind.

Ich stecke im Verkehr fest. Riesige Trucks heulen wie ein großes Rudel Wölfe um mich herum, nur wenige Zentimeter von Charlies Rädern und meinen Deichseln entfernt. Die netten Menschen von Newark sagen, sie glauben, dass die Brücke für Fußgänger geeignet ist, weil sie kein Interstate Highway ist, aber sie könnte trotzdem sehr gefährlich sein. Sie haben noch nie gesehen, dass sich jemand über sie gewagt hätte, außer auf dem schmalen Fußgängerübergang, auf dem Charlie sich erst recht nicht fortbewegen kann.

Meine einzige Option ist es, zu versuchen, die Hauptstraße zu Fuß zu bewältigen. Wenn man einen Anhänger zieht, befindet man sich irgendwie zwischen der mechanisierten und der Fußgängerwelt. Mir fällt auf, wie irreführend der Begriff »Fußgänger« sein kann. Ich muss nur versuchen, ganz vorsichtig zu sein, und es einfach wagen. Ich bin beeindruckt, wie freundlich und geduldig die Autofahrer sind. Niemand ist wütend, vielleicht auch dank der wunderbar eindeutigen Schilder an meinem Anhänger, vom Krebszentrum von Goshen entworfen, die die Gründe für meinen Lauf erklären.

Ich laufe hoch zum Scheitelpunkt der Brücke, mit gesenktem Kopf, ziehe den Anhänger mit aller Kraft, wie ein Brauereipferd. Oben angekommen, hole ich einmal tief Luft, sehe hoch und da, vor mir, ist die Freiheitsstatue und winkt mir aus der Ferne zu. Meine Knie werden ganz weich, während ich von einer Flut von Erinnerungen überwältigt werde.

Das letzte Mal, dass ich die Freiheitsstatue sah, war nach einer anderen langen, einsamen Reise, am Ende meiner Überquerung des Atlantiks mit meinem Sperrholz-Segelboot, 17 Fuß Wasserlinie, von Wales, UK, nach New York im Jahr 1983. Diese Seereise dauerte siebzig Tage. Es war eine solch seltsame Erfahrung, siebzig Tage lang kein menschliches Gesicht, keinen Baum und kein Tier zu sehen. Fünf Tage vor dem Ende der Reise war mir das Essen ausgegangen und ich fühlte mich schwindelig, aber überglücklich, dass meine Navigation mit Sextanten exakt genug gewesen war, um nach 4526 Seemeilen, von Hobb's Point in Pembrokeshire, im Hafen von New York einzulaufen. Die Ersten, die mich begrüßten, waren ein paar Kinder in einem Fischerboot, die mir zuriefen, bevor ich ganz offiziell von Zollbeamten in Empfang genommen und willkommen geheißen wurde, die mir die Flagge ihrer Zollbarkasse überreichten. Der Bundesstaat New York und der Borough of Staten Island übergaben mir sogar eine Urkunde, die den 4. Oktober 1983 zum »Rosie Swale Day« erklärte!

Die Geschichte wiederholt sich. In ferne Gedanken versunken, erschrecke ich, als zwei Streifenwagen neben mir anhalten. Ich bin besorgt, dass ich Ärger bekomme, weil ich die Brücke überquere, aber dann begreife ich, dass sie jubeln und winken. Mir kommen fast die Tränen, als diese beiden entzückenden Polizisten mir ein Polizeiabzeichen der Jersey Police geben, zur Erinnerung daran, dass mein Lauf bis jetzt vier Jahre und einen Tag gedauert hat.

Sie eskortieren mich wie einen Staatsgast über eine belebte Kreuzung hinter der Brücke und beschreiben mir den Weg zum Campingplatz Liberty Park, nahe der Freiheitsstatue. Dort angekommen, rolle ich mich in meinem Schlafsack zusammen, lasse

Charlies hintere Zeltlasche offen und starre zur Freiheitsstatue hoch, bis ich schließlich einnicke. Ich denke an die Vergangenheit, an die vielen Tausend mutiger Menschen, die ihr Zuhause verließen und in Ellis Island Schlange standen für ein neues Leben in Freiheit.

Ich freue mich, in den nächsten paar Tagen, während ich in New York bin, die Gelegenheit zu haben, als Tourismus-Botschafterin für Großbritannien und insbesondere Wales aufzutreten, im Rahmen einer Reihe von Interviews, die *Visit Britain* und der Vertreter der walisischen Nationalversammlung in New York arrangiert haben.

Man bereitet mir einen fabelhaften Empfang am Times Square und ich kann die Wärme der Menschen kaum fassen, die Charlie und mir an einer ganz besonderen Manhattan-Ziellinie zujubeln, wo ein Fototermin vereinbart wurde. Mir lässt der Gedanke keine Ruhe, dass ich bei meinem Lauf um die Welt so viele Versprechen zu halten habe. Es ist nicht gut genug, nur mein persönliches Ziel zu erreichen, wenn es nicht auch den Anliegen hilft, die mir so am Herzen liegen. Aber was ich als kleine Feier erwarte, um meinen Anliegen zu wertvoller Publicity zu verhelfen, entwickelt sich zu einer riesigen Party, dank der Bemühungen von Catrin Brace, Andrew Weir und anderen.

Der ganze quirlige, überlaufene Times Square scheint abrupt innezuhalten, um Charlie zuzujubeln. Menschenmengen und Verkehr teilen sich wie das Rote Meer, um eine Gasse zu bilden, als ich um kurz vor zwei Uhr nachmittags auf den Platz sprinte. Es ist eine großartige, spontane Feier, die allen gehört.

Catrin und Andrew krönen den Moment, indem sie mir symbolisch die walisische Flagge mit dem roten Drachen und den Union Jack überreichen, die ich voller Stolz wehen lasse. Es kommt sehr selten vor, dass beide zusammen wehen, und ein dicker Knoten bildet sich in meiner Kehle bei dem Wissen, dass ich für mein Land laufe. Auf einmal ist es vorbei, aber das Strahlen begleitet mich weiter. Alle scheinen froh, dass ich ein Hotel gebucht habe, um mir eine erholsame Nachtruhe zu sichern. Aber obwohl sie sich freuen, mich als Gast zu beherbergen, und ein extragroßes Bett und ein heißes Bad auf mich warten, gibt es keinen Ort, um Charlie zu parken. Ich lerne rasch, dass jeder Quadratzentimeter Platz in Manhattan Gold wert ist. Parkplatzmanager sagen mir, dass es mehr als ihre Jobs kosten würde, Charlie aufzunehmen. Ich habe Verständnis dafür: Obwohl die New Yorker große Herzen haben und alles für einen tun wollen, sind sie seit dem elften September von Sicherheitsvorschriften eingeschränkt. Jedes »Fahrzeug«, das auf einem Parkplatz abgestellt wird, muss einen Motor und ein Kennzeichen haben. Ich verabschiede mich von dem Hotel und betrete zwischen den Statuen und ehrwürdigen alten Bäumen den Central Park, wo viele Leute herumhängen, da es erst acht Uhr abends ist.

Ich werde sehr müde und denke: »Hier werde ich mich eine Weile ausruhen.« Ich wache erst am nächsten Morgen wieder auf.

Die Bäume schimmern golden im frühmorgendlichen Sonnenlicht, Vögel singen, frühe Läufer und Jogger trainieren und Hunde schließen sich dem Spaß an. Ein brandneuer Tag hat begonnen und gestern scheint kaum einen Moment her zu sein. Ein Polizist kommt auf mich zu, als ich eben aufbreche, wünscht mir Glück und eine gute Reise, unterschreibt in meinem Notizbuch und will mir ein NYPD-Polizeiabzeichen überreichen, um das der Polizei von Jersey City zu ergänzen. Wenig später bekomme ich auf meinem BlackBerry eine Nachricht von der *New York Daily News*. Ein Leser hat die Zeitung angerufen, in der Befürchtung, dass der Polizist mir einen Strafzettel verpasst hat, aber ich versichere ihnen, dass die Polizei mir mit nichts als Freundlichkeit begegnet ist.

Die Zeitung zerrt mich fort zu einem Follow-up-Bericht auf ihren Seiten. Ich will die Fakten klarstellen, wie gut die New Yorker Polizei zu mir war. Jane, die freundliche Feature-Autorin, will nichts davon wissen, dass ich wieder in den Park zurückkehre, und sorgt dafür, dass die Zeitung Charlie in ihren Büroräumen unterbringt und mich mit einer Nacht in einem fantastischen Hotel am Times Square sponsert.

Es ist umwerfend. Ich bin im 43. Stock und verbringe einen ruhigen Abend, während ich staunend auf die hellen Lichter der Großstadt unter mir hinunterstarre. Aber ich fühle mich nicht als Aschenputtel, weil ich im Central Park geschlafen habe, denn das war eine wunderschöne, unvergessliche Erfahrung. Ich laufe die Madison Avenue hoch, wo das ganze elegant gekleidete Personal von Chanel herauskommt, um mich zu begrüßen, und mir ein Fläschchen Chanel No. 5 überreicht.

Auf meinem Weg durch Harlem laufe ich durch einen Teil der Stadt, in dem sogar die Rapmusik heruntergedreht wurde, da alle in Trauer um zwei Menschen sind, die von einem Verrückten erstochen wurden, gar nicht weit von mir und erst vor ein paar Stunden. Ein Stück weiter stehen Dutzende von Streifenwagen mit blinkenden Lichtern. In der Nähe gab es eine Explosion, bei der viele Menschen verletzt wurden. Der Bürgermeister von New York ist im Augenblick vor Ort und besucht die Verletzten.

Ich laufe weiter über eine Brücke in Richtung Norden, aus Manhattan hinaus und durch die Bronx. Hier ist der Rap ohrenbetäubend, dröhnt fröhlich aus jedem Türrahmen und Autofenster. Es wird allmählich wieder dunkel, daher halte ich bei einer kleinen Reifenwerkstatt an und frage den Besitzer, ob ich über Nacht auf dem Vorplatz parken kann.

Er ist einverstanden und ich schlafe sehr gut. Am nächsten Morgen, während ich durch eine arme, heruntergekommene Gegend laufe, weiche ich einer Ratte aus, die über den Gehsteig huscht. Überall liegt Müll. Ich sehe Frauen, die schwere Gerätschaften schleppen, vermutlich auf dem Weg zu frühmorgendlichen Putz- oder Fabrikjobs, aber sie sind geduldig und lächeln, trotz allem.

Die Leute fragen: »Haben Sie gar keine Angst, durch gefährliche Gegenden zu laufen?« Es ist viel schlimmer für die Menschen, die dort leben, antworte ich. Ein lebhafter alter Mann stürzt auf mich zu, sein knochiges, nachdenkliches Gesicht strahlend vor Freude. »Hey, Mädchen«, ruft er, »du läufst durchs Ghetto, für uns!«

Ich trete in der *Martha Stewart Show* auf. Die Sendung hat eine warme, anheimelnde Atmosphäre und macht viel Spaß. Ich finde

Martha unerwartet bodenständig und entschlossen. Sie erreicht mit wenigen Worten in ihrer Sendung mehr für meine speziellen Anliegen, als ich auf dem ganzen restlichen Lauf je könnte. Die Frisörin Nicole stutzt behutsam meine wilden Locken, während die Visagistin Deborah das erste Puder seit Jahren auf meine Wangen tupft. Sie freuen sich, dass ich den »natürlichen Look« beibehalten will. Es ist immer noch besser als der »natürliche Look«, den ich in Alaska hatte, mit zusammengefrorenen Wimpern und Eiszapfen im Haar, die mich in einen Alien oder Punkrocker vom Nordpol verwandelten.

Ich treffe die Organisatoren von Paul Newmans Hole in the Wall Gang Camp, das Tausenden schwer kranken Kindern Freude bereitet hat. Newman begann mit den Camps, um Kindern, die lange Zeit zur Behandlung im Krankenhaus eingepfercht waren, die Gelegenheit zu geben, »auf den Putz zu hauen«. Die Hütten sind schöne, grob gehauene Holzhütten, aber hinter den Kulissen sind sie hoch spezialisierte medizinische Einrichtungen, was der Grund ist, weshalb Kinder allein hierherkommen können. Linda, eine der Leiterinnen, sagt: »Wir können den Kindern eine Chemotherapie geben, wenn sie sie brauchen, Sauerstoff oder irgendetwas sonst. Der Spaß, das Gelächter und die Chance, dass ein Kind eine Zeit lang frei und glücklich sein kann, machen die Camps zu einem der fröhlichsten Orte auf der Welt.«

Obwohl ich helfen möchte, kann ich nicht um Geld bitten, weil es einfach zu unpraktisch ist, es auf meiner Route einzusammeln. Das meiste Geld, das Menschen spenden, kommt über die Links auf James' wundervoller Website. Wenn Menschen mir doch kleine Geldbeträge in die Hand drücken, versuche ich, sie einem Prominenten oder Polizisten vor Ort zu geben, die sie an eine der örtlichen Krebsstiftungen weiterleiten.

Jetzt bin ich auf dem Weg nach Boston, 137 Meilen weit entfernt. Ich muss sehen, dass ich weiterkomme, solange das Wetter noch gut ist. Der Winter in Island liegt vor mir.

KAPITEL 38

Goodbye Charlie, hallo Eisvogel

USA, Dezember 2007

Die Amish-Leute bauen fantastische Leichtgewicht-Aluminiumwagen und -anhänger für ihre Pferde und Lila Philbrook, meine liebe Freundin im Amish-Zentrum von Shipshewana, hatte die Vision, dass ich für den letzten Teil meiner Reise einen Amish-Anhänger bekommen sollte, da Charlie nach Tausenden von Meilen allmählich verschleißt ist. Sie gab keine Ruhe, bis ich einen bekam und Steven Seaton sich freundlicherweise bereit erklärte, ihn zu sponsern.

Am 1. Dezember fahren Lilas Schwester Miriam und ihr Schwager Dave mit einem neuen Anhänger namens Eisvogel zehn Stunden im Schnee von Shipshewana an die Nordatlantikküste, um mich in der Nähe von Belfast, Maine, zu treffen. Sie kommen in einem Schneesturm an, mit einem wunderschönen gelben Anhänger für mich auf ihrem Trailer. Ich hatte die beiden noch nicht kennengelernt, aber sie teilen dieselbe Begeisterungsfähigkeit wie Lila. Es war einfach großartig von ihnen, den Anhänger den ganzen weiten Weg hierher zu bringen.

Der Plan sah vor, dass sie den neuen Anhänger dalassen und Charlie erst einmal mit zurück nach Shipshewana nehmen würden, von wo aus er schließlich zurück nach England geschickt werden würde. Der Eisvogel scheint die Robustheit und Leichtigkeit der Aluminiumanhänger, die die Amish-Pferde hinter ihren Wagen herziehen, mit einigen von Charlies besten Eigenschaften, wie zum Beispiel dem praktischen Drei-Räder-System, zu verbinden.

Der Eisvogel ist eine richtige Lady, unglaublich gemütlich, gebaut aus silbernem Isoliermaterial, mit einer gepolsterten Matratze und hübschen kleinen Taschen ringsum, in die Lila Schokolade, Ersatzdecken, Socken, Handcreme, eine neue Taschenlampe, einen speziellen energiespendenden Kaffee und ein Füllhorn an Geschenken gesteckt hat. Wenig später liege ich zusammengerollt im Eisvogel, rundum warm und glücklich, obwohl es draußen kalt ist. Ein neuer Winter ist gekommen und es sind ungefähr 15 Grad minus. Bald kann ich nicht mehr widerstehen, aufzustehen und den Eisvogel auszuprobieren, und so laufe ich unter einem Halbmond und den Sternen dahin.

»Jeder Tag kommt mit seinen eigenen Geschenken. Binde die Schleifen auf.« Diese Worte stehen auf einer Karte des örtlichen Hospizes in der Nähe von Machias in Down, East Maine. Als ich am 14. Dezember aufwache, denke ich: *Ich werde diese verschneiten Schleifen aufbinden.* Es schneit kräftig, aber schön über dem Machias River.

Machias ist ein indianisches Wort, das »böse kleine Wasserfälle« bedeutet, da es in der Nähe tatsächlich donnernde, gefährliche Wasserfälle gibt. Der Fluss unterliegt den Gezeiten und ist noch nicht zugefroren. Es ist eine verschneite Halbwelt, zwischen Wasser und Eis. Ich hoffe, schnell voranzukommen. Meine GPS-Position ist N44 43.280. W067 26.689. Bei der Schoppee Farm kann ich meine Kleider trocknen und eine Nacht gut durchschlafen, dank der Gastfreundschaft von Julie und David Barker und ihrer Familie – seit einer Woche meine erste Nacht mit einem richtigen Dach über dem Kopf. Es ist wundervoll, Platz zu haben, um vor der Anstrengung, die vor mir liegt, die Ausrüstung noch einmal zu überprüfen. Wenn ich die Abkürzung über die Hügel nehme, an einem schmalen Highway entlang, was für den Eisvogel okay sein dürfte, sind es nur 32 Meilen bis Kanada.

Ich will es schaffen, bevor an diesem Wochenende die Stürme losbrechen. Ich widme diese letzten Meilen in Amerika dem örtlichen Hospiz, als kleines Dankeschön. Ich kämpfe mich mit aller Kraft nach Grönland vorwärts und weiter zum Winter in Island. Ich will etwas über das Leben der wenigen Menschen erfahren, die es schaffen, in diesen Gegenden in der rauen Jahreszeit zu existieren. Ursprünglich hatte ich gehofft, bis zum Juni 2008 wieder in Tenby zu sein, aber jetzt sieht es so aus, als ob es doch ein paar Monate länger dauern wird. Es ist sehr leicht, die eigenen Ziele durch eine rosarote Brille zu betrachten, wenn man sich danach sehnt, nach Hause zu kommen. Die Bedingungen sind nicht annähernd so hart wie in Sibirien oder Alaska, aber es wird dennoch ein schwerer, verschneiter Winter werden.

Auf diesen letzten Meilen durch Maine verbringe ich eine aufregende Zeit in den Schneestürmen in Cooper Mountain. Das ist die »Abkürzung« nach Kanada. Es ist wundervoll, durch den Schnee, der waagerecht weht, und die Whiteouts weiterlaufen zu können; es ist unmöglich, irgendetwas anderes zu sehen als die wilden, gespenstischen Umrisse von Bäumen, die sich im Sturm biegen. Aber der Eisvogel macht seine Sache sehr gut, da er so leicht ist.

Die kanadischen Zollbeamten, die berittene Polizei Kanadas und viele andere, darunter Hunderte von Schulkindern, bereiten mir einen großartigen Empfang. Wir feiern eine spontane Party. Ich beantworte eine Million Fragen zu meiner Reise, aber im Sturm habe ich meine Stimme verloren und kann kaum sprechen. Es macht so viel Spaß und in New Brunswick, Kanada, zu sein, ist wieder ein großer Schritt nach vorn.

Meine Gedanken sind nie fern von meiner Familie: Am 19. Dezember feiert mein Enkel Michael seinen sechsten Geburtstag. Ich rufe ihn mit meinem BlackBerry an und singe für ihn *Happy Birthday*. Er sagt mir, dass er den Indianer-Zauberstab liebt, den ich ihm geschickt habe. An Michaels Geburtstag sehe ich meinen ersten Elch an der kanadischen Ostküste und nenne ihn Michael, in der Hoffnung, dass er sich ein Geschirr anlegen und den Eisvogel eine Zeit lang ziehen wird, aber meine Hoffnung erfüllt sich nicht.

Er verschwindet zwischen den Bäumen, wirbelt einen zusätzlichen Schneesturm auf, während er davongaloppiert.

An Heiligabend erreiche ich St. John's, ein Märchenland aus Schnee und Weihnachtsbeleuchtung. Ich bekomme viele freundliche Einladungen für den ersten Weihnachtsfeiertag. Ich bin so dankbar dafür, aber letztendlich halte ich entschlossen an meinem Plan fest. Ich verbringe ein wundervolles Weihnachten im Eisvogel unter freiem Himmel. An Heiligabend und dem ersten Weihnachtsfeiertag ist das Wetter strahlend und klar. Ich bin tief gerührt von den Geschenken, der Wärme und der Freundlichkeit an den Highways in New Brunswick. Aber die einzige Möglichkeit, Weihnachten mit allen zu verbringen, ist es, zu Hause im Eisvogel zu bleiben. Ich habe keinen Truthahn. Ich esse Spaghetti und Käse, aber es geht mir rundum gut. Dank meines BlackBerrys reise ich durch die Zeitzonen und rede mit Familienangehörigen und Freunden rund um den Globus. Bis die Batterien leer sind, ist der Tag vorbei. Als ich vor ein paar Jahren durch Kuba lief, lernte ich einen alten Mann kennen, einen Christen, der mir sagte, er sei der Ansicht, es sollte jeden Tag Weihnachten sein, ein Tag zum Lieben und Schenken.

Ich werde mich nie daran gewöhnen, werde nie verhindern können, dass mein Herz zusammenzuckt, wenn ich nachts allein in meinem Zelt bin und draußen ein Geräusch höre. Die schnuppernden, kratzenden Geräusche vor dem Eisvogel heute Nacht sind absolut eigenartig und unheimlich. Irgendetwas wühlt wie von Sinnen. Der Eisvogel ist im Schnee vergraben. Wir haben Schutz vor dem Sturm gesucht. Es war ein langer Kampf durch den Schneesturm, bevor ich eine Stelle fand, wo ich den Anhänger von der Straße ziehen und uns in Sicherheit bringen konnte. Das Wetter war nicht allzu kalt, aber durch das Schneetreiben konnte ich nichts sehen und es war eine gefährliche Situation. Die Schneepflüge und Trucker sind wirklich toll, so vorsichtig, wie man nur sein kann, aber es ist trotzdem kritisch und es war eine solche Erleichterung, endlich anzuhalten.

Ich habe den kleinen Kocher angeworfen und Wasser für ein Getränk und meine kostbare Wärmflasche erhitzt. Es ist wundervoll, wie sie meinen Magen beruhigt und mir hilft, meine Socken bei mir im Schlafsack zu trocknen. Und meine halb gefrorenen Hosen. Aber ich muss meine gemütliche Höhle verlassen. Das Geräusch draußen wird lauter. Was immer es ist, scheint viel zu nah an der wunderschönen, glänzenden gelben Plane des Eisvogels zu kratzen. Ich habe Zeit, darüber nachzudenken, denn der Reißverschluss des Zelts ist eingefroren. Ich muss ihn mit etwas warmem Wasser aus der Flasche auftauen, bevor ich den Kopf aus dem Zelt stecken kann – um meinen wunderschönen Besucher zu bestaunen.

Ich wundere mich, einen kleinen, hübschen Kojoten zu sehen, dessen dichtes gelbbraunes Fell mit Schneeflocken bedeckt ist. Eine Vorderpfote hört prompt auf, ein extrem feines Loch genau neben mir zu graben. Ich kann nicht verstehen, warum er so unerschrocken, so frech und dreist ist. Er scheint, wie ich, etwas anderes erwartet zu haben. Es ist so seltsam, am Rande der Kleinstadt Hampton, New Brunswick, einen Kojoten zu sehen.

Der Schneesturm hat alles in eine weiße Wildnis verwandelt. Das Schlimmste ist vorbei, kein Schneetreiben oder Wind mehr, nur Schnee vom Himmel bis zur Erde, der alles verhüllt. Ich schätze mich glücklich, diese Nacht mit dem Kojoten zu teilen, bevor er sich das mit dem Graben anders überlegt und davonhuscht.

Ich laufe den ganzen nächsten Tag, während das Wetter aufklart, in Gedanken bei Michael, dem Elch und dem Kojoten. Bald schneit es wieder kräftig. Jede Meile zählt und ich habe noch immer einen solch weiten Weg vor mir. Aber ich hatte schon größere Probleme zu bewältigen und ich bin zuversichtlich, dass ich diese Reise zum Erfolg bringen werde.

KAPITEL 39

Das schönste Geräusch der Welt

Kanada, Januar 2008

Stille: das schönste Geräusch der Welt. Der Sturm ist vorbei und ich muss mich aus dem Schnee graben, der sich draußen aufgetürmt hat. Zu diesem Zweck bewahre ich meine Schaufel im Eisvogel auf. Eine Mondsichel steht am Himmel, nach Westen geöffnet, während ich in Richtung Osten loslaufe. Jeder von uns auf seinem eigenen Weg. Ich weiß nicht, ob der Mond einen eigenen Traum hat, aber ich folge meinem.

Es ist der 4. Januar und sehr kalt. Am gestrigen Tag herrschte der stärkste Schneefall seit Beginn der Wetteraufzeichnungen in New Brunswick – 130 Zentimeter in 24 Stunden, bei starken Winden. Die kanadische Regierung musste die schweren Schneepflüge vom Highway zurückrufen, nachdem zwei im Graben gelandet waren. In dem Whiteout konnten sie nichts mehr sehen.

Ich laufe weiter, den Kopf dick eingepackt und gegen den Wind gebeugt. Der vierspurige Highway ist nur noch eine schmale verschneite Bahn, mit nur einem Prozent des üblichen Verkehrs. Ich wage nicht anzuhalten, solange es so heftig schneit und nicht geräumt wird. Ich könnte stecken bleiben, wenn ich mich ausruhe.

Schließlich biege ich an einer der Abzweigungen von der Straße ab. Es ist erstaunlich, wie einsam und gewaltig sich alles in einem Schneesturm anfühlt. Letztendlich könnte der Eisvogel leicht völlig unter dem Schnee begraben werden. Um das zu vermeiden, laufe ich weiter. Ich finde einen Truck, der vor dem Haus des Fahrers parkt.

Die Leute sind so aufmerksam, mir Wasser zu geben, sodass ich nicht meinen Brennstoff verwenden muss, um Schnee zum Trinken zu schmelzen. Ihrem Sohn geht es nicht gut. Sie fragen, ob ich sonst noch irgendetwas brauche, aber ich will nur drinnen bleiben und den Eisvogel im Auge behalten.

Ich preise meine fabelhafte Ausrüstung. Ich würde die Peter-Hutchinson-Schlafsäcke nicht gegen sechshundert Goldbarren tauschen, nicht einmal, wenn jemand sie alle für mich tragen würde. Die Temperatur liegt jetzt bei dreißig Grad minus und auch wenn das Wetter nicht so streng ist wie in Alaska, ist die Landschaft sehr ungeschützt und windgepeitscht und Lastwagen schleudern Schneehaufen über den Eisvogel und mich. Wenn die Sturmböen kommen, ist es sehr schwer, eine Abzweigung am Highway zu finden, wo ich Schutz suchen kann.

Grönland ist offiziell kein Teil meines Laufs um die Welt, aber mit jeder Meile, die ich weitergehe, zieht mich die Idee, dorthin zu fahren, noch mehr in ihren Bann. Ich bin so nah dran und ich werde vielleicht nicht wieder die Gelegenheit haben, dorthin zu kommen. Ich werde immer entschlossener, die größte Insel der Welt zu besuchen und ihr meinen Respekt zu zollen. Ich würde sie gern ein bisschen erkunden, auf einen Gletscher gehen, die verlassenen Wikingerruinen sehen und ein paar der Menschen des heutigen Grönlands kennenlernen. Ich bin fasziniert davon, wie sie in der wilden Einsamkeit des Winters zurechtkommen.

Ich habe zumindest ein bisschen Zeit dafür. Der Eisvogel muss nach Island geflogen werden und da er sich nicht zusammenpacken lässt, muss er mit einem Lastwagen durch halb Amerika fahren, bevor er in einem großen Flugzeug nach Island gebracht werden kann. Meine Freunde Mel O'Brien und ihre Familie haben eine riesige Kiste gebaut, wie ein gigantischer hölzerner Kokon, um seine sechshundert Pfund Gewicht zu transportieren. Ich kann für ein paar Tage Grönland besuchen und immer noch vor dem Eisvogel in Island eintreffen.

Ich nehme Abschied von ihm und laufe nur mit dem Rucksack und dem Biwakzelt weiter. Trotzdem wird es eine Herausforderung sein, nach Grönland zu kommen. Im Winter gibt es keine Linienflüge vom nordamerikanischen Kontinent und wegen des Meereises auch keinen Schiffsverkehr. Die einzigen Linienflüge von den USA gehen über Dänemark, was viel zu teuer wäre.

Ich beginne eben schon zu glauben, dass ich es nicht schaffen kann, als Selina Nylander, die auf der Website gelesen hat, dass ich nach Grönland fahren will, Crew Gold kontaktiert. Sie besitzen das einzige Bergbauunternehmen in Grönland und bieten mir unglaublicherweise an, mich mit einem ihrer Bergbauteams hinzufliegen und in Narsarsuaq in Südgrönland abzusetzen. Es ist absolut wundervoll von ihnen und ich bin Selina so dankbar. Mein Traum wird wahr.

KAPITEL 40

Die größte Insel der Welt

Grönland, Februar 2008

Rund achtzig Prozent Grönlands sind mit Eis bedeckt und es ist berühmt dafür, dass es zwischen seinen wenigen Städten keinerlei Straßen gibt. Ich kann es kaum erwarten, die Einheimischen kennenzulernen und zu versuchen, diesen unglaublichen Ort zu verstehen.

Ich will insbesondere die verlassene Wikingersiedlung am Rande des Gletschers Kuussuup in Südgrönland sehen, die von der Siedlung Narsarsuaq eine fünfstündige Wanderung entfernt ist. Ich breche am 1. Februar auf, aber erst als es dunkel wird, bevor ich das Eis halb überquert habe, wird mir bewusst, dass ich zu spät losgegangen bin. Mein Zelt ist in Narsarsuaq zurückgeblieben, ebenso die verlockende Gastfreundschaft des Hotels Narsarsuaq, einer Oase in dieser winzigen Siedlung. Ich muss umkehren und denselben Weg bei Mondlicht zurückgehen, da es 29 Grad minus sind und es zu kalt ist, um ohne Schutz draußen zu übernachten. Die nördlichen Sterne sind so hell und der Mond strahlt, von einem regenbogenfarbenen Kranz umgeben. Wie gern würde ich heute Nacht hier draußen bleiben! Wie sehr vermisse ich den Eisvogel!

Am nächsten Tag beschließe ich, es noch einmal zu versuchen; schließlich ist es mein letzter Morgen, bevor ich nach Nuuk fliege – ich bin schon seit fünf Tagen hier. Ich breche früh auf. Es schneit und die Temperaturen werden viel erträglicher. Jetzt sind es nur neun Grad minus und das Wetter soll später angeblich aufklaren. Doch stattdessen schneit es stundenlang immer heftiger. Es ist durchaus angenehm, da der Schnee eine Decke gegen die Kälte bildet und ich mein GPS habe und den Weg kenne. Robert Frosts Gedicht *Der weniger begangene Weg* gehörte schon immer zu meinen Lieblingsgedichten. Auf diesem Lauf muss ich oft daran denken, dass die echte Straße des Lebens immer im Kopf und im Geist verläuft. Und das ist gut so, da ich nichts sehen kann. Wenn ich hinuntersehe, kann ich eben noch meine verschneiten Füße erkennen, die kleine, vorsichtige Schritte über uralte Kämme kleiner Wellen von Eis auf dem Gletscher tun. Es fühlt sich unheimlich an. Immer wieder denke ich: *Wie lang ist dieses Eis, auf dem ich gehe, schon hier? Wie lang wird es in Zeiten der Erderwärmung noch existieren?* Die mächtigsten Gesichter der Natur können die verletzlichsten sein.

Auf einmal sehe ich genau vor mir, hoch oben an der Kante des Gletschers, die schattenhaften, undeutlichen Umrisse der Wikingerruinen. Ich bin angekommen. Ich kann nicht weiter als ein paar Zentimeter sehen, aber ich bin überwältigt. Allein auf dem Gletscher bin ich tief bewegt von der Existenz der Menschen, die früher hier, in diesem unbarmherzigen Klima, lebten. Es ist eine ergreifend schöne Erfahrung und eine, die mich für den Rest meines Lebens begleiten wird.

Am nächsten Tag fliege ich nach Nuuk, wo mir von Grace Nielsen und der Tourismusbehörde Nuuk ein herzlicher Empfang bereitet wird. Nuuk ist eine pulsierende Hauptstadt mit fünfzehntausend Einwohnern und jeder, den ich dort treffe, ist außergewöhnlich gut gelaunt und einfallsreich. Ich habe dort nur ein, zwei Tage, bevor ich weiter nach Kulusuk in Ostgrönland reise, meine letzte Anlaufstation hier. Es ist ein abgeschiedener Ort, umgeben von Packeis, mit nur dreihundert Einwohnern. Vorräte werden nur einmal im Jahr zwischen Oktober und Juli mit dem Schiff gebracht und um diese Jahreszeit ist Kulusuk nur auf dem Luftweg erreichbar. Die Menschen sind gastfreundlich, obwohl ihr Leben extrem hart ist. Im Sommer gibt es ein bisschen Tourismus, aber im Winter kommen nur selten Besucher von auswärts.

Umgeben von einem Schneesturm bahne ich mir meinen Weg ins Dorf, als plötzlich eine Nase und ein Paar schwarze Augen aus heiterem Himmel auftauchen und mich anstarren. Ich fahre vor Schreck fast aus der Haut – es ist ein Eisbär. Wir sehen uns an, aber dann verschwindet er ebenso rasch, wie er gekommen ist. In den folgenden Tagen und Nächten träume ich immer wieder von ihm. Eisbären sind sehr imposant, aber sie können auch extrem gefährlich sein. Sie sind nur eine der Gefahren, mit denen die Menschen hier jeden Tag zu leben haben.

Ich bin voller Demut nach meinem Besuch in Grönland. Ich war nur für ein paar Tage hier und ich habe kaum an der Oberfläche dieses erstaunlichen Landes und seiner Bewohner gekratzt. Ich will wiederkommen, um mehr zu erfahren. Mein Besuch hier ist ebenso rasch vorbei, wie er begonnen hat, und am 8. Februar fliege ich nach Island, um mit dem Eisvogel wiedervereint zu werden.

KAPITEL 41

Wikinger mit goldenen Herzen

Island, Februar–März 2008

Der Eisvogel ist wohlbehalten in Island angekommen. Ich bin so froh, ihn wiederzuhaben. Und es ist verblüffend, in derselben Zeitzone wie Großbritannien zu sein. In Reykjavík wird uns beiden ein wundervoller Empfang bereitet und der Eisvogel wird in das prächtige Hotel Loftleidir gerollt, nachdem wir beide eingeladen wurden, dort kostenlos zu wohnen.

Ich bin umgeben von Islands Bergen und Vulkanen. Alles läuft gut, aber das stürmische Wetter macht das Vorankommen schwer. Jeder Schritt wird von dem mächtigen Orchester der Natur begleitet, dem Krachen des aufbrechenden Eises, dem Tosen der Wasserfälle, eben erst aus ihrem winterlichen Gefängnis entlassen, und vor allem dem Heulen des Nordostwinds.

Ich habe mein Lager auf dem Weg aus der Stadt am Straßenrand aufgeschlagen und liege zusammengerollt im Eisvogel.

Ich habe jetzt noch ungefähr eintausend Meilen vor mir, bevor ich von der Nordostspitze Islands die Fähre nach Großbritannien nehmen werde. Der Nachtwind frischt auf. Ich kann das Gurtwerk des Eisvogels flattern hören. Er kann es kaum erwarten, zur arktischen Küste aufzubrechen. Es wird ein wilder Lauf werden. Ich kann vor Aufregung kaum schlafen.

23. Februar. Ein weiterer Sturm naht und ich muss ihn besiegen. Ich kann von Glück reden, dass der Eisvogel bislang nicht umgekippt ist. Am sichersten wäre es, ihn einfach loszulassen, aber dann würde ich

ihn und meine gesamte Ausrüstung verlieren. Am Fuß des mächtigen, eisigen Bergs Skardsheidi werden wir seitlich in eine tiefe Rinne geweht; der Wind trommelt auf uns ein, als wäre es Thors Hammer persönlich.

Es herrscht typisch isländisches Winterwetter. Wenn ich nicht die Macht des Windes spüren und sein Tosen und Heulen hören würde, würde ich glauben, in einem Märchenland zu sein, so wunderschön ist es. Diese Berge aus reinstem Weiß sind in eintausend Bilder von schimmerndem Flugschnee gehüllt. Das habe ich noch nie irgendwo sonst gesehen. Im Winter in Island zu sein, ist nicht nur die vorletzte Etappe meines Laufs, es fühlt sich auch an, als wäre ich einmal um die Welt gelaufen, um zu einem anderen Planeten zu gelangen. Kein Wunder, dass ich bis jetzt ungefähr 45 Paar Schuhe und Stiefel durchgelaufen habe. Felsen sind praktisch, um mir und dem Eisvogel Halt zu geben, da es keine Bäume gibt, aber diesmal kann ich überhaupt nichts Greifbares sehen.

Die Fernstraße verläuft zwischen dem Berg und dem Meer. Auch wenn die Bedingungen nicht annähernd so hart sind wie in Alaska, bin ich ein bisschen besorgt, dass der Eisvogel letztendlich davonfliegen wird. Ich kann ihn einfach nicht halten, selbst nachdem ich ihn wieder aufgerichtet habe. Daher setze ich mich, als die Böen immer schlimmer werden, in meinem Gurtwerk hin wie ein dicker Klotz, damit mein Körper als Anker dient. Im Moment hat der Sturm eine kleine Pause eingelegt und ich mache mich wieder auf den Weg. Ich kann von Glück reden, dass kein schlimmerer Schaden entstanden ist, als dass die Deichseln des Eisvogels verbogen wurden, die ich wieder zurechtbiegen kann.

Als es das nächste Mal passiert, ist es etwas gefährlicher: Ich werde zu nah an den Hauptteil der Straße geweht, wo Lastwagen sich quer stellen und Autos wie wild herumschlittern. Ein freundlicher Fahrer hilft mir, den Eisvogel zu einem einsamen Gebäude, vielleicht einem Umspannwerk, zu ziehen, dem einzigen Gebäude weit und breit. Er nimmt nicht an, dass ich es in die nächste Stadt schaffen kann, vielleicht noch mehrere Tage nicht, daher kommt er noch einmal mit Essen für mich zurück, bevor er wieder verschwindet. So sind die Leute in Island. Ich glaube, sie sind Wikinger mit goldenen Herzen.

Schließlich legt sich der Wind ein wenig und an diesem Abend schaffe ich es, mich wieder auf den Weg zu machen. Der Eisvogel erweist sich als stark und robust.

Ich breche von Borgarnes und dem Golfplatz und Hotel Hamar auf, wo der Manager kein Geld annehmen will und dafür sorgt, dass der Eisvogel ausgebessert und meine ganze Wäsche gewaschen wird. Ich werde wie ein Filmstar behandelt, nicht wie ein durchgefrorener, nasser, erschöpfter Streuner. Ich nehme sogar ein vulkanisches Wannenbad: Man legt sich in die Wanne, unter den Sternen inmitten der verschneiten Umgebung, und fühlt sich in dem herrlichen erhitzten Wasser trotzdem warm. Ich liebe Island. Borganes ist auch die erste Stadt mit Lebensmittelgeschäften, nach zehn Tagen langsamen Vorankommens in der Wildnis. Der nächste »Landgang« wird in Akureyri sein, 150 Kilometer weiter.

Nach der Wochenendvorhersage auf meinem BlackBerry soll das Wetter ziemlich schlecht werden. Sturmartige Winde von Nordosten kommen auf uns zu. Ich habe noch einige Besorgungen zu erledigen. Der Kampf des Tages wird mit den Vorbereitungen, die man vor dem Aufbruch trifft, gewonnen oder verloren. Außerhalb des Windes ist das Wetter gar nicht so kalt, aber der Windchill ist unangenehm. Meine Zehen machen mir ein bisschen zu schaffen und ich muss vorsichtig sein.

1. März. In den letzten Wochen gab es Stürme, die die Autobusse wie Federn von der Straße geweht haben. Am kältesten sind die Nordoststürme, die über das arktische Meer genau vom Nordpol kommen. Es ist gesetzlich verboten, im Winter ins Landesinnere von Island vorzudringen, da alle Straßen gesperrt sind und es sehr gefährlich

ist. Eine Reifenspur oder ein Fußabdruck können jahrelang auf dem empfindlichen Gelände zurückbleiben.

Heute hingegen hat die Sonne beschlossen, mit aller Kraft zu strahlen. Kristallene Berge, wilde, verschneite Landschaften und gefrorene Wasserfälle, wie Kronleuchter in einem Eispalast, glitzern, während die Sonne aufgeht. Selbst die mit dickem Frost überzogenen Mähnen und Schweife der zähen kleinen Islandponys verfärben sich erst traumhaft rosa und dann scharlachrot, bevor sie schließlich alle Schattierungen von Gold annehmen. Ich sehe hinaus auf diese Zauberwelt kurz nach der Morgendämmerung, während ich meinen Kaffee trinke.

Während ich mich zum Aufbruch bereit mache, kommen die Pferde, die in Nordisland in großen Herden leben – die einzigen Tiere, die abgehärtet genug sind, um draußen auf den Feldern zu sein –, fröhlich angaloppiert, um mich zu inspizieren. In diesem Licht sehen sie eindeutig golden oder sogar rosa aus. Selbst ihre Tasthaare und Stirnlocken schimmern, von Eis überzogen. Sie könnten einer Legende entsprungen sein. Vielleicht laufe ich ja tatsächlich durch eine dieser isländischen Sagen. Wenn sie ein Happy End haben soll, muss ich weiterlaufen.

KAPITEL 42

Thors Hammer und Thorgeirs Teebeutel

Island–Färöer-Inseln, März–Juni 2008

Nur noch 198 Kilometer trennen mich von Akureyri, was heißt, dass ich in Island noch ungefähr fünfhundert Kilometer zu laufen habe. Je nachdem, ob ich einen Abstecher durchs Landesinnere machen kann, könnte ich das erste Boot nach Schottland im Frühjahr erreichen. Die nächste Stadt ist Blönduós, fünfzig Kilometer entfernt. Für die Strecke könnte ich ein oder zwei Tage oder eine Woche brauchen. Zwei starke Stürme wurden für die nächsten paar Tage angekündigt, das heißt, das sonnige Wetter wird nicht anhalten. Alles hier hängt davon ab, dass man die Ruhepausen nutzt. Ich fühle mich wunderbar angespornt, als ich mich auf den Weg mache, da ich eben wieder einen Kurzbesuch von Geoff und Inna bekommen habe, die mit einem Mietwagen über die ungeschützte Hochebene Holtavörðuheiði gefahren sind, um mich auf der Straße zu treffen. Sie bringen mir dringend benötigte Ausrüstung, darunter mein 44. Paar Saucony-Schuhe, Wärmekissen und andere Schätze. Sie können nicht lange bleiben: Sie müssen mit ihrem kleinen, nicht geländegängigen Wagen über die Hochebene zurück nach Reykjavík fahren, was nach Einbruch der Dunkelheit zu gefährlich wäre.

Ich fühle mich viel kräftiger und energiegeladener, seit ich Nancy Rodriguez' Tipps dazu befolge, wie man sich auf den langen Strecken zwischen Geschäften gut ernähren kann. Nancy hat ihr berühmtes Unternehmen Food Marketing Support Services im Jahr 1985 in ihrem Zuhause in Oak Park, Illinois, am Küchentisch gegründet, als ihre drei Kinder noch klein waren. Seitdem hat sie sich einen internationalen Ruf erworben und berät große Lebensmittelhersteller in Ernährungsfragen und bei der Entwicklung ihrer Produkte – aber niemand war ihr dankbarer für ihre unverzichtbare Ernährungsberatung als eine einsame Abenteurerin und Läuferin in der Wildnis.

Eine ihrer Empfehlungen lautet, kalt gepresstes Olivenöl zu kaufen. Eine Flasche hält eine Ewigkeit. Sie ist nicht schwer. Man braucht nur ein klein wenig jeden Tag, aber es ist einfach so gesund. Außerdem befolge ich Nancys Philosophie, Vollkornnudeln mit Omega-3 zu kaufen. Und ich habe frischen Ingwer und Knoblauch, die sich kompakt lagern lassen. Ich schütze den Knoblauch vor dem Gefrieren, indem ich ihn in meine Socke stecke, aber ich darf nicht vergessen, in welche Socke, sonst könnte das Laufen schmerzhaft werden. Oft gebe ich Kräuter und getrocknetes Grünzeug zu den Spaghetti anstatt nur Brühwürfel mit synthetischem Geschmack als Grundlage. Davon kann ich jede Menge lagern. Außerdem habe ich gern Hafer, Honig und Dörrfisch vorrätig. Dieses Essen ist zwar schlicht, aber leicht zu kochen. Ich esse auch alles andere, wenn ich in der Nähe von Geschäften bin, aber gesundes Essen lohnt sich hinsichtlich der »Motorleistung« und ich fühle mich fantastisch damit.

8. März. Es ist aufregend, sich Greenwich so weit zu nähern. Der Eisvogel macht seine Sache großartig. Gestern wurde er von einem fliegenden Bimsstein getroffen. Die Plane wurde ein bisschen eingerissen, ist aber in Ordnung. Sie braucht nur einen kleinen Flicken, wie ein Heftpflaster auf einer Schürfwunde.

Ich erreiche Blönduós nach einem der schlimmsten Stürme bislang. Das Schneetreiben ist in sintflutartigen Regen übergegangen, der die Brücke der Stadt überflutet hat. Ich wate bis zu den Knien im Wasser, die Nässe gefriert rasch und bis ich die Schule erreiche, sind meine Füße von Eis ummantelt. Ich fühle mich wie Aschenputtel, nur dass ich diese gläsernen Pantoffel verlieren *will*. Die freundlichen Angestellten helfen mir rasch mit einer heißen Mahlzeit und

Heizkörpern für meine Socken. Sie und der Erdbebenforscher Josef Holmjarn, der am Tag zuvor mit seinem Wagen angehalten und mir etwas zu essen gegeben hat, verkörpern für mich die isländische Freundlichkeit schlechthin. Als ich mich erholt genug fühle, mache ich mich wieder auf den Weg und suche für die Nacht Schutz im Windschatten der Berge, kauere mich hinter einen der Gipfel, außerhalb des Windes, wie ich es einheimische Pferde habe tun sehen.

Heute sieht alles viel besser aus. Der Himmel ist klarer, der Wind hat nachgelassen und ich bin auf dem Weg nach Akureyri, wo ich am 15. März ankomme. Es ist eine magische Stadt auf dem Breitengrad N66. An der arktischen Nordküste sehe ich aus dem Wasser springende Wale und ein paar tollkühne Eisbären schwimmen auf Eisschollen den ganzen Weg vom Nordpol herunter. Der Eisvogel sehnt sich danach, vereint mit den wilden Stürmen zu fliegen, doch wir kommen langsamer voran als erwartet, da ich wieder eine ganz leichte Erfrierung an meiner alten Verletzung hatte. Aber jetzt ist die Zehe wieder in Ordnung. Ich bin dem Arzt von der Alaska National Guard sehr dankbar, der mir gezeigt hat, wie ich mit einer Erfrierung umgehen muss, sollte sie je wieder auftreten. Ich muss aufpassen, dass die Zehe nicht kalt wird, und oft nach ihr schauen. Ich kann es kaum erwarten, auf allen zehn Zehen zu tanzen, wenn ich schottischen Boden betrete.

22. März. Ich muss einen großen Gebirgspass überqueren, bevor der starke Wind wieder lospeitscht. Damals, als ich für *Runner's World* durch die isländische Lavawüste lief, amüsierte es mich zu erfahren, dass die isländischen Bergsteiger es »einen auf Elvis machen« nennen, wenn die Beine vor Angst unkontrolliert zittern. Genau das trifft auch auf mich zu. Die hohen Gebirgspässe sind gefährlich, denn selbst in einem Land wie diesem, wo Wettervorhersagen überlebenswichtig sind, können sich die Bedingungen schlagartig ändern. Die Menschen erzählen dir mit einer Mischung aus Stolz und Skepsis: »In Island kann alles passieren.« Am Donnerstag herrscht blendendes Schneetreiben.

Eine örtliche Polizistin, unterwegs, um einem Rettungsfahrzeug beizustehen, das Autofahrern hilft, die auf dem Gebirgspass gestrandet sind, sagt, dass das Wetter noch viel schlimmer werden wird, bevor es sich nach Mitternacht bessern soll. Der Pass ist jetzt gesperrt. Die Tatsache, dass isländische Autofahrer, die die Fahrverhältnisse im Winter gewohnt sind, Hilfe benötigen, ist Grund genug. Alles geht gut und ein Polizist kommt wieder, um nach mir zu sehen, und beglückwünscht mich dazu, dass ich, sicher an einen Felsen gebunden, Schutz gesucht habe, bis der Sturm vorbei ist. Zum Glück, sagt er, wurde niemand verletzt.

Am nächsten Morgen ist der Pass wieder geöffnet. Der Verkehr zuckelt auf riesigen Ballonreifen vorbei, die auf dem Schnee »schweben«. Die eisige Sonne kommt zum Vorschein und die wundervollen weißen Berge spiegeln sich im Eyjafjörđur-Fjord. Wildenten schwimmen in halb gefrorenen Seitenarmen. Bei manchen Spiegelungen sieht es aus, als ob sie tatsächlich zwischen den Berggipfeln schwimmen. Ich bin auf halbem Weg den Berg hoch, als der Wind wieder auffrischt, aber der Eisvogel kommt gut zurecht, da ich ihn mit ein paar schweren Steinen als Ballast beschwert habe.

In der »kalten Welt«, vom Land der Eskimos bis zu dem der Wikinger, gilt dasselbe Gesetz: Mach dich auf den Weg, solange die Gelegenheit günstig ist.

Am 31. März erreiche ich Mývatn. Starkes Schneetreiben bläst um den riesigen, kegelförmigen Aschekrater des Hverfjall. Rings um ihn herum und darunter befindet sich eine weiße, eisig kalte Wüste, durchsetzt mit faszinierenden Formen und Klumpen von Lava, die aus dem Tiefschnee aufragen. Es gibt viele unheimliche Pseudokrater, manche auf den Inseln auf dem See Mývatn neben dem Hverfjall, von Dampf geschaffen, als Wasser und kochende Lava zusammentrafen. Der mächtige Krafla, einer der Könige der isländischen Vulkane, liegt etwas nördlich des Sees. Es ist alles Teil eines Geothermalgebiets, in dem sich das geschmolzene Innere der Erde nur ein paar Meilen unterhalb der Kruste befindet.

Eintausend Meter unter dem schneebedeckten Lavafeld beträgt die Temperatur zweihundert Grad und wird von dort an mit jedem Meter heißer. Und doch betrug sie hier an der Erdoberfläche vor ein paar Nächten noch 15 Grad minus.

Kürzlich, eines Morgens, waren meine Wimpern wieder zusammengefroren, so wie damals in Sibirien und Alaska, aber vermutlich war es nur Trägheit, die es mir schwer machte, die Augen aufzuschlagen. In den zehn stürmischen Tagen und Nächten im Freien zwischen Akureyri und dem See Mývatn träume ich von so herrlichen Dingen wie einer heißen Dusche, aber vor allem will ich meine Batterien aufladen, damit ich wieder mit Familienangehörigen und Freunden telefonieren kann. Die Tatsache, dass ich so kurz vor der Ziellinie bin und doch immer noch eine Herausforderung vor mir habe, lässt mich alle erst recht vermissen. Es wird eine solche Freude sein, sie wiederzusehen. Ich schäme mich nicht für den Schmerz dieser Sehnsucht.

Asdis Johannesdottir und ihr Mann, denen das Sel Hotel in Mývatn gehört, kommen mir auf dem Lavafeld entgegen und laden mich ein, in ihrem freundlichen Hotel zu wohnen. Sie bestehen darauf, dass ich zwei Tage bleibe, und weigern sich, Geld anzunehmen. Sie waschen meine Wäsche, verwöhnen mich mit köstlichen Mahlzeiten und überschütten mich mit liebevoller Zuwendung. Ein quälender Husten, den ich seit einer Weile habe, ist auf einmal wie weggeblasen. Das Beste ist, dass ich telefonieren und endlich die Batterien aufladen kann. Ein anderer Held von Island ist für mich Thorgeir Gunnarsson, Leiter der Tourismusbehörde von Mývatn, der mir wunderbare Vor-Ort-Informationen gibt und mir auf solch vielfache Weise hilft. Niemand sollte in die Region Mývatn fahren, ohne Thorgeir kennenzulernen. Er ist das isländische Mitglied meines »A-Teams«.

Nach zwei friedlichen, produktiven Tagen bin ich gut mit Vorräten eingedeckt und sprühe vor Energie. Ich habe nur noch neunzig

Meilen in Island vor mir, hauptsächlich durch offenes Lavafeld und Wüste an einer einsamen Winterstraße entlang. Ich werde durch keine Städte mehr kommen, bevor ich mich der isländischen Ziellinie auf 15 Meilen genähert habe. Es ist wieder stürmisch, als ich aufbreche. Whiteouts und starke Winde wurden für die ganze Woche vorhergesagt, aber der Eisvogel hat gelernt, wunderbar »beizudrehen«, und wir werden vorsichtig sein, denn schließlich haben wir schon so viel zusammen durchgemacht.

7. April. In den ersten unvergesslichen Tagen schaffe ich es über den ersten Berg und durch die Wüste. Die Wüste hat schon immer Wanderer, Pilger, Krieger, Menschen, die vor Strafverfolgung flohen oder Antworten suchten, und gewöhnliche Reisende wie mich in ihren Bann gezogen.

Der erste Anblick der riesigen Dünen nach der eingeschränkten Sicht der Schneestürme ist besonders schön. Die Dünen sehen so aus wie die in *Lawrence von Arabien,* nur dass sie aus Schnee und strahlend rein und weiß sind.

Der Highway ist ein Freund. Wie andere Wüstenstraßen auch ist er ein Schifffahrtsweg durch einen festen Ozean. Während ich mich auf den Weg mache, wird das blaue Eis darauf dicker, und die Straße nach Osten wird alle paar Kilometer heimtückischer. Sie ist der einzige Weg. Nur einen Schritt abseits der Straße liegt tiefer, weicher Schnee, der mir bis zu den Schultern reicht. Obwohl der Morgen klar ist, bedeutet der auffrischende Wind, dass das Eis und meine Füße schwer zu sehen sind, da mir der Schnee bis zu den Knien hoch weht. Auch der Wind ist nun mein Freund. Er weht aus westlicher Richtung und schiebt mich vorwärts, manchmal ist es beängstigend, aber gleichzeitig ist es eine große Erleichterung. Die Stollen oder Spikes, die ich trage, um nicht auszurutschen, passen gut über meine Schuhe, aber ich bin ein bisschen besorgt, da meine Stollen auf dem harten Eis und von dem Druck, der entsteht, wenn ich den Eisvogel ziehe, rasch abgenutzt werden. Außerdem haben sie einige ihrer Spikes auf den früheren Wüstenabschnitten der eisigen, messerscharfen Lava verloren. Ich ärgere mich, dass ich mir keine Ersatzpaare gekauft habe. Immer wieder denke ich: *Die Reise ist fast vorbei, der Winter ist fast vorbei.* Was für ein Fehler.

Nie war ich auf meinen winterlichen Kämpfen unerschrocken; es war immer meine Ausrüstung, die unerschrocken geblieben ist und mir unermüdlich das Leben gerettet hat. Und jetzt liegt es an mir. Ich trete so vorsichtig wie möglich auf, rutsche zweimal aus und bleibe sogar ab und zu stehen, um Atem zu schöpfen.

Ich tauche in den Anhänger und beginne, einen Bericht an meine Familie zu schreiben: »Es kostet mich viel Zeit, zu versuchen, nicht zu stürzen.« Ich hätte es niemals aufschreiben sollen. Zehn Minuten später schlage ich hin und eine der Deichseln des Anhängers bohrt sich in meine Seite und ich höre ein knackendes Geräusch. Fast genauso wie damals, als ich mir in Alaska die Rippen gebrochen habe.

Ich ziehe den Eisvogel langsam noch eine Meile weiter, das Gurtwerk über dem Bauch anstatt den Rippen. Ich fühle mich schwindelig, aber ich schaffe es, den Anhänger sicher von der Straße zu ziehen. Ich denke, alles hängt davon ab, ob ich mich tatsächlich bücken kann, um in den Anhänger zu kriechen. Es gelingt mir und ich fühle mich siegreich und besser.

Ich entfache den Petroleumkocher, um Schneewasser für eine Wärmflasche zu erhitzen, um sie mir auf die wunden Stellen zu drücken, als Thorgeir ankommt. In dieser Hinsicht sind die Isländer wie die Alasker – sie kümmern sich in guten wie in schlechten Zeiten um dich. Er kam zwei Tage zuvor in die Wüste, um mich zu finden, brachte mir Mr.-Pickwick-Teebeutel, Dörrfisch und neue Socken. Diesmal ist er vorbeigekommen, um noch einmal nach mir zu sehen, aber auch, da ein englischer Fotograf für einen Artikel noch mehr Bilder von mir braucht. Anstatt mich zu fotografieren, bringt er mich nach Húsavík, wo mich, obwohl es Wochenende ist, Dr. Unnsteinn Juliusson im Gesundheitszentrum von Húsavík empfängt.

Dr. Juliusson ist sehr freundlich. Ich vertraue ihm ebenso sehr wie den Ärzten der Alaska National Guard. Ihm ist bewusst, dass ich die Ziellinie sicher erreichen muss. Ich habe mir mindestens zwei Rippen in der Nähe der Wirbelsäule gebrochen, auch wenn es nicht gefährlich ist, da es nicht auf Höhe der Lunge passiert ist. Außerdem habe ich mir die vorderen Rippen verletzt, wenn auch nicht ernsthaft. Im Hinblick auf meinen Lauf wäre es weitaus schlimmer, wenn ich mir einen Knöchel gebrochen hätte. Ich will nicht unter Schmerzen laufen oder humpelnd in Großbritannien ankommen. Es wird vier bis sechs Wochen dauern, bis alles richtig verheilt ist, aber wenn ich meinen Schmerz als Richtschnur nehme, sagt Dr. Juliusson, sollte ich mich in etwa zwei Wochen mit dem Eisvogel wieder auf den Weg machen können. Wenigstens heißt das, dass der Eisvogel selbst ausgebessert werden kann. Seine Deichseln und sein Gurtwerk müssen besser instand gesetzt werden, als ich es mit meinem getreuen Klebeband bewerkstelligen konnte. Der Eisvogel bekommt eine kurze Ruhepause verordnet, während ich von Asdis Johannesdottir liebevoll genötigt werde, die ersten paar Nächte in dem prächtigen Sel Hotel zu verbringen, um die Heilung der Rippen zu beschleunigen. Danach werde ich neben dem See Mývatn im Eisvogel leben, denn ich will abgehärtet bleiben.

Wenn es mir besser geht, werden meine Freunde den Eisvogel und mich zurück zu der Stelle bringen, an der ich gestürzt bin. Von dort sind es nur sechzig Meilen bis zur Ostküste. Während meine Rippen heilen, wird das Gurtwerk zu einem professionellen Sattler nach Akureyri geschickt und ich arrangiere, dass der 66 North Sports Shop in Akureyri mir neue Stollen schickt, denn im Nordosten Islands gibt es noch immer keine Anzeichen einer Schneeschmelze. Das Jahr scheint wieder zum Winter zurückzukehren. Milliarden funkelnder, frostiger Sterne glänzen überall auf dem Boden und versuchen, die am Himmel zu überbieten. Es ist drei Uhr morgens am 19. April und es sind noch immer mehrere Grad unter null. Ich muss mich warm einpacken und immer wieder hinaussehen, denn es ist eine magische Zeit. Das arktische Frühlingslicht ist ein Versprechen, das die Kälte nicht brechen kann.

In ein paar Tagen werde ich wieder aufbrechen. Die Krankenschwester hat mir Schmerzmittel gegeben, für den Fall, dass ich Probleme haben sollte, aber es dürfte alles gut gehen. Es ist vernünftig, mich jetzt auf den Weg zu machen, meine Beine und den Rest von mir in Form zu halten, und da das Gurtwerk auf eine solch fantastische Weise ausgebessert wurde, kann ich den Eisvogel ziehen, ohne meine Rippen zu belasten. Ich will, dass das Laufen eine Art Gebet ist, ein Dank an Gott und das Leben und all die Menschen, die mir geholfen haben, und an das Land selbst, rund um diese wundervolle Welt.

Bis zum 26. April hatte ich genug Zeit, um meinen Plan noch einmal zu überdenken, und ich habe entschieden, am nächsten Mittwoch vom Sel Hotel aus loszulaufen. Ich werde mich nicht zurück dorthin *bringen* lassen, wo ich mir die Rippen gebrochen habe: Ich werde zurück dorthin *laufen,* wo ich gestürzt bin, und dann weiterlaufen. Es sind nur fünfzig Meilen mehr und es dürfte nicht lange dauern. Der Zauber der Wüste geht mir noch immer durch den Kopf. Ich muss sehen, was unter diesen schimmernden weißen Dünen liegt, wenn die Schneeschmelze beginnt. Und es ist auch ein vernünftiger Plan: Ich kann ein paar Tage laufen und durchtrainierter sein, bis ich einen großen Gebirgspass erreiche, der vor der Küste liegt. Wegen der Stürme ist es notwendig, rasch über diesen Pass zu laufen. Hier kann es bis Ende Mai Eis und Schneetreiben geben.

7. Mai. Ich habe die zusätzlichen fünfzig Meilen geschafft und ich bin begeistert. Vor Kurzem bin ich an der Stelle vorbeigelaufen, an der ich gestürzt bin. Die gebrochenen Rippen sind Geschichte. Die endlosen aufmunternden Nachrichten, die ich bekommen habe, waren herzerwärmend. Ich werde feiern, indem ich hier anhalte, um meine spezielle »Gunnarsson-Pasta mit Sahne« zu essen – eine nette Abwechslung zu den »Spaghetti à la Rosie mit Sand«. Die Menschen in Mývatn sind noch immer besorgt um mich und bringen mir

Geschenke. Ich kann den Riemen des Gurtwerks nur an einer Schulter tragen, da meine verletzte Seite noch immer zu schwach ist. Immer wieder bleibe ich stehen, um Atem zu schöpfen; der Berg Námafjall, zwei Meilen nördlich von Mývatn gelegen, ist ein steiler Aufstieg. Es macht nichts, dass ich langsam bin, denn meine Umgebung ist ein Ehrfurcht einflößender, wunderschöner Ort.

Der Námafjall ist golden braun. Er ist ein Teil von Mývatns faszinierendem, unheimlichem Geothermalgebiet. Dampf wird aus Tausenden von Löchern ausgestoßen und entweicht auf dem Berg. Berühmt für seine warmen Naturbäder, sichert dieser Ort zugleich auf eine uralte und zauberhafte Weise das Überleben der Menschen. Die Einheimischen backen in dem Dampf noch immer Brot. Man gräbt einfach ein kleines Loch, legt den Teig hinein, mit einem Stein als Deckel, und lässt es 24 Stunden dampfen – sehr geschmackvoll. An kühleren Stellen bauen sie außerdem Kartoffeln an, was möglich ist, bevor die vereisten Felder außerhalb des Gebiets zu tauen beginnen. Es ist erstaunlich, dass in dieser Mondlandschaft Kartoffeln wachsen können.

Doch ein ganz neuer Anblick auf der anderen Seite des Berges bringt mein Herz tatsächlich zum Schmelzen. Die Stille, die das Gebiet prägte, als ich das letzte Mal hier war, wurde gegen die schönsten Geräusche eingetauscht, die ich mir nur vorstellen kann. Nach Island zurückgekehrte Graugänse und Singschwäne genießen nun träge das Schmelzwasser, knabbern an den ersten grünen Trieben und schöpfen Kraft, während ihre Nistplätze langsam auftauen. Entzückende kleine Schneeammern – die einzigen isländischen Singvögel, die das ganze Jahr über hierbleiben – erinnern mich an die Sturmvögel, die meinem Boot folgten, als ich auf See war. Der isländische Name für sie bedeutet »Der in die Sonne lacht«.

Der isländische Mai kann äußerst wechselhaft sein. Gestern trug ich zum ersten Mal in diesem Jahr Shorts. Ich habe mich in dem herrlichen Schmelzwasser gewaschen. Es schwamm noch immer etwas Eis darin, aber für ein paar Minuten fühlte es sich wundervoll an.

Am 10. Mai bricht bereits der nächste Schneesturm herein. Der Wind von Osten ist eisig. Er kann uns nicht fortwehen, da der Eisvogel sicher im Schnee vergraben ist. So viel zu den »ersten grünen Trieben«. Die Vögel haben, genau wie ich, Unterschlupf gesucht und plustern ihr Gefieder auf, sodass sie wie runde Kugeln aussehen. Wenn es keine Schutzmöglichkeit gibt, sitzen sie einfach still da und lassen sich vom Schnee zuwehen, der einen guten Wärmeschutz bietet, indem er die Luft zwischen den gesträubten Federn einfängt. Der Eisvogel tut mehr oder weniger dasselbe und ich liege gemütlich darin.

Am 23. Mai um sechs Uhr morgens habe ich es über den Berg nach Seyđisfjörđur geschafft, bevor ich wieder auf Meereshöhe und zu wärmeren Temperaturen hinuntersteige. Ich werfe einen letzten Blick auf die unberührte, schimmernde Winterlandschaft, die ich sowohl gefürchtet als auch so sehr lieben gelernt habe, und steige dann hinunter zu der Stelle, wo die Berge dramatisch zum Meer und im Fjord abfallen. Alles funkelt und schwarze Wolken, die wie der Atem eines Riesen aussehen, dem die Puste ausgegangen ist, sind golden umrandet. Hier läuft die Sonne um die Welt und stiehlt mir die Show.

Die kleine Stadt schläft noch. Sie hat eine hellblau gestrichene Kirche, hübsche Häuser und jede Menge Fischerboote. Es gibt ein hübsches, orangefarbenes Rettungsboot an einer Slipanlage, genau wie die Boote der Royal National Lifeboat Institution bei uns zu Hause. Es erscheint mir wie ein Traum, dass ich vor zehn Kilometern noch auf einem hohen Gebirgspass zwischen Egilsstađir und Seyđisfjörđur unterwegs war.

Als ich ankomme, habe ich noch ein paar Tage Zeit. Ich habe die Fähre von Seyđisfjörđur zu den Färöer-Inseln am 28. Mai gebucht. Von dort werden der Eisvogel und ich das erste Schiff nach Schottland nehmen. Wir werden die Färöer-Inseln am 16. Juni verlassen und am 18. Juni um fünf Uhr morgens in Scrabster, Schottland, ankommen. Es bedeutet etwas ganz Besonderes, mit meinem Eisvogel auf dem Seeweg anzukommen.

Der Eisvogel und ich erreichen die Färöer-Inseln am 29. Mai um elf Uhr morgens und nach einer 17-stündigen Überfahrt an Bord der M/F Norrona bereitet man uns einen freundlichen Empfang. Ich verbringe Stunden damit, aufs Meer hinauszublicken und über meine bisherige Reise nachzudenken. Ich bin so aufgeregt, dass es mir allmählich schwerfällt, zu essen oder zu schlafen. Ich habe das Gefühl, am Ende und zugleich am Anfang von etwas zu sein, und der Kreis beginnt sich zu schließen. Unter allen Farben auf dieser Erde kann der leere Horizont des Ozeans, wie das Sandmeer der Wüste, der faszinierendste Anblick von allen sein. Dann, auf einmal, tauchen die Färöer-Inseln aus dem Nebel auf. Mein erster Eindruck ist der von dramatischen Klippen, hoch oben mit Grün bedeckt anstatt vom Schnee, den ich seit Monaten gewohnt bin.

Die Sonne versteckt sich hinter dicken Wolken und doch scheint das Grün zu strahlen. Kleine Dörfer schmiegen sich an die sanft geschwungenen Hügel. Es sind 18 Inseln mit einer Gesamtbevölkerung von 480 Einwohnern.

Ich wurde eingeladen, einen Vortrag über meine Reise um die Welt (die Weltpremiere) in der öffentlichen Bibliothek von Tórshavn zu halten, eine der ersten Veranstaltungen der Kulturnacht, die jedes Jahr am ersten Freitag im Juni stattfindet. Außerdem hat man mich gebeten, an einem Mitternachtslauf teilzunehmen. Es geht nichts über eine färöische Sommernacht, in der die Sonne kaum hinter dem Horizont verschwindet. Man kann zusehen, wie die Sonne untergeht und drei Stunden später wieder aufgeht.

Wir nehmen die Fähre zur südlichsten Insel, Suđuroy, werden von einem Bus und einem einheimischen Fremdenführer abgeholt und zum Ende der Straße gebracht. Das Ziel ist Borgarknappur, ein Gipfel auf einem Kamm, ein bisschen wie der Mount Snowdon, aber nur 564 Meter hoch. Wir kommen zu spät für den Sonnenuntergang, werden aber dafür mit einem wunderschönen Sonnenaufgang belohnt, bevor wir den Weg hinunter nehmen und ein köstliches Frühstück an Bord des Boots zurück nach Thors Harbour einnehmen.

Morgen, am 16. Juni, werden der Eisvogel und ich um Mittag an Bord der Fähre gehen, die uns über Bergen nach Scrabster bringen wird. Ich kann es kaum noch erwarten.

KAPITEL 43

Nur ein kleiner Lauf durch Großbritannien

Schottland-England, Juni-Juli 2008

Ich hole einmal tief Luft – und renne die Rampe hoch. Augenblicke später betrete ich zum ersten Mal seit fast fünf Jahren britischen Boden.

Es ist fünf Uhr morgens am 18. Juni 2008. Die Fähre von den Färöer-Inseln hat in Scrabster angelegt. Der Kapitän hat mich vor allen anderen von Bord gehen lassen. Ich bin an den Eisvogel angeschnallt und mehr als aufgeregt. Ich bin einfach so glücklich und ich denke auch: *Ich werde den ersten Schritt, den ersten Schritt, den allerersten Schritt an Land tun – nach all dieser Zeit.* Es fühlt sich an wie ein Wunder.

Ich habe Tränen in den Augen, als Passagiere, die darauf warten, eine andere Fähre zu besteigen – und die keine Ahnung haben, was für ein Anlass das hier für mich persönlich ist –, die vielen Emotionen zu spüren scheinen, die mich umtreiben, und ein Teil davon werden, und sie alle beginnen mir zuzujubeln, während ich die lange Slipanlage hochlaufe und durch den britischen Zoll gehe.

Es ist unmöglich, James und Catherine zu übersehen, die ein riesiges Banner hochhalten. Ich stürze mich in ihre Arme, obwohl ich noch immer in meinem Gurtwerk stecke. Ich sehe ein Banner mit Luftballons von der Kitezh Community of Children in Russland, auf dem »Kitezh liebt dich« steht.

Der Eisvogel sieht so stolz aus, während er von dem örtlichen schottischen Dudelsackspieler John Macrae unter wirbelnden Dudelsackklängen zum Büro des Hafenmeisters begleitet wird. Maria und Adriana, die Kitezh vertreten, binden Sträuße ihrer Luftballons an meine Deichseln; Abigail Neal von der BBC, die ich zuletzt in Alaska traf, und Dick Hooper und Catherine Evans von ITV sind von Wales aus hochgekommen. Sie sind für mich mehr als nur Vertreter der Medien. Sie haben sich jahrelang um mich gesorgt, auch wenn die Aussichten hoffnungslos schienen, und mir doch immer die Treue gehalten.

Ich fühle mich wie die dekadenteste Frau der Welt und genieße die ganze Aufregung um meine Person. Alle wollen wissen, wie es den Zehen nach der Erfrierung geht, daher muss ich meine Schuhe und Socken ausziehen. Der Kapitän hatte sich geweigert, mich in der taubenschlagartigen Koje schlafen zu lassen, die ich gebucht hatte, und mir eine Kajüte mit einem Bad und einem Doppelbett gegeben – aber ich war zu aufgeregt, um zu schlafen. Ich musste ständig an Nancy und den Chicago-Marathon denken und das kleine Fläschchen mit rosa Nagellack herausholen, das Eve mir in einem entzückenden kleinen Carepaket – eigens für diesen Tag – auf die Färöer-Inseln geschickt hatte, und mir die Zehennägel lackieren.

Während ich der Welt meine Zehen zeige, bin ich entzückt von dem ganzen Spaß, den wir haben, aber ich muss unwillkürlich auch an die Leistungen von Bob Collins und der Alaska National Air Guard denken. Jede Person, die ich auf meinem Lauf um die Welt kennengelernt habe, scheint heute hier bei mir zu sein – und der Lauf ist noch lange nicht vorbei. Es sind noch immer rund achthundert Meilen bis zu meiner Türschwelle in Tenby.

Scrabster ist ein Teil der Magie dieser letzten Etappe meines Laufs durch Großbritannien.

Das Schicksal meint es gut mit mir. Der 18. Juni ist nicht nur der Tag, an dem ich es zurück nach Großbritannien geschafft habe, und das Ankunftsdatum der ersten Fähre des Jahres von den Färöer-Inseln. Es ist auch der Geburtstag meiner beiden Kinder, Eve und James. Eve wurde am 18. Juni 1969 geboren und James am 18. Juni 1971.

Ich lasse den Eisvogel in der Obhut des Hafenmeisters und ziehe mit Catherine und James los zu ihrem Hotel, um eine Geburtstags- und Heimkehrfeier mit einem großen schottischen Frühstück zu begehen, während ich am laufenden Band erzähle.

Eve kann nicht hier sein, um mich zu treffen, da sie und ihre Familie im Ausland sind, aber ich werde sie bald wiedersehen und sie sind jetzt im Geiste bei uns. Ich staune über die Fotos von Eve und ihrer Familie – wie groß und schön Lucy ist und wie erwachsen Michael aussieht. Ich frage mich, ob einem die Zeit für immer genommen wird, in der man von seinen Liebsten getrennt war, oder ob sie in dem Moment, in dem man sich wiedersieht, zehnfach zurückgegeben wird – ich weiß es nicht. Die Ränder der Zeit rücken näher. Catherine und James sehen beide wundervoll aus. Ich kann noch immer nicht fassen, wie mir beide auf unterschiedliche Weise so stoisch geholfen haben, von jenem ersten Augenblick an, als ich auf die Karte sah und entschied, den Lauf zu machen. Es ist paradox, denn während ich das Gefühl habe, dass sie in meinen Gedanken immer bei mir waren, ist es zugleich eine solch riesige Erleichterung, mit ihnen hier zu sitzen. Es ist so bewegend und seltsam, von Angesicht zu Angesicht miteinander reden zu können.

Um zehn Uhr abends hole ich den Eisvogel vom Hafen ab, um die letzte Etappe meines Laufs anzutreten. Ich sprühe vor Energie und Aufregung und fliege unter den Sternen dahin, ziehe meinen federleichten Eisvogel. Dann rolle ich mich wie immer am Straßenrand zusammen. Ich kann nicht glauben, dass ich in Schottland bin, während ich döse und die süße Heide von den Mooren rieche.

Ein Höhepunkt während meiner ersten Woche in den Highlands ist der kleine Abstecher zum Dorf Drumbeg, um die pensionierte Postangestellte Non Macleod zu treffen, die Clive und ich vor Jahren bei einem Angelurlaub mit Catherine in Drumbeg kennenlernten. Alle lieben Non und auch sie war eine treue Unterstützerin meines Laufs: Sie hat mich sogar in Ostgrönland angerufen, als ich in der

Nähe des Packeises nicht weit von Kulusuk feststeckte. Obwohl ihr Körper inzwischen gebrechlich ist, hat sie einen zähen Geist und eine sanfte schottische Stimme voller Freundlichkeit, die man nie vergisst.

Der Plan sah immer vor, dass ich den letzten Schritt meines Laufs in Tenby auf dieselbe Steinplatte vor meinem Haus setzen würde, in die Nicolas damals meinen allerersten Schritt eingraviert hatte.

Ich will zurück nach Tenby kommen, solange die kleine Stadt noch im Glanze des Sommers erstrahlt. Ich habe so oft von den blühenden Blumen und den breiten Stränden mit herumtollenden Kindern und Familien geträumt. Ich denke, ich kann es bis Ende August schaffen. »Soll ich deine Heimkehr für den letzten Feiertag im Sommer, Montag, 25. August, vormerken?«, mailt Ann.

Die lieben Leute von Tenby werden eine Willkommensfeier organisieren, daher wird der Termin festgelegt. Ich werde 15 Meilen am Tag laufen müssen, mit sieben einzeln verstreuten Ruhetagen dazwischen. Ich dürfte es ohne allzu große Schwierigkeiten schaffen.

Anfangs ist es eine wundervolle Route, auf kleinen, einspurigen Straßen, vorbei an Lairg und Drumnadrochit, mit Blick auf den Loch Ness. Die Landschaft ist herrlich und ich fühle mich in jene geheimnisvolle Nacht vor so langer Zeit zurückversetzt, in der ich im Rahmen meines Trainings am Loch Ness zeltete, in der Hoffnung, Nessie selbst zu begegnen. Von hier aus muss ich die A82 nehmen, die stark befahren ist, mit nur gelegentlichen Abzweigungen und Nebenstraßen, vorbei an Fort William und durch die dramatische Landschaft des Tals von Glencoe zum Loch Lomond. Aber das ist schon okay – ich bin einfach wieder bei dem 24-Stunden-Rhythmus angelangt. Auf dieselbe Art, auf die ich damals auf dem Yukon nachts laufen musste, da der Schnee und das Eis dann härter gefroren waren und es sicherer war; nur dass ich es hier tue, um den Verkehr zu meiden.

Mein rechtes Bein schmerzt mich seit ein paar Wochen, oben in der Nähe meiner Hüfte. Ich nehme an, es ist eine Muskelzerrung oder -überdehnung, was ärgerlich ist. Ich bin gut genug vorangekommen und mein Plan war es, zu warten, bis ich zu Hause bin, um mich darum zu kümmern. Dann werde ich genügend Zeit für Ruhe haben, was vermutlich das ist, was mein Bein braucht.

Rob Reid hat eine Reise nach Russland unternommen, die von Liza Hollingshead organisiert wurde, und von meinem Lauf gehört. Rob ist der Gründer des Kintyre-Staffellaufs. Er ist ein Langstreckenläufer, der wie ich erst in den Vierzigern mit dem Laufen angefangen hat und immer besser geworden ist. »Manche Menschen trinken morgens eine schöne Tasse Tee, um wach zu werden«, sagt er gern. »Andere stehen auf und laufen!« Er war eine tolle Unterstützung und hat mir am Telefon Tipps zu meiner besten Route durch Schottland gegeben. Er sagt, dass er außerdem eine Ehrenformation einheimischer Läufer geplant hat, die mich am Sonntag, den 12. Juli, in Glasgow vom Botanischen Garten zum George Square eskortieren werden, sodass wir Informationsblätter über Kitezh verteilen und Spenden dafür sammeln können.

Das einzige Problem ist, dass mein Bein bis zum 9. Juli so schlimm geworden ist, dass ich weiß, dass ich es untersuchen lassen muss, aber ich habe keine Zeit dafür. Unbeirrt sagt Rob, dass er dafür sorgen wird, dass einer der Sportphysiotherapeuten der Athletes' Angels aus Glasgow kommen und mich auf der Straße behandeln wird. Aber es kommt anders als erwartet.

Der Regen peitscht herunter, während ich am 10. Juli am Loch Lomond entlanglaufe. Die stahlgraue Wasseroberfläche sieht aus, als ob sie von Nägeln geschlagen wird, und die Bäume zu beiden Seiten eines besonders schmalen, gewundenen Straßenabschnitts heulen und biegen sich unter der Wucht des Regens und des Windes. Es herrscht viel Verkehr und die Scheibenwischer können der Sintflut nicht Herr werden, aber die Autofahrer versuchen trotzdem, mir möglichst viel Platz zu lassen. Doch die Chance scheint nicht sehr groß, dass jemand hierherkommen und mich und einen Platz zum Untersuchen meines Beines finden wird.

Ich denke darüber nach, während ich weiterhumpele und zu laufen versuche, als auf einmal ein Wagen sein Tempo verlangsamt und die Insassen mir zuwinken. Der Athletes' Angel Rebecca Joyce und ihr Bekannter Aengus Shanahan sind von Glasgow im Regen eine Stunde weit gefahren, um zu mir zu kommen. Nun glaube ich auch daran, dass Cafés einfach so auftauchen können, wenn man sie *beschwört,* es zu tun. Denn genau in diesem Augenblick kommt auch ein kleines Gebäude mit einem Schild über der Tür in Sicht, auf dem steht: Bonnie Brae's Cafe! Der Regen hat aufgehört, aber das Wetter ist noch immer ziemlich unwirtlich.

Rebecca und Aengus – ein Top-Fitnesstrainer, der nach seinen eigenen Worten als »Physio-Roadie« unterwegs ist – sind umwerfend. Genau wie Christine, die Managerin des Cafés, die es Rebecca gestattet, ihren Behandlungstisch im Lagerraum des Cafés aufzubauen. Es ist wie eine Szene aus der beliebten britischen Sitcom *'Allo 'Allo!* Kisten mit Wein und alkoholfreien Getränken und Vorräten stehen rings um Rebecca, während sie im trüben Licht des Lagerraums arbeitet. Lieferanten kommen immer wieder mit Vorräten herein – und lassen vor Verblüffung fast ihre Kartons fallen, als sie mich auf dem Bauch ausgestreckt und fast nackt auf einem Tisch inmitten der Getränke sehen. Die Behandlung ist fantastisch; mein Bein fühlt sich schon viel besser an – und die witzige und dennoch hochprofessionelle Art und Weise, in der Rebecca und Aengus einfach weiterarbeiten, bringen mich so sehr zum Lachen, dass es mir allein schon davon besser geht.

Ich schaffe es, pünktlich am Sonntag um halb elf am Botanischen Garten in Glasgow zu sein, und verbringe einen tollen Tag mit den einheimischen Läufern, die mir später die Route nach Süden zeigen. Mein Bein, auch wenn es noch nicht ganz gesund ist, fühlt sich gut an. Ich liebe die Lowlands von Schottland ebenso sehr wie die Highlands. Wie immer sind es die Menschen, nicht nur die Landschaft, die die Gegend ausmachen; die sechsjährige Heather Laird und ihr Großvater Stuart helfen mir in Lanark bei einer Reifenpanne und dann, nachdem ich die steilen Hügel nach Moffat hochgeklettert bin, läuft mir eine Frau auf der Straße hinterher, um mir eine Tüte mit Moffat-Toffees zu schenken. Graeme, der beste Schmied der Gegend, schweißt das angeknackste Gestell des Eisvogels, das letzte sichtbare Überbleibsel des stürmischen Islands, geschickt mit einer behelfsmäßigen Stahlnaht zusammen.

Ich laufe wie eine Besessene nach Gretna Green und treffe dort endlich Geoff wieder. Er ist wie immer für mich da und bringt mir mein 52. und 53. Paar Saucony-Schuhe, die letzten auf meinem langen Lauf. Schließlich überquere ich die Grenze nach England.

Ich weiß nicht, ob ich mich verändert habe, aber das Wesen Englands hat sich für mich überhaupt nicht verändert. Vielleicht liegt es daran, dass ich fort war und die Ränder der Zeit so eng zusammengerückt sind. Der Geruch von Ginster, Sonnenlicht auf dem Gras, der Geschmack einer englischen Tasse Tee: eintausend wiedererweckte Erinnerungen.

Ich laufe am Rande des Lake District entlang nach Süden. Ich bin noch immer mit dem Eisvogel unterwegs und lebe ungefähr so wie immer, halte meistens an, wo immer ich am Ende eines Tages zufällig bin. Ich habe ganz vergessen, wie artenreich die wilde Tierwelt in Großbritannien ist. Nachts sehe ich die funkelnden Augen von Füchsen, höre Eulen schreien und sehe Fledermäuse fliegen. Ich brauche nie einen Wecker: Ich werde immer um vier Uhr morgens von den süßen Klängen der Vögel geweckt, wenn sie mit ihrem Morgenkonzert beginnen, als könnten sie es kaum erwarten, dass der Tag anbricht.

Am 25. Juni, als ich an der A6 durch Milnthorpe komme, wird mir bewusst, dass ich gar nicht mehr so weit entfernt bin von Liverpool. Ich sehne mich danach, Eve und ihre Familie zu sehen, die da sein werden, um mich in Empfang zu nehmen.

KAPITEL 44

Die letzte Grenze

England–Wales, August 2008

Ich biege um die Ecke auf den Ballantyne Place – und da steht Eve, die Haare glänzend von der Sonne, ein breites Lächeln im Gesicht, und bei ihr sind Pete, Michael und die kleine, 19 Monate alte Lucy.

Wir bleiben zwei Tage bei Petes Eltern Ray und Maureen Stanway in Tuebrook, Liverpool – einfach nur glücklich, wieder zusammen zu sein. Es ist, als ob ich sie erst gestern gesehen hätte. Wir waren nie getrennt. Lucys und meine Lieblingsfarbe ist Rosa. Sie kann bereits ganze Sätze wie »Ich will Apfelsaft!« sagen und singt für jeden *Happy Birthday,* egal, ob die betreffende Person Geburtstag hat oder nicht. Michael hat kürzlich seinen roten Gürtel in Karate erworben und mit seinen sechs Jahren ist er stolz auf mich, nicht weil man ihm gesagt hat, dass er es sein soll, sondern weil er es ist – wenn auch nicht annähernd so stolz, wie ich auf ihn bin. Wir verbringen viel Zeit damit, unter dem kleinen Baldachin auf dem Rasen zu sitzen und zu plaudern. Später höre ich zu, wie Eve Gutenachtgeschichten vorliest; ich liebe es, den Klang ihrer Stimme zu hören.

All das gibt mir Kraft, um die nächsten drei Wochen durchzustehen, die sich als viel komplizierter erweisen, als ich es mir je hätte vorstellen können.

Der Plan sieht vor, dass Eve und ihre Familie mich an jenem Sonntag an der Mersey-Fähre verabschieden werden, bevor sie selbst den Zug zurück nach London nehmen. Ich laufe voraus und sie werden später mit dem Taxi nachkommen.

Auf einmal höre ich ein lautes knackendes Geräusch. Als ich mich umdrehe, sehe ich, dass der Eisvogel buchstäblich in zwei Hälften zerbrochen ist: Die Deichseln und das Zugteil sind nicht mehr mit dem Rumpf des Anhängers verbunden.

Auf einmal liegt mein Buggy, der in Island nicht weit vom Polarkreis Stürme von einhundert Meilen pro Stunde überstanden hat, hilflos in Liverpool auf dem Gehweg. Er wurde hin- und hergerüttelt, in der surrealen isländischen Mondlandschaft an Felsen geschleudert, in Schluchten und auf Gletscher geworfen und hat irgendwie immer überlebt – bis jetzt.

Es ist wundervoll, von meiner eigenen Familie gerettet zu werden. Binnen Minuten sind Eve, Pete, Michael und die kleine Lucy zur Stelle, um zu helfen. Ich war schon immer so stolz auf Pete. Obwohl sie nur eine Stunde Zeit haben, bevor sie ihren Zug nach London nehmen müssen, ruft er mit seinem Handy seine Freunde in Liverpool an und hat bald alles geregelt. Irgendwie ziehen wir den Eisvogel, der mit seinen gebrochenen Deichseln wie ein Vogel ohne Flügel aussieht, in die schicke River Bar and Bistro am Haymarket, die Petes Freund Terry Owens gehört.

Dort wird der Eisvogel über Nacht untergestellt, während ich Rays und Maureens Gastfreundschaft genieße. Am nächsten Morgen komme ich zum Bistro zurück. Der Ingenieur Christian Gilhooley nimmt sich den Vormittag von der Arbeit frei, um den Eisvogel und mich zu Geoff Truton von Vision Racer zu bringen. Geoff entwickelt Rennwagen-Simulatoren, die für das Training von Formel-1-Fahrern verwendet werden, und er repariert auch Rally-Rennwagen. Er besitzt hochmoderne Aluminium-Schweißanlagen. Ich stehe so tief in Christians und Geoffs Schuld, die mir helfen, ohne irgendetwas dafür zu verlangen. Geoff macht seine Sache perfekt und bald ist der Eisvogel so gut wie neu. Es ist herrlich ironisch, dass der Eisvogel, von den Amish gebaut, die ausschließlich ihre Pferde als Transportmittel benutzen, für die letzte Etappe seines Laufs um die Welt jetzt von Menschen geflickt wird, die die schnellsten Rennwagen der Welt herrichten.

Später an diesem Tag nehme ich die »Ferry 'cross the Mersey«. Ich bin der Merseyside Police zu großem Dank verpflichtet: Von Birkenhead laufe ich an der stark befahrenen A550 entlang, die, wenn auch keine Autobahn, sehr gefährlich ist. Ein Streifenwagen hält neben mir an. Die Polizisten erklären, dass sie den Eisvogel für eine Meile ins Schlepptau nehmen und mich zu meiner eigenen Sicherheit in ihrem Streifenwagen mitnehmen müssen. Ich werde nie vergessen, wie sie, als ich erkläre, dass ich zwanzigtausend Meilen gelaufen bin und es zu Fuß schaffen *muss,* mir stattdessen eine königliche Eskorte, komplett mit Blaulicht und allem drum herum, gewähren.

Am nächsten Tag, dem 5. August, überquere ich die Grenze nach Wales – die letzte Grenze meiner langen Reise.

Es regnet stark, aber das ist mir egal, während ich bei Queensferry die Blue Bridge über den River Dee überquere. Beide walisischen Fernsehgesellschaften, die mich in Scrabster gefilmt haben, sind da und die Menschen drum herum feuern mich an. Die enorme Aufregung darüber, wieder in dem Land zu sein, in dem ich meinen Lauf begonnen habe, zehrt an mir, ich fühle mich etwas ausgelaugt.

Eric Fromm schrieb: »Ich schwimme, ich kann den Strom nicht beherrschen.« Nichts kann mich auf das vorbereiten, was in den nächsten zwei Wochen passiert.

James sagt, dass die Website jeden Tag über fünftausend Besucher hat – es ist hauptsächlich ihm zu verdanken, dass die Leute überhaupt etwas von meinem Lauf wissen. Während ich durch Bala und dann an der Cardigan Bay entlang durch Aberystwyth, Tanygroes und Aberaeron und weiter nach Cardigan laufe, bin ich inspiriert und zutiefst gerührt davon, dass so viele Menschen aus ihren Häusern kommen, um Hallo zu sagen, oder aus ihren Hauseingängen winken; jeder Wagen hupt, kleine Kinder warten an Straßenecken, Fahrer wenden, um mit mir zu reden und mich aufzumuntern, und meine Aufregung steigert sich und meine Freude nimmt immer mehr zu, je näher ich meinem Zuhause komme.

Ich laufe nicht einmal mehr aus eigener Kraft – ich laufe durch die Kraft der Menschen, die mich beschwören, weiterzulaufen. Der Küchenchef und Besitzer des Emlyn Cafe kommt mit seiner hohen Kochmütze und weißen Kochjacke herausgestürzt, um mich zum Frühstück einzuladen; John Davies – der schnellste Milchmann im Westen – schenkt mir eine Flasche Milch; die Familie auf einer Farm, bei der ich um etwas Wasser bitte, hat mit ihrer hübschen Welsh-Cob-Stute und ihrem Fohlen bei der örtlichen Pferdeschau eben erst eine Silbertrophäe gewonnen und teilt ihren Moment des Stolzes mit mir; James Lynch und all die Menschen beim Fforest Outdoor Store und Cardigan Wildlife Park laden mich zu einem fantastischen Dinner im Wildlife Park ein. Und Steve Holland, dessen Genie bei der Entwicklung von Hercules und Charlie mir durch einige der härtesten Etappen meines Laufs hindurchgeholfen hat, fährt von Nottingham her, um mich zu sehen, sodass ich ihn endlich persönlich kennenlernen kann!

Mein rechtes Bein, das mir in der Nähe von Glasgow zu schaffen gemacht hat, schmerzt wieder, aber ich versuche, es zu ignorieren. Außerdem bin ich viel zu aufgeregt darüber, dass mich jetzt, am 17. August, nur noch 32 Meilen von Tenby trennen. Ann hat mir berichtet, dass mir die Bürgermeisterin von Tenby, Sue Lane, der Tenby Rotary Club und der Inner Wheel Club in Tenby einen Empfang bereiten werden, der TROTs Running Club und die Ace-Radfahrer und andere planen, die letzten zwei Meilen mit mir zusammen zurückzulegen, und Patty und Rich Agostinelli fliegen von Chicago her, um ebenfalls dabei zu sein.

Aber es erwischt mich noch eine letzte Laune des Schicksals: Am nächsten Morgen stehe ich auf – und kann nicht mehr gehen.

KAPITEL 45

Die Heimkehr

Wales, August 2008

Ich bin nicht in der Lage, mein Gewicht auch nur für eine Sekunde auf mein schlimmes Bein zu verlagern, um so mit dem anderen einen Schritt zu wagen. Es ist nicht nur so, dass es auf einmal extrem schmerzhaft ist – meine Hüfte knickt immer wieder ein. Aber ich lasse mich nicht unterkriegen und mit zusammengebissenen Zähnen schaffe ich noch eine halbe Meile.

Huw und Lisa Davies stürzen in Cilgerran auf mich zu und bestehen darauf, dass ich mich in der Notaufnahme des Withybush Hospitals untersuchen lasse. Während Lisa mich dort hinfährt, bin ich so traurig. Ich denke an Clive und das letzte Mal, als ich zu diesem Krankenhaus fuhr. So viel ist wegen Clive passiert. Ich frage mich, was er von alledem halten würde. Obwohl es Sonntag ist, komme ich fast sofort dran. Withybush ist so brillant wie eh und je. Aber die schlechte Nachricht ist, dass ich zwei Stressfrakturen habe, eine an einer gefährlichen Stelle in der Hüfte.

Ich bin wie vor den Kopf geschlagen. Ich hatte immer starke Knochen. Die Ärzte nehmen an, dass der schwere Sturz auf dem Eis im letzten Winter, bei dem ich mir ein paar Rippen gebrochen habe, die Hüfte geschwächt haben könnte und dass das harte Laufen in den letzten Wochen es ausgelöst hat, obwohl ich bereits zwanzigtausend Meilen ohne solche Probleme gelaufen bin.

Ich bin am Boden zerstört. Ich muss im Krankenhaus bleiben und die Ärzte sagen, dass ich überhaupt nicht gehen darf, da es die Frakturen noch verschlimmern würde – und wenn das passiert, werde ich vielleicht nie wieder laufen können. Sie bringen mich auf Station 4. Die größte Ironie ist, dass ich nicht einmal auf die Toilette gehen darf, sondern die Klingel drücken und mich im Rollstuhl dorthin bringen lassen muss!

Doch die Pflege könnte nicht besser sein und einer der großen Pluspunkte meines Aufenthalts in Withybush ist, dass ich Jane Lewis wiedertreffe, eine sehr freundliche Krankenschwester, die sich um Clive gekümmert hat und sich gut an ihn erinnert. Aber mir fällt hier drinnen die Decke auf den Kopf.

Am nächsten Tag, als ich mich schon ein bisschen besser fühle, stibitze ich mir einen Rollator von der Seniorenstation und fange an, das Gehen zu üben – obwohl der Rollator, sobald ich ertappt werde, rasch konfisziert wird.

Aber ich bin inzwischen extrem nervös. Ich *muss* am 25. August nach Tenby kommen. Jeder Tag, den ich im Krankenhaus bleibe, bedeutet einen Tag weniger, um die 32 Meilen zurückzulegen. Diese 32 Meilen sind jetzt wichtiger als all die anderen Meilen, die ich gelaufen bin, und jeder versucht, irgendeine Lösung für mich zu finden.

Die erste Person, die mich besucht, ist Ann. Ich werde ihr nie vergelten können, was sie für mich getan hat, um meinen Lauf möglich zu machen. Sie nach all den Jahren wiederzusehen, genügt, damit ich mich gleich viel besser fühle. Dasselbe gilt für die Besuche von Tracey und Steve, Chas und Carol und von Stationsschwester Tessa, die von Station 3 herüberkommt, um mich zu besuchen, und die ein Mitglied von TROT ist. Alle sind da und drücken mir die Daumen.

Ann meint, dass ich mit dem Auto nach Tenby fahren und die 32 Meilen später laufen sollte, wenn es meinen Beinen besser geht. Alternativ wurde Radio Ceredigion ein Rennrollstuhl angeboten, wie sie bei den Paralympics zum Einsatz kommen. Aber ich kann die Vorstellung nicht ertragen. Ich bin vor viereinhalb Jahren auf meinen eigenen zwei Beinen von meinem Zuhause losgelaufen – und ich werde meinen Lauf auf meinen eigenen zwei Beinen beenden. Ich bin verzweifelt, aber ohne die Erlaubnis der Chirurgen kann ich nicht aus Withybush ausbrechen. Dafür habe ich zu viel Respekt vor ihnen – und es verstößt gegen meine Prinzipien und gegen die ursprünglichen Gründe meines Laufes, ärztlichen Rat zu missachten.

Es ist der Morgen des 20. August und ich bin noch immer im Krankenhaus, als ein kleines Wunder geschieht.

Der Chefarzt, Mr. Yaqoob, ein angesehener orthopädischer Chirurg, kommt mit den anderen Ärzten an mein Bett und erzählt mir, wie seine kleinen Töchter meinen Lauf im Fernsehen mitverfolgt haben.

Ich erkläre ihm, dass ich während meines Laufs mehrmals um ein Haar gestorben wäre, dass die Gründe, weshalb ich es tue, aber so wichtig sind, dass sie es wert waren, weiterzulaufen. »Bitte, bitte lassen Sie mich versuchen, zu Fuß weiterzulaufen«, flehe ich ihn an.

Mr. Yaqoob ist ein fantastischer Mann. Er übernimmt die Verantwortung und vertraut mir, dass ich so vorsichtig wie nur möglich sein werde.

Sobald er sein Okay gegeben hat, werden die Physiotherapeuten zu mir geschickt und ich werde mit Krücken ausgestattet. Ich habe noch nie Krücken benutzt und ich muss ein bisschen auf der Station auf und ab laufen, um es zu üben. Ich komme mir vor wie ein Tausendfüßler. Vor allem, da ich das schlimme Bein noch immer nicht belasten kann. Aber es bedeutet *Freiheit*.

Lisa kommt vorbei, als ich sie anrufe, und fährt mich zurück zum Eisvogel nach Cilgerran. Und an diesem Abend gehe ich wieder los. Ich muss noch immer auf der Straße leben, vor allem jetzt, wo die Zeit so knapp ist, denn ich muss in einem 24-Stunden-Rhythmus gehen – losgehen/anhalten/losgehen ...

Überall an der Bergstraße A478 über die Preseli-Berge gewöhnen sich die Menschen an den Anblick des Anhängers am Straßenrand, mit den Krücken, die draußen an ihn gelehnt sind. Die Krücken sind fantastisch. Ich fühle mich, als ob ich vier Beine hätte. Ein Teil von mir gibt zu, dass die letzten paar Meilen vielleicht ein

Test der Entschlossenheit sind; aber in Wahrheit bin ich so voller Vorfreude, dass ich den Schmerz damit gut überstehen kann, und eigentlich brauche ich jetzt gar keine Entschlossenheit mehr. Ich gehe aus purem Glück.

Wichtiger als meine Verletzung ist die überwältigende Art, wie die Menschen um mich herum mir helfen und mich unterstützen und mich beschwören, nicht aufzugeben. Ich kann ihre Kraft spüren. Je näher ich Tenby komme, desto mehr Menschen treffe ich, die den Straßenrand säumen, um mich anzufeuern, es sind Hunderte. Ich fühle mich wie ein Filmstar auf Krücken!

Am Sonntagabend, den 24. August, bin ich nur noch zwei Meilen von Tenby entfernt, in New Hedges.

Meine ganze Familie ist da – einschließlich Marianne aus Irland, die mir, bevor ich zu meinem Lauf aufbrach, versprochen hatte: »Ich werde an der Ziellinie auf dich warten!« Aber ich habe – und das ist vielleicht der härteste Teil des ganzen Laufs – versprochen, nicht vor meiner offiziellen Ankunft nach Tenby zu kommen, die so liebenswürdig für heute Mittag um zwölf Uhr für mich geplant und organisiert wurde.

Ich war so aufgeregt, dass ich in der Nacht kein Auge zutun konnte und schon um sechs Uhr morgens auf den Beinen war. Maude und Marianne haben mir zusätzliches Wasser gebracht, sodass ich, auf der Kante des Eisvogels sitzend, meine grüne Schüssel holen und mir die Haare waschen konnte. Ich spüle das Shampoo aus und als ich den Kopf hebe, sehe ich eine Schar von Gratulanten, die sich versammelt haben, obwohl es noch früh am Morgen ist. Sie lachen über mich, aber warmherzig und voller Zuneigung.

Ann kommt um zehn, damit ich langsam nach Tenby gehen und sie die Straße für mich freihalten kann, um keine Verspätung zu riskieren.

Die Mitglieder des TROTs Running Club sind alle in ihren blauen Trikots erschienen, ebenso der Tenby Aces Cycling Club, Feuerwehrfahrzeuge haben ihre Sirenen eingeschaltet und Tausende von Menschen stehen auf den Straßen und feuern mich an ...

Und dann, als ich um die Ecke biege und das Meer und den wunderschönen Hafen von Tenby sehe und auf den Tudor Square komme, sind da noch Tausende und Abertausende mehr. Der Platz ist brechend voll. Ich habe in meinem ganzen Leben nie damit gerechnet, dass mir so etwas je passieren würde. Ich habe so etwas nicht verdient und ich kann vor Tränen kaum noch sehen.

Ich bin zu Hause.

Epilog

Mein Lauf um die Welt begann als eine Reise von Einsamkeit, Trauer und Schmerz, mit der Unterstützung einiger enger Freunde und Familienangehöriger. Er begann als Botschaft, um die Menschen aufzurütteln und das Bewusstsein für den Krebs und notwendige Vorsorgeuntersuchungen zu stärken, aber auch aus dem starken Wunsch heraus, Clives letztem Weg Ehre zu erweisen und selbst einen neuen Weg einzuschlagen und nach vorn blicken zu können.

Die vielen wunderbaren Begegnungen auf meiner Reise haben mir gezeigt, dass das Gute stärker ist als das Böse, dass die Hoffnung stärker ist als die Verzweiflung, dass das Leben kostbarer ist als alles andere – für jeden von uns. Ich war so oft allein, aber wohin ich auch ging, ich habe immer Freundlichkeit erfahren. Mein Lauf wurde so eng verflochten mit dem Leben all derer, die ich traf, dass er auch zu ihrer Reise wurde. Es war, als würde ich auch ihre Hoffnungen und Träume bei mir tragen. Mein Lauf wurde so viel größer als ich; er wurde zu einer Metapher für das Leben selbst. Er hat mir vor Augen geführt, dass alles im Leben zu einem Wunder werden kann, egal, ob man über einen Gletscher geht oder Wasser zum Kochen bringt, um sich eine Tasse Tee zu machen. Das Leben ist das größte, glücklichste und oft härteste Abenteuer von allen und ich habe mich wieder ganz neu in es verliebt.

Zu Ehren von Berlin

»Einen Traum zu erreichen, wenn auch nur für einen Tag, hält ein Leben lang an, aber anderen zu helfen, Hindernisse zu überwinden, bedeutet so viel mehr.«
- Rosie Swale Pope, 2017

Ich war fast den ganzen Tag am Strand. Die Sonne ist nicht zu sehen, aber ich weiß, dass sie dort oben ist, wie die Wahrheit, dass es, selbst wenn der Himmel dunkel ist, irgendwo immer Hoffnung und Liebe gibt. Die Vergangenheit ist ein Chamäleon. Sie ist immer da. Aber sie kann ihre Farbe schlagartig von Schmerz zu Freude verändern. Sie kann aber auch der Weg in die Zukunft sein.

Das Buch über meinen Lauf um die Welt zu schreiben, bedeutete mir alles. Genau wie jetzt dieses neue Kapitel, ein zusätzlicher Schritt quasi. An meinen Ehemann Clive zu denken, bereitete mir früher so viel Schmerz. Aber jetzt denke ich voller Freude an ihn. Wir hatten nie aufgehört, einander zu halten. Ich hatte gelernt, dass es bei dem Spiel namens Liebe nicht nur um die körperliche Liebe geht, auch wenn diese entzückend sein kann. Bei der Liebe geht es um Gefühl. Es ist leicht zu begreifen, warum ich nach alledem für ihn einmal um die ganze Welt gelaufen bin. Ich werde mich immer an ihn erinnern.

Er passte durch all die Höhen und Tiefen hindurch auf mich auf. Ich hätte es noch tausendmal getan, wenn ihn das hätte retten können. Als er für seine letzten Tage nach Hause kam, sagte er, wir haben eine besondere Liebesgeschichte. Wir kennen uns schon so lange und doch lieben wir uns so innig wie eh und je. Er hatte mich aus tiefstem Herzen heraus dazu ermuntert, nach vorn zu blicken. Jemand Neuen kennenzulernen, nachdem er gestorben war. Aber nichts hat an das hier herangereicht. Und er ist noch immer in meinem Herzen. Er ist noch immer hier. Auf eine glückliche Weise, nicht trauernd, sondern feiernd. Unsere Geschichte hat nie geendet.

Ich bin so stolz darauf, dass Eden Books mein Buch im schönen Deutschland, in Berlin, herausbringen wird, um meine Botschaft weiterzuverbreiten. Und auch, um die Freude und den Spaß an meinen Erlebnissen zu teilen. Denn das ist es, was Clive gefallen hätte. Er war so voller Energie und hatte immer ein freudiges Funkeln in seinen blauen Augen.

Daher ist es ein absolutes Privileg für mich, das Erscheinen meines Buches in Berlin zu feiern. Dieses Buch bedeutet mir so viel und – Sie auch, meine wundervollen, neuen Verleger in Deutschland.

Eine kleine Möwe ist auf spindeldürren Beinen am Strand zu mir hochgehüpft. Ziemlich unsicher, denn der Wind ist noch immer ein bisschen kräftig. Sie hat es auf die Kekse abgesehen, die ich in meiner Tasche habe. Dann, auf einmal, dreht sich der junge Vogel in den Wind und fliegt los in Richtung Sonne. Die Flügel verfärben sich golden und wirken anmutig. Es ist magisch.

Bald sind noch viel mehr Möwen am Himmel. Keck und unerschrocken rufen sie einander lautstark zu. Und auch wenn diese Tiere und die ganze Szene nicht unterschiedlicher hätten sein können, fühle ich mich an die Adler erinnert, die manchmal die einzigen lebenden Geschöpfe waren, die ich in der Wildnis Alaskas sehen konnte und die mir Mut gemacht haben. Das ist es, woran ich jetzt denke. Eine gefrorene Welt. Eine Welt extremer Gefahr. Jetzt kommt es mir unwirklich vor, aber damals war es unerlässlich, mich vorwärts zu stürzen, ganz langsam, aufs Eis zu springen, um seine Festigkeit zu testen, so gut ich konnte, bevor ich versuchte, meinen Anhänger Hercules hinüberzuziehen.

Auch Russland war unvergesslich und hat mich stärker gemacht: die Erfahrung mit dem nackten Mann und seiner Pistole, die Moskitoschwärme und Flüsse, die ich im Sommer durchqueren musste.

Ich denke daran, wie das Gute stärker ist als das Böse, und auch an den ganzen Rest, an alles, was damals passiert ist, meine Verletzungen und Erfrierungen und an die Menschen, die mir geholfen haben. Aber vor allem denke ich an die Adler. Durch sie habe ich gelernt, was es bedeutet, seine Flügel im Geiste auszustrecken. Man kann sie nicht sehen, aber man kann sie spüren. Und man muss an sie glauben, um fliegen zu können. Wenn man darauf vertraut, kann man selbst dann noch fliegen, wenn die Flügel wieder einmal in einem mentalen Sturm nach unten gedrückt werden. Wenn man nicht aufgibt und sein Bestes gibt, wird es einem gelingen.

Das heißt, obwohl die Reise hart und alles, was passierte, aufregend war, ist das, was ich auf meinem Lauf gelernt habe, von unschätzbarem Wert. In der Wildnis ist alles unmittelbarer. Aber man lernt Lektionen, die später sehr wertvoll sind. Damals *musste* ich durchhalten – oder erfrieren. Das ist eine ziemlich starke Motivation!

Vieles ist passiert, seit ich zurückgekommen bin. Ich bin vor allem meinen Freunden und meiner Familie sehr dankbar. Ich denke, wie sehr sie sich alle verändert haben und wie die Kinder gewachsen sind. Sie sind so talentiert und auch wenn ich voreingenommen bin, weiß ich doch, genau wie jede Großmutter, dass es wahr ist. Michael ist in den Jahren seit meinem Lauf zu einem Teenager herangewachsen und Lucy ist einfach wunderschön. Eve hat ihre Kinder auf eine Weise gefördert, die ich angesichts ihres arbeitsreichen Lebens unglaublich und beachtlich finde. Mein Sohn James ist ein großer Dichter und besitzt die besondere Gabe, Leute mit seinen Worten zu berühren, zusammen mit seinem tollen Sinn für Humor.

Die größte Wahrheit ist, dass das Leben kurz und kostbar ist. Wenn man sein Leben mit anderen teilt und ihnen zu helfen versucht, dann ist es zuweilen so, als wäre man für immer in ihrem Leben, in guten wie in schlechten Zeiten.

Ich habe in der Zwischenzeit zahlreiche Vorträge gehalten und es ist für mich etwas ganz Besonderes, dass ich mit 71 (das neue 17, haha) weiterhin fröhlich meinen hübschen Anhänger ziehe wie ein Pferd, sodass Menschen interessiert stehen bleiben und ich ihnen von meiner Botschaft erzählen kann.

Ich habe auch ein paar kürzere Läufe gemacht; am härtesten war es, 27 Marathons in 27 Tagen zu laufen, bei denen ich meinen Anhänger hinter mir herzog, inspiriert von einem meiner großen Helden, Eddy Izzard. Ich bin nicht davon abzuhalten, meine Aufklärungsarbeit gegen den Krebs voranzubringen. Ich denke an den Unterschied zwischen der freien Entscheidung, zu einem Abenteuer aufzubrechen, und der verzweifelten Situation derer, die Krebs und andere entsetzliche Katastrophen erleiden, denen die schlimmsten Schicksalsschläge einfach so aus heiterem Himmel zustoßen und die tief in sich den Mut und die Kraft finden, damit umzugehen.

Daher bin ich ein paarmal durch England auf- und abgelaufen, und in den letzten zwei Jahren machte ich einen Lauf durch Amerika, den ich ebenfalls niemals vergessen werde.

Ich habe gelernt, dass es im Leben kein Du und Ich gibt, sondern nur ein *Wir*.

Wenn ich, wieder in der Wirklichkeit, auf meinen längsten Lauf zurückblicke, so glaube ich, dass ich eine der außergewöhnlichsten Lektionen von den Menschen gelernt habe, die ich in Sibirien kennenlernte. Sie sprachen von innerer Freiheit und der Wahrheit darüber, was es bedeutet, wenn man ums Überleben kämpfen muss. Früher dachte ich, das Wichtigste wäre die eigene Entschlossenheit. Aber jetzt weiß ich von ihnen allen und ein für alle Mal, dass das Wichtigste – wer hätte das gedacht – die Liebe ist.

Danksagung

Diese Reise gehört den Menschen auf der ganzen Welt: denen, die mir zutiefst geholfen und alles für mich getan haben, und auch denen, von denen ich ein Glas Wasser oder vielleicht ein Hupen oder einen freundlichen Wink bekommen habe – und die ebenfalls den entscheidenden Unterschied auf meiner Reise gemacht haben; sie gehört auch den Tausenden von Menschen, die mich ermuntert haben und meinen Lauf dank der gewaltigen Anstrengungen meines Sohnes James auf unserer Website mitverfolgt und geholfen haben, meine Botschaft gegen den Krebs zu verbreiten.

Ich danke James, Eve, Pete, Michael, Lucy, John, Mark, Mandy, Marianne und meiner ganzen Familie; Bob Collins, Nancy und Victor Rodriguez, Rich und Patty Agostinelli, Kevin und Diana Collins; Ann Rowell, die das Unmögliche möglich gemacht hat; Sue Lane, der Bürgermeisterin von Tenby, Kath Garner, allen beim Ärztezentrum von Tenby, dem Withybush Hospital, dem Laufclub TROT St Clears, Meryl und David Sharp, Chas und Carol Kingaby, Tracey und Steve Thomas, Anne und Keith Price, Steve Fisher – und jeder einzelnen Person in der Stadt Tenby; außerdem danke ich Catherine Addison, Non Macleod, Steven Seaton, Geoff Hall, Eva Fraser und Marion, Carrie Disney und Richard Tickner, Marijke Engel und Jörg Modrow und anderen engen Freunden und Familienangehörigen, die mich unterstützt und gesponsert haben, aber anonym zu bleiben wünschen.

Mein Dank gilt für immer meinen wundervollen Sponsoren, darunter *Runner's World UK*; Liza Hollingshead für ihr Geschick bei der Beschaffung meines russischen Visums; Coastal Cottages of Pembrokeshire; den Übersee-Büros von Allianz Cornhill; DHL für den Transport meiner Ausrüstung; Saucony für ihre wunderschönen Laufschuhe; Terra Nova für meine Zelte; Peter Hutchinson und seinem Team bei PHD Designs für die fantastischen Tempest-Regenjacken, Daunenkleidung und -schlafsäcke; Dr. Welsby für seine tollen Ernährungstipps und Nahrungsergänzungsmittel; Steve Holland und Giles Dyson von SJH Projects – dem brillanten Designer und Hersteller meiner ersten beiden extra robusten Anhänger/Schlitten; Rosker für meinen Kocher; Thirstpoint für mein Filtersystem; und Lila und Rick Philbrook und den wundervollen Amish-Leuten von Shipshewana, Indiana, die meinen fantastischen Eisvogel entwickelten. Sir Ranulph Fiennes danke ich für das Geschenk eines der Gurtwerke von seinen Polarexpeditionen, um Hercules zu ziehen. Danke auch an Fforest Outdoor, Cardigan, meine Freunde am State College und allen in South Bend.

Ein besonderer Dank gilt meiner wundervollen Agentin Mandy Little, Sallyanne Sweeney von Watson Little Ltd; Susanna Abbott, Cheflektorin bei HarperCollins, die auf den letzten paar Hundert Meilen meiner Reise losgefahren ist, um mich zu finden, und mir die Gelegenheit gegeben hat, dieses Buch zu schreiben; dem großartigen Lektor Martin Noble für sein Vertrauen in mein Schreiben und allen anderen bei HarperCollins.

Die Erinnerungen an den Lauf selbst sind unauslöschlich. Ich will jedem überall danken, auch wenn ich euch nicht alle namentlich nennen kann – ich habe bei dieser Danksagung so viele Versuche unternommen und kam letztendlich immer auf zwanzig Seiten – sie könnte ein weiteres Buch werden:

All denen, die sich in der Kitezh Community for Children in Russland engagieren; Elena, meiner ersten Freundin in Sibirien; den Ärzten und Schwestern im Sibirischen Eisenbahnkrankenhaus und im Krankenhaus von Irkutsk; Natascha und Fedor und all den Leuten überall in Russland und Sibirien, die oft ums harte Überleben kämpfen und dennoch Freundschaft mit mir geschlossen haben.

Bob Collins, der in Alaska mein Leben und meinen Lauf gerettet hat; Molly, Abby, Alva und Griz; John und Marguerite Earthman; den Nome State Troopers, den ganzen Menschen von TelAlaska, der Gemeinde in dem winzigen Dorf Wales an der Beringstraße und den Leuten in all den anderen abgeschiedenen, straßenlosen indianischen Gemeinden in der Wildnis Alaskas.

Ich danke der fabelhaften und außergewöhnlichen Alaska National Air Guard, die mich rettete, als ich die Erfrierung hatte, Major Mike Haller, den Medizinern und Christine Nangle beim Hauptquartier der National Guard in Anchorage; Colleen Peterson und Dale und Linda Conover, die so viel getan haben, um mich zu unterstützen und für mich zu sorgen, während ich mich in Wasilla erholte, bevor ich zum Eis des Yukon River zurückkehrte, um meinen Lauf fortzusetzen.

Ich danke Will Peterson, Carolyn Craig und ihrer Familie; Dr. Adrian Ryan; außerdem Denis Douglas für die Leihgabe seines Schlittens; dem Autor Jerry Dixon; Schwester Dorothy und all den Ehrwürdigen Schwestern der Diözese Fairbanks; Al Brawner und vielen anderen in Fairbanks und Manley; Karl Bushby, Dimitri Kieffer und Keith Bushby für ihre Freundlichkeit und Inspiration; und meinen Freunden in Delta Junction, Dot und Tok – und überall am Alcan Highway in Alaska und später in Kanada.

Ich danke Florin Man, einem auf Krebs spezialisierten Krankenpfleger, der lange und harte Schichten absolviert und der – ohne dass ich vorher irgendetwas davon wusste – die Firmenzentrale von Rogers of Canada in Calgary angerufen und darum gebeten hat, mich mit einem BlackBerry zu sponsern, um mir zu helfen, mein Buch zu schreiben. Dank Florin und Cody Morish von Rogers Canada konnte ich Berichte schreiben und grobe Kapitel auf meinem winzigen Display in Form erstaunlicher E-Mails von manchmal dreitausend Wörtern skizzieren! Diese Seiten wären andernfalls jetzt nicht hier in diesem Buch!

Ich danke Fred und Susie Grafton aus Onoway, die Charlies Oberstruktur neu gestaltet haben, meinen Freunden in Mundare, wo ich eine Plane kaufen und ein neues Verdeck für ihn anfertigen lassen konnte; Leuten auf dem ganzen Weg bis nach Watson Lake, Dawson Creek; Fatima und ihrer Familie in Edmonton; Debbie, Takato und Jim und all meinen Freunden in Saskatoon und Moose Jaw und anderen Orten; und den charmant hilfsbereiten kanadischen und US-amerikanischen Zollbeamten an der Grenze.

Ich danke allen im Herzen Amerikas, vor allem dem besten, freundlichsten Zahnarzt der Welt, Dr. Jay Jorgenson, und seinem Team in Park Rapids, Minnesota, der mich mit einer Versorgung gesponsert hat, die ich mir niemals hätte leisten können, und in mühevoller Kleinarbeit meine Zähne gerettet hat, nachdem andere Zahnärzte, bei denen ich davor gewesen war, mir gesagt hatten, ich würde sie alle verlieren.

Ich danke Dr. Karen Weinstein, Nancys Hausärztin in Chicago, die bei mir einen kompletten Gesundheits-Check-up durchgeführt und einen Knoten in meiner Brust gefunden hat; der lieben Nancy und Patty und ihrer Familie, die mir so viel besondere Unterstützung zuteilwerden ließen; und Dr. Laura Morris am Krebszentrum von Goshen, Indiana, die eine Biopsie vorgenommen hat. Letztendlich war alles in Ordnung, aber ich war so dankbar für das, was sie taten, und es bestätigte meine absolute Überzeugung, wie wichtig eine Früherkennung ist.

Ich danke auch zutiefst Martha Stewart und der Produzentin Charla Riggi, die geholfen haben, das Profil der Krebsfrüherkennung zu schärfen, und Susan Warburg und anderen, unter anderem meinen entzückenden Freunden am State College, für ihre Gastfreundschaft und dafür, dass sie mich verwöhnt haben; aber ich empfinde auch tiefe Dankbarkeit gegenüber denen, die mir zum Teil ihre Namen nicht nennen wollten und die mit Problemen und Schwierigkeiten in Innenstädten und an Orten wie Gary leben. Sie haben es mir ermöglicht, ohne Probleme durch ihre Straßen zu laufen und in meinem kleinen Anhänger zu schlafen. Sie waren so gut zu mir und haben mich oft zu Tränen gerührt.

Schließlich danke ich den Menschen in Ostkanada, Russ und Mel O'Brien, Carole Macdonald, Karen Christie und den »Schneebären«, Ruth Matheson und all den entzückenden Menschen hier und überall in Nova Scotia, und der wundervollen Selina Nylander dafür, dass sie über James Kontakt aufgenommen hat, der das Bergbauunternehmen Crew Gold kontaktiert hat, das mich nach Grönland geflogen hat; und der fantastischen Grace Nielsen von der Tourismusbehörde Nuuk und anderen in Grönland.

Und ich danke meinem Freund Thorgeir Gunnarsson und all meinen Freunden in Island und all denen auf den Färöer-Inseln, insbesondere jedem bei der Tourismusbehörde von Tórshavn; und dem Kapitän und der Crew der Fähre nach Schottland. Endlich wieder mit meiner Familie, meinen Freunden und Unterstützern vereint – den ganzen Weg durch Großbritannien hinunter und zurück nach Tenby, der Anfang und das Ende des Kreises.

Weitere Informationen

Um mehr über die Hilfsorganisationen zu erfahren, für die Rosie gelaufen ist, und darüber, wie Sie helfen können, kontaktieren Sie bitte:

The Prostate Cancer Charity
First Floor, Cambridge House
100 Cambridge Grove
London W6 0LE

Tel.: +44 (0)20 8222 7622
Fax: +44 (0)20 8222 7639
E-Mail: info@prostate-cancer.org.uk
Web: www.prostatecanceruk.org

Als gemeinnützig eingetragen unter der Nummer: SC039332

Kitezh Children's Community
Ecologia Youth Trust
The Park
Forres
Morayshire IV36 3TD

Tel./Fax: +44 (0)1309 690995
E-Mail: info@ecologia.org.uk
Web: www.ecologia.org.uk

Als gemeinnützig eingetragen unter der Nummer: SC023976

Weitere Informationen finden Sie auch auf Rosies Website
www.rosieswalepope.co.uk oder
www.rosiearoundtheworld.co.uk.w3snoop.com

Impressum

Rosie Swale Pope
Mein längster Lauf
5 Jahre. 53 Paar Schuhe. 29 Heiratsanträge. Einmal um die Welt.
ISBN: 978-3-95910-157-8

Eden Books
Ein Verlag der Edel Germany GmbH

www.edenbooks.de | www.facebook.com/EdenBooksBerlin | www.edel.com
1. Auflage 2018

Einige der Personen im Text sind aus Gründen des Persönlichkeitsschutzes anonymisiert.

Wenn nicht anders vermerkt, sind alle Temperaturen in Grad Celsius angegeben. Aufgrund der Art der Route sind Entfernungsangaben nur annähernd wiedergegeben.

Übersetzung: Veronika Dünninger
Projektkoordination: Katrin Bojarzin und Nina Schumacher
Lektorat: Laura Krause
Umschlaggestaltung: Buchgut, Berlin
Coverfoto und Autorenporträt: © Alistair Heap / Alamy Stock Foto
Layout und Satz: Datagrafix GmbH, Berlin | www.datagrafix.com
Druck und Bindung: optimal media GmbH, Glienholzweg 7, 17207 Röbel/Müritz

Das FSC®-zertifizierte Papier *Holmen Book Cream* für dieses Buch lieferte Holmen Paper, Hallstavik, Schweden.

Titel und Verlag der Originalausgabe: Just a Little Run Around the World.
5 years, 3 packs of wolves and 53 pairs of shoes
HarperTrue, HarperCollins*Publishers*

Printed in Germany

Dieses Buch ist auch als E-Book erhältlich.

Um die kulturelle Vielfalt zu erhalten, gibt es in Deutschland und in Österreich die gesetzliche Buchpreisbindung. Für Sie, liebe Leserin und lieber Leser, bedeutet das, dass Ihr verlagsneues Buch jeweils überall dasselbe kostet, egal, ob Sie Ihre Bücher gern im Internet, in einer großen Buchhandlung oder beim kleinen Buchhändler um die Ecke kaufen.